Politische Ethik unter Realitätsbedingungen

Walter Reese-Schäfer

Politische Ethik unter Realitätsbedingungen

Die Welt von Gewalt, Lügen und Skandalisierungen

2., aktualisierte und erweiterte Auflage

Springer VS

Walter Reese-Schäfer
Göttingen, Deutschland

Die 1. Auflage ist unter Titel „Politische Ethik“ erschienen.

ISBN 978-3-658-16630-4 ISBN 978-3-658-16631-1 (eBook)
DOI 10.1007/978-3-658-16631-1

Die Deutsche Nationalbibliothek verzeichnet diese Publikation in der Deutschen Nationalbibliografie; detaillierte bibliografische Daten sind im Internet über http://dnb.d-nb.de abrufbar.

Springer VS

Lektorat: Dr. Jan Treibel

Gedruckt auf säurefreiem und chlorfrei gebleichtem Papier

Springer VS ist Teil von Springer Nature
Die eingetragene Gesellschaft ist Springer Fachmedien Wiesbaden GmbH
Die Anschrift der Gesellschaft ist: Abraham-Lincoln-Str. 46, 65189 Wiesbaden, Germany

Vorwort zur 2. Auflage

Gegenüber der Erstausgabe aus dem Jahr 2013 handelt es sich um eine vollständig überarbeitete Neuausgabe. Titel und Untertitel wurden zugespitzt, um Ansatz und Stoßrichtung des Buches klarer herauszuarbeiten. Auf vielfältigen Wunsch von Leserinnen und Lesern wurden die eher theoretischen Abschnitte an den Anfang gestellt, weil dies doch am meisten der normalen Leseerwartung entspricht. Weiterhin gilt aber, dass Praktikerinnen und Praktiker diesen Teil gerne weglassen und gleich in die vielfältigen Bereiche der Anwendungsformen hineinspringen können. Für eher theoretisch ausgerichtete Lesende allerdings ist die Erläuterung, wie und warum überhaupt eine Ethik ohne Moralisierung und ohne Predigtton möglich sein kann, unverzichtbar. Dieser einführende Teil wurde deutlich ausgeweitet, um nun auch das Verhältnis von Politik, Religion und Säkularität behandeln zu können und meine Kritik an gängigen Formen politischer Ethik zuzuspitzen. In den zweiten Abschnitt habe ich jetzt auch Überlegungen zur „militant democracy" aufgenommen.

Neu hinzugefügt wurden die Abschnitte 3 und 4. In Abschnitt 3 wird in einer kritischen Neuanalyse eines der berühmtesten Beispiele einer Menschenrechtsbewegung, nämlich der Antisklavereibewegung, erläutert wie und warum diese gegen reale wirtschaftliche Interessen erfolgreich sein konnte und wie dabei zugleich ganz andere militärische, machtpolitische und koloniale Interessen ins Spiel kommen konnten. Erörtert werden nunmehr auch Fragen der Mehrheitsentscheidungen und des Verstehens und der Verständigung in politischen Prozessen. In Abschnitt 4 werden einige, keineswegs alle ethischen Aspekte des dynamischen wirtschaftlichen Globalisierungsprozesses behandelt. Der Schluss ist ebenfalls neu und behandelt in pointierter Form zwei Themen: Erstens wird dieses praxisnahe Buch in den systematischen Diskurs eingeordnet, an dem ich mich mit dem Band „Grenzgötter der Moral“ (Reese-Schäfer 2013) beteiligt hatte. Zweitens versuche ich in pointierter Weise klarzumachen, dass das hier vorliegende Buch als Ausbruchsversuch aus der doppelten Stagnation von moralpostulativem Idealismus und Konstruktivismus und traditionellem „realpolitischen“ Machtrealismus zu verstehen ist.

Das in der Erstausgabe von einem Koautor verfasste Kapitel „Zur Rolle und Funktionsweise von Ethikkommissionen“ ist weggefallen, da es den wissenschaftlichen Anforderungen nicht entsprach. Ethikkommissionen werden überschätzt. Was zu ihnen zu sagen ist, findet sich nunmehr in dem Abschnitt „Politische Ethik als Institutionenethik und als Ethik der Gesetzgebung“ am Schluss des ersten Teils.

Inhaltsverzeichnis

Einleitung 1

1.1 Was ist politische Ethik?

Die politische Ethik ist ein Bereich von Verpflichtungen und Verantwortlichkeiten, die eigenständig politisch begründet werden müssen. Ein Grundfehler vieler auf die Politik einwirkender Moralvorstellungen ist ihre Fremdsteuerung, sei es durch Religion, Theologie, Metaphysik oder interessierte Professionsethiken.

Politische Ethik ist Bestandteil der Politik und muss daher eine zivile Ethik, genauer gesagt, eine Ethik der Zivilität sein. Bei der Lektüre der folgenden Analysen ist zu beachten, dass sie zwar von einem Autor aus dem Bereich der politischen Theorie vorgelegt werden, aber an praktischen Fragen entwickelt sind. Die theoretische Grundlegung eines gegenwartsangemessenen Ethikdiskurses liegt vor in dem von mir veröffentlichten Band „Grenzgötter der Moral" (Reese-Schäfer 2013). Dort habe ich erstens eine systemisch-strukturelle Theorie der konsequenten Trennung von Bereichen entworfen und zweitens die gängigen Ableitungsversuche praktisch-politischer Regeln aus einem oder wenigen Grundprinzipien einer scharfen Kritik unterzogen. Ob man politisch-ethische Regeln aus dem Nutzen (Utilitarismus), aus dem kategorischen Imperativ (Kantianismus) oder aus den Gerechtigkeitsprinzipien des frühen John Rawls entwickelt – in allen diesen Fällen ist es nicht möglich, dem faktischen Pluralismus der politischen Realität überzeugend gerecht zu werden. Deshalb musste dieses Buch nun den umgekehrten Weg gehen, d.h. die Problemata der Praxis als Ausgangspunkt nehmen und von ihnen aus in reflexiver Analyse versuchen, eine Identifikation allgemein anwendbarer Regeln kurzer und mittlerer Reichweite zu ermöglichen. Die in früheren Jahren vorangegangene theoretische Analyse war jedoch keineswegs vergeblich. Ganz im

Sinne von Karl Poppers Wissenschaftslehre ermöglicht sie immerhin die Kritik und Falsifizierung von Regeln, auch wenn sie deren stringente Deduzierbarkeit im Sinne des frühen John Rawls oder Baruch Spinozas bestreitet.

Die folgenden Analysen werden jeweils die Gestalt eines Problemaufrisses und einer Problemdiskussion haben. Dabei können wechselnde Perspektiven durchgespielt werden, so dass am Ende des Diskussionsprozesses ähnlich wie im platonischen Dialog durchaus etwas ganz anderes herauskommen kann, als am Anfang das rasche Vorurteil nahegelegt haben mochte. Gelegentlich habe ich nicht darauf verzichtet, am Ende der Abschnitte einige teils ernst gemeinte, teils auch ironische Regeln zu formulieren. Dabei habe ich immer einkalkuliert, dass jedes Einzelproblem, vor das sich die Praxis gestellt sieht, nicht nach der Bedienungsanleitung, sondern nur aus der eigenen improvisierenden, durch die Kenntnis der Probleme und einiger illustrierender Fälle aber aufgeklärten Urteilskraft, zu lösen ist. Ich werde darüber hinaus in bestimmten Fällen vor jenen Problemen warnen, die gar nicht zu lösen sind. Die gelegentlichen Ironien (hoffentlich werden Sie nicht alle bemerken und die, die Ihnen nicht gefallen, freundlich überlesen) sind unvermeidlich als Schutz gegen den penetrant überbordenden Moralismus des herkömmlichen Ethikdiskurses, dessen, was Ludwig Wittgenstein das „Geschwätz über Ethik“ genannt hat (1967, S. 69). Eine politische Ethik muss sich hiervon systemisch (also methodisch) und systematisch (also inhaltlich) distanzieren.

Die politische Ethik steht unter der nüchternen, kantischen Prämisse einer Institutionenethik ohne moralisierende Überladung: „Das Problem der Staatserrichtung ist, so hart es auch klingt, selbst für ein Volk von Teufeln (wenn sie nur Verstand haben) auflösbar“ (Kant 1973, S. 148). Die Probleme der politischen Ethik sind lösbar, ohne dass die Teufel zu guten Menschen werden müssen, ohne eine moralische Umkehr, ohne den Terror, welcher der Forderung nach einem neuen Menschen auf dem Fuße folgt. Was Kant in der Institutionenethik verlangt (in seiner Individualethik argumentiert er anders), ist nichts weiter als ein klar das Eigeninteresse kalkulierender Verstand. Die Staatseinrichtung löst das moralische Dilemma der unbegrenzten Handlungsfreiheit, indem sie durch Gesetze sowie deren Durchsetzung die Schädigung anderer sanktioniert. Erst dadurch wird die Freiheit erträglich, weil sie nur genossen werden kann, wenn man nicht ständig gegen ihre Gefährdung durch die anderen gewappnet sein muss. Dies ist für jeden vorteilhaft. Es handelt sich in der modernen Sprache der Spieltheorie um eine *win-win*-Situation. Eine staatliche Rechtsgarantie bzw. deren funktionales Äquivalent ist dabei unabdingbar. Die Grundsituation lässt sich als typisches Dilemma rekonstruieren. Die ungeregelte Freiheitskonkurrenz, in der jeder in die Freiheiten des anderen eingreifen kann, ist für alle unattraktiv. Der wechselseitige gleiche Freiheitsverzicht ist für alle die vorteilhafteste Lösung. Die dritte Möglichkeit, nämlich der

Freiheitsverzicht der anderen bei – womöglich verdeckter – Beibehaltung der eigenen Spielräume, wäre aber individuell gesehen die attraktivste Lösung: Schwarzfahren auf Kosten der anderen. An diesem Punkt kommen staatliche Institutionen bzw. deren funktionale Äquivalente ins Spiel, die dazu dienen, die Kosten für das Schwarzfahren bzw. die Freiheitsübernutzung auf Kosten anderer so zu erhöhen, dass es sich nicht lohnt (vgl. Höffe 1988, S. 70-78). Der generelle Gewinn von Rechtssicherheit und Lebenssicherheit ermöglicht erst die Entfaltung von relativ breitem Wohlstand in einer Gesellschaft.

Demokratische Politik hat die Aufgabe, die Grundfragen des Zusammenlebens durch Gesetze und andere Maßnahmen fair zu regeln. Die ideologischen Ethiker dagegen sehen ihre Hauptaufgabe in der Agitation und der Predigt, z.B. gegen die Boshaftigkeit der Globalisierung, gegen Abtreibungen, gegen Sterbehilfe oder Genforschung, während die Politik hier und in allen anderen Fragen einen vernünftigen und im Zweifel eher unaufgeregt kommunizierbaren Werteausgleich zwischen Freiheit und Repression, zwischen Humanität und Rigorosität finden muss. Sie ist darüber hinaus zu einem fairen Interessenausgleich mit dem Ziel der allgemeinen Wohlfahrt verpflichtet, während die Ideologinnen und Prediger eher auf der Reinheit ihrer Überzeugungen in einer Welt des Schmutzes und der Verderbnis bestehen werden.

Politische Ethik ist zwar vor allem eine Lehre von den großen Fragen, z.B. von Krieg und Frieden, welche die Öffentlichkeit bewegen und in Atem halten, aber auch der kleinen, des alltäglichen Verhaltens von Politikern sowie der Journalisten, welche über sie berichten. Thomas Ellwein wollte im Jahre 1964 sogar Verhaltensregeln für Staatsbürger aufstellen und zum Gegenstand des politischen Unterrichts machen (Ellwein 1983). Die selbstbewussten Bürger kommen heute ohne solche Regeln aus, auch wenn sie sich gelegentlich dafür die Kritik gefallen lassen müssen, sie würden eher Wutbürger als konstruktive Mitgestalter der Zivilgesellschaft sein.

In den nachfolgenden Abschnitten dieser Einleitung wird der Versuch gemacht, in einem kurzen, eher theoretisch ausgerichteten Abriss einige Grundelemente politischer Ethik im Unterschied zu anderen Formen, wie z.B. der Individualethik, zu entwickeln, um wenigstens zu skizzieren, aus welcher Denkperspektive hier operiert wird. Dieser Teil ist gedacht für die philosophisch-theoretisch interessierten Leserinnen; die Praktikerinnen können ihn weglassen. Die ausführliche Darstellung der zugrundeliegenden theoretischen politischen Ethik findet sich in den *Grenzgöttern der Moral* (Reese-Schäfer 2013). Es gibt einige Spezialthemen, die gerne unter der Überschrift Ethik oder praktische Philosophie behandelt werden. Dazu gehören z.B. Fragen der Präimplantationsdiagnostik, der Stammzellforschung oder der Sterbehilfe. Solche Fragen überlasse ich der argumentativen

Finesse von Theologen oder Juristen, weil der Differenzierungsgrad des politischen Denkens für solche Grenzfragen nicht ganz hinreichend ist (vgl. von der Pfordten 2016).

Die vor allem an praktischen Fragen interessierten Leserinnen und Leser können den folgenden theoretischen Einführungsteil überspringen und gleich zu den Problemsituationen und Fällen im zweiten Kapitel übergehen. In den Kapiteln Drei bis Fünf wird dann wieder etwas weiter ausgeholt, weil ich hoffe, dass die Leserinnen und Leser sich bis dahin an die hier vorgeschlagene, vom gängigen Ton des Moralisierens, aber auch des robust-nietzscheanischen Antimoralismus stark abweichende Denk- und Herangehensweise einer politischen Ethik unter Realitätsbedingungen ein wenig gewöhnt haben.

1.2 Gerechtigkeit als Grundprinzip politischer Ethik

John Rawls verdankt seinen weltweiten Ruhm einer früh entwickelten Gerechtigkeitstheorie mit ihren beiden Prinzipien: dem Vorrang der Freiheit sowie der Rechtfertigung sozialer Ungleichheit dann und nur dann, wenn sie im Prinzip allen zugutekommt. Diese bis ins Detail ausgearbeitete Gerechtigkeitsphilosophie aber erwies sich nicht als sein letztes Wort, weil er erkannte, dass ein wirklich politischer Liberalismus keine umfassende, in sich geschlossene Theorie verträgt. Es wird immer einen großen Teil von Menschen geben, die ihre eigenen Wertvorstellungen haben und sich einer derartigen Philosophie nicht anschließen wollen. Deshalb kommt es darauf an, Regeln zu entwickeln, die auch auf der Basis (vernünftiger) unterschiedlicher Grundideen allgemein zustimmungsfähig sind. Das erspart dann den meist aussichtslosen Versuch, diese Grundideen ausdiskutieren zu wollen. Einige mögen weiterhin an umfassenden liberalen Ideen festhalten; ein wirklich politischer Liberalismus im Sinne von Rawls wird aber nur auf allgemein akzeptable und praktikable, d.h. nicht wirklich letztbegründete Prinzipien zurückgreifen können, denen auch vernünftige Nichtliberale (die von Immanuel Kant gemeinten „Teufel") zustimmen können.

Aus diesem Grunde wird Gerechtigkeit heute meist als Fairness verstanden. Der späte Rawls hat ein fundamental politisches Prinzip in die Moralphilosophie eingeführt: nämlich den Verzicht auf umfassende moralphilosophische Lehren sei es des kantianischen, sei es des utilitaristischen Typus, weil eine Konzeption, die als Grundlage politischen Handelns und der Gesetzgebung dienen kann, auf die Erfahrung Rücksicht zu nehmen hat, dass solche Philosophien nie mit der Zustimmung aller rechnen können und immer kontrovers bleiben werden. Für Philosophen, die ihre eigenen Konzepte meist mit großer Selbstüberzeugtheit verteidigen, ist es durchweg schwierig, derartige Überlegung überhaupt zu verstehen. Rawls selbst räumt ein, seine frühe Philosophie der Gerechtigkeit sei ihrerseits eine typische umfassende Konzeption gewesen. Habe man aber einmal Einsicht in den politischen Prozess gefunden, dann mache es keinen Sinn mehr (außer als Privatphilosophie), derartige umfassende Konzeptionen anzubieten. Man dürfe eine Gerechtigkeitskonzeption nicht auf der Grundlage von philosophischen, psychologischen und ähnlichen Annahmen über die menschlichen Bedürfnisse entwickeln, sondern allein auf der Basis der normativ entscheidend relevanten Tatsache, dass die Bürger als freie und gleiche Personen zu behandeln seien und selbst zu entscheiden hätten (Rawls 2003, S. 15). Es kann angesichts des Faktums des vernünftigen Pluralismus unmöglich eine wohlgeordnete Gesellschaft geben, „deren sämtliche Mitglieder ein und dieselbe Globaltheorie akzeptieren" (ebd., S. 31). Die durchgängige Redeweise vom Faktum des Pluralismus, das anzuerkennen sei, ist gewiss eine Replik auf Kants Rede vom „Faktum der Vernunft" in seiner „Kritik der praktischen Vernunft" (Kant 1974, S. 36).

Rawls hat nach dem etwas jugendlichen Überschwang seiner anfänglichen Großtheorie der Gerechtigkeit die Einsicht entwickelt, dass eine umfassende Theorie des Liberalismus wahrscheinlich nie eine allgemeine Zustimmungsfähigkeit erlangen könnte. Das gilt seiner Ansicht nach für jede umfassende Theorie, wobei damit selbstverständlich nur rational begründete Theorien gemeint sind. Denn in jedem denkbaren Debattenkontext bleiben immer Momente eines rational begründeten oder wenigstens rational nicht vermeidbaren Dissenses. Dafür nennt er im wesentlichen sechs Gründe, die er als *burdens of reason,* später zurückhaltend als *burdens of judgement* gekennzeichnet hat. Die sechs Gründe sind: 1) empirische und wissenschaftliche Beweise werden unterschiedlich eingeschätzt 2) Gründe werden unterschiedlich gewichtet 3) oftmals sind Begriffe unscharf und nicht exakt zu bestimmen 4) Werten moralischer oder politischer Art wird unterschiedliche Relevanz beigemessen 5) vielfach gibt es gute Gründe für beide Seiten, zwischen denen entschieden werden muss 6) Kein System von Werten ist vollständig, es muss also selektiert werden, woraus wieder unterschiedliche Einschätzungen folgen (Rawls 1993, S. 54 ff.). Rawls rechnet mit der Möglichkeit, dass am Ende einer fairen, vernünftigen und abgewogenen Diskussion letzten Endes doch kein Konsens, sondern ein Dissens stehenbleiben wird. Nicht einmal die ideale Diskurssituation führt seiner Ansicht nach notwendigerweise zum Konsens. Es ist vielmehr vernünftig, vom Gegenteil auszugehen. „Wir sollten einander nicht sofort des Eigen- oder Gruppeninteresses, des Vorurteils und der Befangenheit und tiefverwurzelter Irrtümer wie ideologischer Blindheit und Verblendung bezichtigen. Wenn wir dies tun, erzeugen wir Ressentiments und Feindschaft und blockieren den Weg zu einer vernünftigen Übereinkunft. Es ist schlicht unvernünftig und häufig die Erklärung eines intellektuellen Krieges, so eingestellt zu sein, dass man solche Anklagen ohne zwingende Gründe erhebt. [...] Es ist daher unvernünftig, die Wahrscheinlichkeit, ja die praktische Gewissheit unauflösbarer vernünftiger Meinungsverschiedenheiten in Angelegenheiten allerersten Ranges zu leugnen. [...] Denken Sie nur an die Frage nach den Ursachen der Arbeitslosigkeit und den wirksamen Maßnahmen, sie zu verringern." (Rawls 1992, S. 340).

Ausgangspunkt ist für Rawls das *Faktum des vernünftigen Pluralismus*, das er vom bloßen Faktum des Pluralismus unterscheidet. Es geht ihm nicht einfach darum, dass es unterschiedliche umfassende Lehren gibt, sondern darum, dass es sich um unterschiedliche, ja gegensätzliche *vernünftige* Lehren handelt. Sie sind nicht lediglich Ausdruck und Ergebnis von Privat- oder Klasseninteresse, sondern gerade das Resultat der freien praktischen Vernunft im Rahmen freier Institutionen (Rawls 1993, S. 36 f.). Für den Liberalen Rawls ist allerdings klar, dass der politische Diskurs den Vorrang vor allen anderen sozialen Funktionsmechanismen haben muss, was ihn sowohl von Luhmanns Gleichordnung der Funktionssysteme als auch von der ordoliberalen Position eines Vorrangs der wohlverstandenen Wettbewerbswirtschaft vor politischer Lenkung und Strukturierung wesentlich unterscheidet. Es geht also darum, nicht mit umfassenden Lehren und übergreifenden Dogmen, sondern mit Theorieansätzen mittlerer Reichweite zu operieren und ständig auch die Korrigierbarkeit der Theorien sowie ihrer Anwendung mitzudenken.

Die praktische Aufgabe der politischen Philosophie besteht darin, Wege zu finden aus Uneinigkeit stiftenden politischen Konflikten, die normalerweise in der Entwicklung von Ordnungsmodellen bestehen, die divergierenden Positionen und Interessen gerecht werden können (Rawls 2003, S. 19). Solche Ordnungsmodelle haben Thomas Hobbes und John Locke aus der Erfahrung von Bürgerkriegssituationen heraus vorgeschlagen. In ähnlicher Weise haben die anspruchsvollen Diskussionen der amerikanischen Verfassungsväter ein Regulationsmodell entwickelt. Darüber hinaus, hier beruft Rawls sich auf Hegels Rechtsphilosophie, hat politische Philosophie auch eine Aufgabe der Versöhnung. Das politische System ist in seiner Grundstruktur kein Verein von Freiwilligen, aus dem man beliebig ein- oder austreten kann. Man wird hineingeboren in ein System, das eben keine gefühlsmäßige und primordiale Gemeinschaft darstellt, dessen mit Gewalt durchsetzbaren Regeln man sich aber dennoch unterwerfen muss. Die „politische Philosophie kann sich bemühen, uns mit dieser Gegebenheit zu versöhnen" (ebd., S. 23), dieses Faktum also akzeptabel zu machen. Eine weitere Aufgabe im Sinne einer „realistischen Utopie" bestünde darin, Verbesserungs- und weitere Inklusionsmöglichkeiten zu bedenken und zu entwickeln, da derartige Regelungen nie in allen Punkten wirklich gerecht sind, damit die institutionelle und normative

Entwicklungsdynamik auch Personen und Gruppen, die sich benachteiligt fühlen oder benachteiligt sind, Hoffnungen auf zukünftige Besserung ihrer Lage vermitteln kann. Zur Versöhnung gehört neben der Einsicht immer auch die Entwicklung, welche neue Chancen eröffnet. Dabei muss jedoch ständig die Einsicht in das grundlegende Faktum des vernünftigen Pluralismus präsent bleiben, um nicht durch monoperspektivische Reformversuche nun wieder andere Gruppen zu benachteiligen (ebd.).

1.3 Politik, Säkularität und Religion bei Rawls und Habermas

1.3.1 Eine rein politische Konzeption des Zusammenlebens

Der politische Liberalismus von John Rawls kann als Versuch angesehen werden, unter Verzicht auf umfassende, sei es ökonomische, politische oder religiöse Weltanschauungen zu einer *rein politischen* Konzeption des Zusammenlebens zu kommen. Ich benutze im Folgenden den Oberbegriff *Weltanschauung* (in einer englischen Übersetzung wäre hier der relativ wertfreie Begriff des *„shared mental model"* einzusetzen, wie ihn z.B. der Wirtschaftshistoriker Douglass North verwendet (Denzau und North 1994)). Entscheidend ist die Zurücknahme umfassender Geltungsansprüche, wie sie Rawls noch bei Kant oder Habermas (und auch in seiner eigenen frühen Theorie der Gerechtigkeit) sieht zugunsten einer Konzeption der weltanschaulichen Selbstzurücknahme und Enthaltsamkeit. Es kommt darauf an, bestimmte Fragen, die von vielen Akteuren aus weltanschaulichen Gründen für zentral und fundamental gehalten werden, auszuklammern oder von der Tagesordnung zu nehmen. So macht die gleiche Glaubensfreiheit die Frage nach der wahren Religion überflüssig, und der Ausschluss von Leibeigenschaft und Sklaverei erspart die weitere Debatte über diese Institutionen (Rawls 1992, S. 314). Die Religion wird dann Privatsache und Angelegenheit von privaten Organisationen, wie groß und umfassend diese auch immer sein mögen. Philosophisch betrachtet wird unterschieden zwischen einer Konzeption des Guten und einer Konzeption von politischer Gerechtigkeit. Die erstere ist jedem selbst überlassen und bleibt außerhalb der Betrachtung einer *politischen* Philosophie (nicht dagegen der Philosophie überhaupt). Die politische Gerechtigkeit dagegen wird ganz bewusst beinahe schon vorphilosophisch, also unter Verzicht auf komplizierte Argumentationen, die ohnehin nur wenige verstehen und akzeptieren würden, die damit also politisch irrelevant wären, als *Fairness* in einem möglichst jedem leicht explizierbaren Sinn verstanden. Es kommt also gerade darauf an, philosophisch gesprochen, an der

Oberfläche zu bleiben, auch wenn damit paradoxerweise, wie noch zu zeigen sein wird, einige Grundfragen des Politischen überzeugender gelöst werden können als durch eine philosophisch anspruchsvollere Theoriekonzeption.

Dabei bleiben unausweichlich bestimmte Restelemente der alten großen Fragen übrig: wo zum Beispiel die Grenzen zwischen Staat und Kirche zu ziehen sind oder wie auf wirtschaftlichem Gebiet die Anforderungen der Verteilungsgerechtigkeit zu interpretieren sind etc. Einst zog man wegen solcher Fragen in den religiösen Bürgerkrieg oder in den Klassenkampf. „Aber indem wir umfassende Lehren vermeiden, versuchen wir, die am tiefsten gehenden Streitigkeiten von Religion und Philosophie so zu umgehen, dass wir einige Hoffnung haben, eine Grundlage für einen stabilen übergreifenden Konsens freizulegen“ (ebd., S. 315).

Dieser offenbar unvermeidliche Rest kann durchaus Rückwirkungen auf den Kern einer religiösen Überzeugung haben. Das lässt sich an einem einfachen Gedankenexperiment zeigen: „Nehmen wir an, dass eine besondere Religion mit der zu ihr gehörenden Konzeption des Guten nur überleben kann, wenn sie den Staatsapparat kontrolliert und in der Lage ist, effektive Intoleranz auszuüben. Diese Religion wird in der wohlgeordneten Gesellschaft des politischen Liberalismus nicht länger bestehen“ (ebd., S. 382). Rawls weist recht kühl unter Bezugnahme auf Isaiah Berlin darauf hin, dass es nun einmal keine soziale Welt ohne Verluste gibt und dass sich jede Gesellschaft immer mit einigen religiösen wie kulturellen Lebensformen als unvereinbar erweisen wird, wenn Werte miteinander unverträglich sind und den Institutionen widerstreitende Anforderungen auferlegen. Es wird also schon wegen der Natur der Werte selbst zu Wertverlusten und damit auch zu menschlichen Tragödien kommen. „Eine gerechte liberale Gesellschaft bietet weit mehr Platz als andere soziale Welten, aber sie kann niemals ohne Verluste bestehen“ (ebd., S. 383).

Dieser politische Liberalismus kann durchaus tief in die Lebensformen der Bürger eingreifen: „Gerechtigkeit als Fairness achtet soweit wie möglich die Ansprüche derjenigen, die in Übereinstimmung mit den Vorschriften ihrer Religion wünschen, von der modernen Welt Abstand zu halten, vorausgesetzt nur, dass sie ihrerseits die Grundsätze der politischen Gerechtigkeitskonzeption anerkennen und für deren politische Ideale der Person und der Gesellschaft aufgeschlossen sind. Bitte beachten Sie hier, dass wir die Frage nach der Erziehung der Kinder ausschließlich von der politischen Konzeption her zu beantworten versuchen. Das Interesse des Staats an ihrer Erziehung liegt, von einem politischen Standpunkt aus gesehen, in ihrer Rolle als zukünftige Bürger, das heißt in Dingen, die so wesentlich sind wie der Erwerb der Fähigkeit, die öffentliche Kultur zu verstehen und sich an ihren Institutionen so zu beteiligen, dass sie ihr Leben lang ökonomisch unabhängige und selbständige Gesellschaftsmitglieder sind, sowie in der Entwicklung politischer Tugenden“ (ebd., S. 386).

An dieser Aufzählung ist schon zu erkennen: Rawls formuliert hier im Grunde nicht nur das, was der weltbekannte deutsche Politikwissenschaftler und Islamkritiker Bassam Tibi später „Leitkultur“ genannt hat, sondern impliziert darin über den politischen Bereich hinaus auch die ökonomische Forderung, dass jeder in die Lage versetzt werden soll, sich seinen eigenen Lebensunterhalt zu verdienen, also aktiv am Wirtschaftssystem zu partizipieren. Damit ergibt sich, dass bei aller weltanschaulichen Zurückhaltung, bei allem Verzicht auf umfassende Lehren durchaus einige religiös begründete Vorstellungen ausgeschlossen sind. Man könnte denken an die Unterdrückung von Frauen im Islam, deren Verbannung aus dem öffentlichen Leben und deren ökonomische Entrechtung.

1.3.2 Habermas und die Idee einer postsäkularen Gesellschaft

In seiner kritisch-konstruktiven Auseinandersetzung mit Rawls betont Jürgen Habermas, dass in einem säkularen Staat die Folgelasten der Toleranz für Gläubige wie für Säkularisten keineswegs symmetrisch verteilt sind. Habermas nennt als Beispiel die mehr oder weniger liberalen Abtreibungsregelungen in vielen Ländern, die durchweg das überschreiten, was von einem konsequenten Glaubensstandpunkt her akzeptabel erscheint. Habermas plädiert gegen eine säkularistische Weltsicht, weil er diese mit der weltanschaulichen Neutralität des Staates für unvereinbar hält. So verlangt er von säkularisierten Bürgern, sofern sie in ihrer Rolle als Staatsbürger auftreten, dass sie den gläubigen Mitbürgern das Recht zugestehen müssen, in religiöser Sprache Beiträge zur öffentlichen Diskussion zu machen. Sofern diese Sprache unverständlich ist, weil sie Offenbarungswahrheiten voraussetzt, müssten sich die Säkularisten an der Anstrengung beteiligen, relevante Beiträge aus der religiösen in eine öffentlich zugängliche Sprache zu übersetzen. Dies nennt Habermas mit Walter Benjamin eine rettende Übersetzung, die zu den Aufgaben einer, wie er es nennt, postsäkularen Gesellschaft gehört. Mit postsäkularer Gesellschaft meint er nicht die *empirische* These einer Rückkehr der Religionen, wie dies in den Religionswissenschaften seit vielen Jahren diskutiert wird, sondern die *normative* These, dass aus verschiedenen Gründen religiöse Argumente auch in einer säkularen Gesellschaft zu respektieren und ernst zu nehmen seien. Habermas nennt das *soziologische* Argument, man müsse in der Wertewelt mit kulturellen Ressourcen schonend umgehen, weil die Märkte und die administrative Macht allein die gesellschaftliche Solidarität nicht garantieren könnten, das *politische* Argument, dass die religiös eingestellten Bürger die gleichen staatsbürgerlichen Rechte genießen, sowie das *philosophische* Argument, dass ein selbstreflexiver Umgang mit den Grenzen der Aufklärung erforderlich sei (Habermas 2005, S. 18-37).

Der klassische Liberalismus hatte die fortschreitende Verlagerung des Religiösen in die Privatsphäre und damit ihre Entpolitisierung postuliert, ganz im Sinne der Säkularisierungsthese. Und dies im doppelten Sinne: als faktischer Prozess, aber auch als Forderung an die Religiosität, sich aus der Politik herauszuhalten. Der moderne Liberalismus von Rawls und anderen, den Habermas hier übernimmt und zugleich verändert, ist dagegen postsäkular. Das heißt in diesem Zusammenhang: der Staat soll selbstverständlich ein weltanschaulich neutraler und in diesem Sinne säkularer Staat bleiben, seine Aufgabe wird aber anders verstanden. Da er für alle Bürger da ist, auch für die religiösen, bedeutet Neutralität nunmehr auch, dass er nicht ohne weiteres die Partei des Säkularismus ergreifen darf, sondern genötigt ist zur gleichmäßigen Distanz von starken Traditionen und weltanschaulichen Inhalten. Er darf sich also auch nicht ohne weiteres auf die Seite von naturwissenschaftlichen Moralansprüchen oder Ideologien stellen. An dieser Stelle geht Habermas von einer Theorie des Staates zu einer Theorie der Zivilgesellschaft über, oder fast schon hegelianisch, zu einer Theorie der pluralisierten Vernunft des Staatsbürgerpublikums: dieses folge einer Dynamik der Säkularisierung nur insofern, als es osmotisch nach beiden Seiten hin geöffnet bleibe – weil natürlich im zivilgesellschaftlichen Diskurs jede Meinung sich Gehör verschaffen kann, ohne deshalb schon politisch-staatliches Handeln zu beeinflussen oder gar zu steuern.

Da Habermas nicht so sehr ein Theoretiker des Staates als vielmehr der Zivilgesellschaft ist, hat er es an diesem Punkt etwas einfacher in der Argumentation, denn die Zivilgesellschaft ist anders als der liberale Staat nicht der weltanschaulichen Neutralität verpflichtet. „Die Zivilgesellschaft setzt sich aus jenen mehr oder weniger spontan entstandenen Vereinigungen, Organisationen und Bewegungen zusammen, welche die Resonanz, die die gesellschaftlichen Problemlagen in den privaten Lebensbereichen finden, aufnehmen, kondensieren und lautverstärkend an die politische Öffentlichkeit weiterleiten" (Habermas 1992, S. 443). Sie übt Einfluss aus auf eine in öffentlichen Debatten, also im Kontroversstil, sich herausbildende öffentliche Meinung, ohne jedoch direkten Zugang zu den organisatorischen Herrschaftsstrukturen zu gewinnen.

Allerdings ist in der Zivilgesellschaft nicht jede beliebige exzentrische religiöse Positionierung akzeptabel. Vielmehr kann sie sich ohne eine gewisse Öffnung und Offenheit für wissenschaftliche Argumentationen und Forschungsergebnisse nicht weiterentwickeln: „Natürlich muss sich der Commonsense, der sich über die Welt viele Illusionen macht, von den Wissenschaften vorbehaltlos aufklären lassen" (Habermas 2001, S. 15). Die Zivilgesellschaft unterliegt also einer Selbstbegrenzung (Habermas 1992, S. 450). Auch ihr Selbstverständnis entwickelt sich mit der Entwicklung der naturwissenschaftlichen *Episteme*: „Wenn wir über die Welt, und über uns als Wesen in der Welt, etwas Neues lernen, verändert sich der Inhalt unseres Selbstverständnisses." Allerdings zieht er eine philosophische Grenze dieser Veränderung. Sobald es nicht mehr um naturwissenschaftliche Erklärung, sondern um Rechtfertigung moralischen Handelns geht, werden die Wissenschaften nach der Auffassung von Habermas unzuständig. Das gilt selbst für die Hirnforschung mit ihrer Naturalisierung des Geistes, wie Habermas mit einem sprachtheoretischen Argument zu belegen versucht: das Sprachspiel der Rechtfertigung lässt sich nicht auf die bloße Beschreibung reduzieren, denn die Notwendigkeit, anderen Menschen Gründe für das eigene Handeln anzugeben, erschließt sich nicht aus der Außenperspektive und der objektivierenden Beschreibung, sondern nur aus der Perspektive des Beteiligten. Oder kurz: Gründe sind keine Ursachen. Das Sprachspiel der Begründung im moralischen Diskurs unterscheidet sich grundsätzlich von der wissenschaftlichen Ursachenanalyse im kognitiven Diskurs. „Der szientistische Glaube an eine Wissenschaft, die eines Tages das personale Selbstverständnis durch eine objektivierende Selbstbeschreibung nicht nur ergänzt, sondern ablöst, ist nicht Wissenschaft, sondern schlechte Philosophie. Auch dem wissenschaftlich aufgeklärten Commonsense wird es keine Wissenschaft abnehmen, beispielsweise zu beurteilen, wie wir unter molekularbiologischen Beschreibungen, die gentechnische Eingriffe möglich machen, mit vorpersonalem menschlichem Leben umgehen sollen" (Habermas 2001, S. 20).

An diesem Punkt liegt zweifellos ein möglicher Einfallspunkt christlicher Vorbehalte gegen die Genforschung und Gentechnologie. Das Alltagsverständnis des Commonsense ist zu unbestimmt und zu unstetig, um dauerhafte politische-ethische Orientierungen geben zu können. Es greift zu kurz gegenüber anspruchsvolleren anderen Ethikkonzeptionen der Verpflichtung oder des Nutzens. Dennoch kann es sich, wie Habermas betont, sowohl gegenüber der Wissenschaft als auch gegenüber der religiösen Überlieferung einen spezifischen Eigensinn bewahren.

Der demokratisch aufgeklärte Commonsense, als dessen Sprecher Habermas sich ganz offenbar fühlt, stellt auch in Richtung der Religion die Frage, ob sie denn Gründe angeben könne, „die nicht nur für Angehörige *einer* Glaubensgemeinschaft akzeptabel sind". Das führt bei den Gläubigen dann zu dem Argwohn, „dass die abendländische Säkularisierung eine Einbahnstraße sein könne, die die Religion am Rande liegen lässt" (ebd., S. 21). Hier kommt Habermas auf eine Kehrseite der Säkularisierung, nämlich auf die ungleichen Folgelasten, die die Befriedung des weltanschaulichen Pluralismus für die Religion und die nichtreligiösen Menschen hatte. „Bisher mutet ja der liberale Staat nur den Gläubigen unter seinen Bürgern zu, ihre Identität gleichsam in öffentliche und private Anteile aufzuspalten. Sie sind es, die ihre religiösen Überzeugungen in eine säkulare Sprache übersetzen müssen, bevor ihre Argumente Aussicht haben, die Zustimmung von Mehrheiten zu finden" (ebd.). Würden ausschließlich säkulare Argumente gelten, würde das nach Habermas einen unfairen Ausschluss der Religion aus der Öffentlichkeit bedeuten. Die säkulare Gesellschaft selbst würde sich darüber hinaus möglicherweise von wichtigen Ressourcen der Sinnstiftung abschneiden. Um dem vorzubeugen, müsste „sich auch die säkulare Seite einen Sinn für die Artikulationskraft religiöser Sprachen" bewahren (ebd., S. 22). Das ist der m. E. entscheidende Schritt von Habermas in das Reich des Postsäkularen. Die Öffentlichkeit ist ja ein plurales Gebilde. Wenn sich Menschen in ihren Glaubensüberzeugungen verletzt fühlen, dürften säkulare Mehrheiten keine Beschlüsse fassen, sondern sollten das als Einspruch mit aufschiebendem Veto betrachten (ebd.). Habermas hat dies vor dem Streit um die dänischen Mohammed-Karikaturen geschrieben. Es scheint mir aber offensichtlich, dass eine nicht auf rationale Fundierung angewiesene religiöse Empörungsrede jederzeit den eigenen Irrationalismus oder die eigene Aufgeregtheit im politischen Spiel instrumentell einsetzen kann. Ein derart weitgefasster, postsäkularer Liberalismus hätte dem nichts weiter entgegenzusetzen als die geduldige Prüfung der Gründe. Habermas fällt an dieser Stelle hinter Einsichten einer wehrhaften Demokratie zurück, die in der Auseinandersetzung mit den Totalitarismen des 20. Jahrhunderts gewonnen worden sind (vgl. Reese-Schäfer 2007 in diesem Band Kap. 2.2.1).

Immerhin, Habermas hatte wohl an etwas anderes als an den gezielten Einsatz künstlicher Empörung durch religiöse Aktivistinnen und Aktivisten gedacht. Als Beispiel nennt er Kants kategorisches Sollen, welches zugleich eine säkularisierende und rettende Dekonstruktion von Glaubenswahrheiten gewesen sei. Kants Autonomievorstellung zerstörte das traditionelle Modell der Gotteskindschaft. Oder in den Worten von Kant selbst: „Die Moral, sofern sie auf dem Begriffe des Menschen als eines freien, eben darum auch sich selbst durch seine Vernunft an unbedingte Gesetze bindenden Wesens, gegründet ist, bedarf weder der Idee eines andern Wesens über ihm, um seine Pflicht zu erkennen, noch einer andern Triebfeder als des Gesetzes selbst" (Kant 2003, S. 3). Als zweites Beispiel nennt Habermas einen Gedanken Adornos aus „Vernunft und Offenbarung": „Nichts an theologischem Gehalt wird unverwandelt fortbestehen; ein jeglicher wird der Probe sich stellen müssen, ins Säkulare, Profane einzuwandern" (Adorno 1969, S. 20). Als negatives Gegenbeispiel, in dem das An-Denken zur Andacht mutiert, nennt er den Posthumanismus seines Erzfeindes Heidegger. Die Rückkehr zu den archaischen Anfängen vor Sokrates und vor Christus ist für ihn die „Stunde des religiösen Kitsches" (Habermas 2001, S. 28).

Die Entzauberung, die ja immer mit Säkularisierungsprozessen einhergeht, erscheint ihm unvermeidlich. Sie habe ja im Grunde auch schon durch die Weltreligionen selbst begonnen, die die Magie entzaubert, den Mythos überwunden, das Opfer sublimiert und das Geheimnis gelüftet hätten. Das Geschichtsmodell von

Habermas geht hier ganz deutlich von einem Dreistufenmodell Mythos – Religion – Philosophie aus. „Die postsäkulare Gesellschaft setzt die Arbeit, die die Religion am Mythos vollbracht hat, an der Religion selbst fort" (ebd., S. 29).

Allerdings nicht mehr in der hybriden Absicht der feindlichen Übernahme, wie einst die politischen Religionen des Totalitarismus, sondern um dem Schwinden von Sinnressourcen entgegenzuwirken, und zwar im Modus von rettenden Formulierungen bzw. der Übersetzung. Diesen Gedanken wendet Habermas dann zu einer Schlussformel, betreffend die Unverfügbarkeit der genetischen Disposition: „Nun – man muss nicht an die theologischen Prämissen glauben, um die Konsequenz zu verstehen", wenn die im Schöpfungsbegriff angenommene Differenz verschwände und nunmehr ein anderer Mensch über die genetische Ausstattung nach eigenem Belieben entscheidet. Denn es würde die Freiheit unter Ebenbürtigen zerstört, wenn „ein Mensch nach eigenen Präferenzen in die Zufallskombination von elterlichen Chromosomensätzen eingreifen würde, ohne dafür einen Konsens mit dem betroffenen Anderen wenigstens kontrafaktisch unterstellen zu dürfen" (ebd., S. 31).

Habermas hat Gedanken dieses Typs vor allem in seiner berühmten, im Sommer 2004 mit dem damaligen Kardinal Joseph Ratzinger in München geführten Diskussion über Vernunft und Religion vorgetragen. Aber seine Überlegungen hierzu reichen weit zurück und sind in ihrer philosophischen Substanz, wenn auch nicht in dieser pointierten Formulierung, schon im Sommer 1992 in einer Bad Homburger Diskussion mit John Rawls entwickelt worden. Rawls hatte damals sofort die Schwächen der Position von Habermas erkannt. Er hielt ihm vor, eine umfassende Lehre zu vertreten und belegte das mit mehreren Stellen aus „Faktizität und Geltung", in denen Habermas die substantiellen Kernelemente von Hegels Theorie der Sittlichkeit in ein Konzept der kommunikativen Praxis überführen will. Habermas hatte vor allen Dingen eingewandt, dass kein politischer Liberalismus ohne eine Lösung des Wahrheitsproblems und ohne einen Begriff der Person auskomme. Rawls verneint beides. Den Begriff der Wahrheit überlässt er den umfassenden Konzepten und stellt für den Bereich des Politischen fest, dass hier die *„burdens of reason"*, mindestens aber die *„burdens of judgement"* wirken, nämlich die Möglichkeit, mit vernünftigen Gründen zu völlig verschiedenen Ergebnissen und Standpunkten zu kommen, weil Situationen unübersichtlich, Folgen nicht absehbar, Einschätzungen Ermessensfragen und Begriffe unscharf sind. Im Bereich des Politischen sind Entscheidungen unter Ungewissheit geradezu der Normalfall. Darüber hinaus sieht Rawls nicht ein, weshalb ein philosophischer Begriff der Person im politischen Feld erforderlich sein sollte: Der politische Liberalismus ersetzt den Begriff der Person durch den des freien und gleichen Bürgers. Es wird also nur eine bestimmte Rolle zugewiesen, während die Person in der Philosophie und in ihrer Freizeit betrachtet werden könne, wie man wolle (Rawls 1997).

John Rawls betont den innovativen Charakter seiner Position. Er hat 1992 erklärt: „Mir sind keine liberalen Autoren früherer Generationen bekannt, welche die Lehre des politischen Liberalismus klar vorgetragen hätten. (…) Es ist mir ein großes Rätsel, warum der politische Liberalismus nicht schon sehr viel früher ausgearbeitet wurde. Vom Faktum eines vernünftigen Pluralismus im politischen Leben ausgehend, erscheint er als die natürliche Darstellungsform der Idee des Liberalismus“ (ebd., S. 250 f.). Dieser Hinweis ist m.E. sehr ernst zu nehmen, weil in der politischen Ideengeschichte einerseits die Neigung besteht, in einer sozusagen „Whiggistischen Betrachtung“ einen Gedanken, um ihn zu adeln, mit möglichst vielen Urahnen zu versehen, und weil andererseits dadurch eben auch fragwürdige umfassende Lehren eines *ideologischen* Liberalismus vermengt werden mit einem allein auf das Reich des Politischen begrenzten freistehenden, d.h. nicht auf weitergehende philosophische, ökonomische oder religiöse Lehren angewiesenen *politischen* Liberalismus. Mit einem Wort: Es besteht die Gefahr, die *differentia specifica* des *politischen* Liberalismus zu verkennen. Habermas ist gewiss ein Theoretiker, der Rawls noch relativ nahe steht, aber auch bei ihm ist die Neigung zu umfassenden Lehren offensichtlich. Noch problematischer wird dies bei den kommunitarischen Kritikern an Rawls, die durchweg die politische Pointe seiner Theorie nicht erkannt haben, und weiterhin, wie etwa Charles Taylor, vor allem an einem sehr stark aufgeladenen Begriff der Person als notwendiger Voraussetzung politischer Identitätsbildung festhalten. Politik ist aber, das hat Rawls als einer der ganz wenigen Theoretiker zutreffend beschrieben, der Bereich des Nichtidentitären, der Bereich des Agonalen im Sinne offener Debatten und Auseinandersetzungen, die allein pragmatisch, von Fall zu Fall und allenfalls nach Daumenregeln, aber nicht nach umfassenden Lehren entschieden werden können. Rawls liefert mit seiner Kritik des Politischen im Kantischen Sinne eine Lehre von der notwendigen Begrenztheit politischer Urteile und der politischen Vernunft, auf deren Basis sich allein eine wirklich liberale Lebensform entwickeln lässt. Er selbst bezieht sich an einigen entscheidenden Schnittstellen seiner Lehre auf Isaiah Berlin, der vermutlich von allen liberalen Theoretikern solchen Überlegungen am nächsten gekommen ist, auch wenn Berlin kein Systematiker war und solche Thesen immer nur in Andeutungen ausgearbeitet hat.

1.3.3 Wirtschaftsordnung als Kooperationszusammenhang

Rawls' Theorien betreffen die Grundstruktur der Gesellschaft, die sich zusammensetzt aus der politischen Verfassung, der Eigentumsordnung, der Wirtschaftsordnung und der Struktur der Familie (Rawls 1992, S. 45). Die beiden Gerechtigkeitsgrundsätze von Rawls sind hinreichend bekannt: 1) Gleiche Freiheit für alle 2) soziale Ungleichheit nur insofern, als davon auch die am wenigsten Begünstigten einen Vorteil haben. Der Ausgleich sozialer Ungleichheiten soll nachrangig gegenüber den Freiheitsrechten sein. Selbstverständlich diskutiert Rawls das Problem, dass formal gleiche Freiheiten für unterschiedliche Individuen einen durchaus ungleichen Wert haben können. Deshalb sollen die politischen Freiheiten (und nur diese) nach Maßgabe ihres wenn nicht direkt gleichen, so doch fairen Wertes gewährleistet werden. Praktisch politisch bedeutet dies, politische Parteien von der Regierungskontrolle, aber auch gegenüber großen Konzentrationen ökonomischer Macht möglichst unabhängig zu halten. „In jedem Fall muss die Gesellschaft zumindest einen großen Teil der Kosten der Organisation und des Vollzugs des politischen Prozesses tragen und die Durchführung von Wahlen regeln“ (ebd., S. 200).

Rawls versteht sich selbst als Liberaler, was aber keineswegs ausschließt, dass er für einige grundlegende Marktregulierungen eintritt. Ein wichtiges Beispiel für ihn ist die Werbung. Hier tritt er dafür ein, Strafen für ungenaue und falsche Informationen zu verhängen und Gesetze zu erlassen, die Informationen über schädliche und gefährliche Eigenschaften der Güter auf deren Verpackung oder Außenseite verlangen. Ich stelle mir dieses Modell, zugegebenermaßen vielleicht ein wenig übertrieben, so vor, dass Autos mit dem Satz gekennzeichnet werden müßten: „Dieses Fahrzeug kann Menschen töten“. Ebenso kann per Gesetz verlangt werden, die Preise und genaue Informationen über die Produkte der Öffentlichkeit ohne weiteres zugänglich zu machen. Andererseits hält er es durchaus für eine denkbare Aufgabe einer wohlgeordneten Gesellschaft, überflüssige Werbeanzeigen einzuschränken, weil es sich bei ihnen um Verschwendung handelt, denn im Gegensatz zu den Grundfreiheiten, wie etwa der Meinungsäußerung, ist die Werbefreiheit nicht unveräußerlich. Sie könnte also durch Stillhalteabkommen zwischen den Firmen beschränkt werden, und dies könnte wiederum durch Gesetz unterstützt werden (ebd., S. 241). Hier zeigt sich, wie sehr Rawls im Grunde einer recht vormodernen Ökonomie anhängt. Bei ihm geht es eben doch um ein bis ins Detail der Warnhinweise durchmoralisiertes Wirtschaftsverständnis, welches sich in den seitenlangen wenig hilfreichen und allein aus der Furcht vor Abmahnanwälten diktierten Bedienungsanleitungen vieler Güter niederschlägt.

Das Differenzprinzip, das als Maßstab die in einer Gesellschaft am wenigsten Begünstigten verwendet, wirft ebenfalls einige Fragen und Probleme auf. Rawls fragt: „Sind die am wenigsten Begünstigten demnach diejenigen, die von der Sozialhilfe leben und den ganzen Tag vor Malibu surfen?“ (Rawls 2003, S. 274) Er beantwortet diese Frage auf doppelte Weise: einmal ist der Freizeitgewinn als geldwerter Vorteil zu werten, zum anderen war der Ausgangspunkt die Vorstellung normaler, lebenslang kooperierender Bürger. „Die am wenigsten Begünstigten sind, wenn alles gut geht, nicht die Unglücklichen und die Pechvögel – denen wir Barmherzigkeit und Anteilnahme oder gar Mitleid angedeihen lassen – sondern diejenigen, denen ebenso wie allen anderen aufgrund der politischen Gerechtigkeit unter freien und gleichen Bürgern Reziprozität geschuldet wird. Sie kontrollieren zwar weniger Ressourcen, aber dennoch leisten sie ihren vollen Beitrag unter Bedingungen, die von allen als durchweg vorteilhaft und mit jedermanns Selbstachtung verträglich anerkannt werden" (ebd., S. 217).

Hier ist ein Problem zu erkennen. In seiner Theorie der Gerechtigkeit hatte Rawls die ursprüngliche, noch sehr generelle These, dass Ungleichheiten dann gerechtfertigt seien, wenn jedermann davon einen Vorteil habe, dahingehend operationalisiert, dass es genüge, zu prüfen, ob die am wenigsten Begünstigten davon einen Vorteil hätten. Hier zeigt sich, dass diese angebliche Operationalisierung weder empirisch sinnvoll beschreibbar noch moralphilosophisch klar definierbar ist. Normalerweise würde es sich bei den am wenigsten Begünstigten um die Arbeitslosen oder die Niedriglohnbeschäftigten handeln. Bei den Arbeitslosen allerdings muss er schon differenzieren zwischen denjenigen, die freiwillig arbeitslos sind bzw. diesen Zustand einer unangenehmen Arbeit vorziehen, und denjenigen, die als echte Arbeitssuchende und damit in seinem Sinne als kooperationsbereit angesehen werden können. Rawls' zweiter Gerechtigkeitsgrundsatz ist im Grunde ein Grundsatz fairer Verteilung der Ergebnisse innerhalb eines Kooperationszusammenhangs. Aus ihm lässt sich keine Theorie des Sozialsystems entwickeln. Wer im ökonomischen Sinne nicht zur Kooperation bereit oder in der Lage ist, fällt aus dieser Theorie heraus.

1.4 Kritik der politischen Ethik

Die Unzulänglichkeit gängiger Ethikmodelle, die Widersprüchlichkeit, teilweise sogar Absurdität traditioneller Moralvorstellungen lag in den sechziger Jahren des 20. Jahrhunderts geradezu auf der Hand. Denn dies war eine Zeit nicht so sehr eines politischen (obwohl die meisten das damals glaubten, aber das blieb an der Oberfläche) als vielmehr eines sozialmoralischen Umbruchs in den Tiefen der Gesellschaft. In diesen Jahren kam es zu nicht weniger als zu einer sozialmoralischen Kernrevolution fast aller Alltagsüberzeugungen. Und daraus folgend zu einem radikalen Neuaufbau der Ethikvorstellungen. Nun könnte man sagen, sei politische Ethik, wie sie gemeinhin betrieben wird, das Leichteste und Einfachste überhaupt, denn man braucht ja nur ins Blaue hinein zu postulieren, insbesondere nach einem solchen Neustart. Und das machen ja auch die meisten. Sie produzieren unzählige klagende, anklagende und fordernde Texte, je globaler, desto besser, und wenn es mit dem Denken nicht ganz reicht, wird gern Zuflucht genommen zum Glauben, zu Glaubenssätzen, die aber in einer Welt des religiösen und intellektuellen Pluralismus keinerlei Verbindlichkeit mehr entfalten können. Gerade ein kritisch reflektierter katholischer Ethiker wie Charles Taylor hat dieses Argument der zunehmenden Unverbindlichkeit der verschiedenen Glaubensformen zum Kernpunkt seiner Analysen über unser säkulares Zeitalter gemacht (Taylor 2007 sowie Kühnlein und Lutz-Bachmann 2011). Es gibt keine Felsen mehr, auf die man bauen könnte. In Teilen der politischen Philosophie hat sich – wohl aus Trotz gegen diese durchaus anspruchsvolle Einsicht – ein hoher moralischer Ton ausgebreitet, welcher die meisten Elaborate zur politischen Ethik eher als wundergläubige theologische Traktate erscheinen lässt. Praktische Vernunft wird nicht als Analysemittel, sondern als Dogma verkündet.

Das Problem der Ethiker und Ethiktheoretiker, die solche billigen Ausflüchte nicht machen, die also im Premium-Segment tätig sind und ein hochwertiges Produkt anbieten wollen, besteht bis heute darin, dass sie das intellektuelle Kunststück vollbringen möchten, alles auf einem oder zwei axiomatischen Sätzen aufzubauen und aus diesen alles weitere ableiten zu wollen. Alle suchen immer noch nach einem spinozistisch-cartesischen Ableitungsmodell, im Grunde also nach einer Letztbegründung. Selbst Kant, der in seiner Kritik der reinen Vernunft gerade die Paradoxien und Unmöglichkeiten in brillanter Weise aufgezeigt hatte, die sich beim Versuch einer vollständigen Systemschließung ergeben, hat seine Kritik der praktischen Vernunft dann doch wieder auf das Ableitungsmodell aus einem einzigen Satz, dem kategorischen Imperativ, gegründet. An seinem Beispiel, dass man auch dann nicht lügen dürfe, wenn man jemanden bei sich zu Hause verbirgt, der Mörder vor der Tür steht und fragt, ob der zu Ermordende anwesend sei, zeigt sich schnell, dass in dieses Ethikprogramm mindestens ein Fehler, in der Computersprache würden wir sagen, ein *„bug"* eingebaut sein muss (Kant 1973, S. 203). Schlimmer aber noch ist das Folgende: Das Sollen kann Kant zwar, wenn man von diesem Systemfehler absieht, einigermaßen gut, wenn auch abstrakt, begründen. Dies gilt aber nicht für die Motivation, die zu einer politischen Ethik, soll sie ernst genommen werden, unbedingt dazugehört.

Ethiken dagegen, welche die Motivation überzeugend oder einigermaßen überzeugend begründen können, wie etwa die von Thomas Hobbes, die auf der Angst aufgebaut ist vor der Anarchie, vor dem Kampf aller gegen alle, oder klassische und moderne Wirtschaftsethiken, die auf dem Eigeninteresse basieren, bringen andere Probleme mit sich. Die Motivation ist so überwältigend stark, dass sie auch ausgesprochen unmoralisches Verhalten motivieren kann. Sie ist damit richtungs- und kompasslos. Gute Begründungen und überzeugende Anwendungsregeln vermögen dann zwar die Richtung festzulegen, aber nicht den Grund, sich in diese

Richtung auch zu bewegen, so dass hier ein nur schwer auflösbarer Hiatus zwischen den beiden Grundproblemen der Ethik, nämlich dem Begründungs- und dem Motivationsproblem, bestehen bleibt. Dieser Hiatus ist nur zu schließen durch eine Institutionenethik, d.h. die Konstruktion gerechter Institutionen, die in einer Kombination positiver Anreize für regelkonformes Verhalten und von Sanktionen gegen Verstöße die richtungsmäßig zunächst unbestimmte Motivation des Eigeninteresses so formen, dass eine „gute Gesellschaft" sich bildet (Etzioni 1996 u. 1997; Pies 2009a).

Hier liegt einer der Gründe, warum die Gerechtigkeitstheorie von John Rawls und die Diskursethik von Jürgen Habermas und anderen, so begeistert sie anfangs aufgenommen wurden, letztlich doch die hohen Erwartungen nicht erfüllen konnten. Bei John Rawls lag wieder ein faszinierendes Modell vor, wo in einem grandiosen Wurf aus zwei Grundprinzipien der Gerechtigkeit alles weitere abgeleitet wurde, eine Theorie, die tausende Bände und Aufsätze an Sekundärliteratur nach sich zog und schließlich vom Rawls selbst, der ein wirklich ernsthafter Weiterdenker war, in seinen späteren, stärker auf einen *politischen* Liberalismus gerichteten Studien, Schritt für Schritt ausgehebelt wurde. Er konnte zeigen, dass seine eigene Lehre auf einer umfassenden kantianisch geprägten Theorie beruhte, die viel zu viel voraussetzte und nicht von jedermann unbedingt geteilt werden konnte, so dass sie sich nicht als *politische* Ethik eignen würde, denn diese musste ja gerade für sehr unterschiedliche Menschen und Interessen akzeptabel sein, die mit Immanuel Kant und dem Kantianismus vielleicht gar nichts zu tun haben wollten. Er musste einräumen, dass seine Lehre für den internationalen, über die eigenen Staatsgrenzen hinausgehenden Bereich keine sinnvollen Aussagen mehr machen konnte. Er arbeitete heraus, dass die „Bürden der Vernunft", ihre argumentative Ungenauigkeit, keine großen Lösungen im praktischen Bereich zuließen. So setzte er schließlich ein weiches und am Alltagsverständnis angelehntes Konzept der *Gerechtigkeit als Fairness* und des politischen Liberalismus als offenes Rahmenprogramm an die Stelle des großen Entwurfs einer Gerechtigkeitstheorie aus zwei axiomatischen Grundprinzipien. Fairness ist ein unbestimmter Begriff, der die Dinge im Ungefähren läßt und juristisch nicht wirklich belastbar ist.

Das von Rawls selbst eingestandene Scheitern seines ursprünglichen Begründungsprogramms hat Jürgen Habermas motiviert, nochmals einen anderen Weg zu versuchen, und das sehr ingeniös, indem er nämlich an die Stelle der Axiome ein Rahmenmodell gesetzt hat: Da alle Politik auf Diskursen beruht, müssen es die Rahmenbedingungen der Diskurse sein, auf denen alles basiert, während die Inhalte im Einzelnen nicht mehr aus den Grundprinzipien abgeleitet werden müssen. Doch auch bei Habermas waren mehrere *„bugs"* eingebaut, die zum Absturz seines Begründungsprogramms geführt haben, und er hat es dann leider auch aufgegeben und nicht beharrlich weiterverfolgt, weil diese „*bugs*" möglicherweise nicht kleine Programmierfehler waren, sondern bei der vorgegebenen Programmstruktur nicht behebbar (vgl. Reese-Schäfer 2001). Das Hauptproblem war die zugrundeliegende Konsenstheorie der Wahrheit – gegen den schon in der Sprachstruktur vorgegebenen Anspruch, dass der Wahrheitsanspruch doch gerade ein klassisches Argumentationsmittel ist, um einen vorherrschenden Konsens aufzubrechen, Wahrheit also schon von der Grundsituation des Argumentierens her nicht im Konsens ruhen kann, sondern doch immer irgendwo außerhalb verankert werden muss.

Vor allem aber konnte Habermas nie genau sagen, wer eigentlich diskussionsberechtigt und damit konsensnotwendig sein sollte, denn „die Betroffenen", von denen er gerne redet, konnten ja in sehr unterschiedlicher Weise betroffen sein: Bahnhofsanwohner in Stuttgart, solche, die Bahn fahren, solche die nicht Bahn fahren, solche die nach Ulm wollen, solche die auf keinen Fall nach Ulm wollen, Bürger, die an der wirtschaftlichen Entwicklung oder der Stadtentwicklung interessiert sind, solche, die Wirtschaft fürchterlich finden, ideologisch motivierte Bürger etc. Wie soll man aber Betroffenheitsgrade in einer politischen Diskussion wägen? Die Forderung, auch mit weit verstreuten dritten Parteien zu verhandeln, würde zu überhöhten ökonomisch-politischen Transaktionskosten führen (vgl. Rawls 1992, S. 56). Bei Habermas hat das dazu geführt, dass er sein ehrgeiziges Begründungsprogramm nicht weiterverfolgt hat und sich in seinen zahlreichen politischen Interventionen auch nie darauf gestützt hat, sondern sich die Argumente immer so zurechtgelegt hat, wie es gerade zu passen schien. Aber man sucht ja eine politische Ethik gerade zu Begründungszwecken, um seine Urteile nicht immer *ad hoc*, aus dem allgemein fortschrittlichen Grundgefühl oder dem unaufgeklärten Eigeninteresse ableiten zu müssen.

Es bleibt also bei Schopenhauers altem Befund: postulieren ist leicht, begründen dagegen extrem schwer. Ich würde hinzufügen: Begründungen bringen wenig, wenn nicht die Motivation systematisch mitgedacht wird, und gerade die kann man nicht herbeipostulieren und herbeiappellieren, sondern sie sollte in einer Kombination des institutionellen Anreizsystems mit dem eigenen Interesse gesucht werden (Schopenhauer 1977 S. 153; Pies 2009b). Politische Ethik unter Realitätsbedingungen muss also verstanden werden als komplexes Gesamtmodell aus Begründungsversuchen, Motivationsanreizen, abwägenden Folgenberücksichtigungen sowie deren Fundierung in einem klug verstandenen Institutionensystem.

1.4.1 Politische Ethik als Tugendethik individuellen Verhaltens in der Öffentlichkeit, innerhalb von Institutionen und im Privatbereich

Traditionelle politische Verhaltenslehren (z.B. Ellwein 1983) sind schon in den sechziger Jahren des 20. Jahrhunderts so sehr in die Kritik geraten, dass derartige Versuche seitdem als altväterlich, als schwung- und kraftlos erscheinen mussten. Doch auch der begrenzte Regelverstoß, der nun zur herrschenden Lehre wurde, unterlag ja teils griffigen, teils problematischen Regularien: z.B. dass Gewalt nur gegen Sachen oder nur gegen Rechts legitim sei. Die Veranstaltungsstörungen und Saalschlachten der späten Weimarer Republik, die Aufstellung uniformierter Kampforganisationen auf der Rechten wie der Linken hatten als abschreckende Beispiele zu wirken nachgelassen.

Die Regeln und Richtlinien individuellen Verhaltens sind in unserer Post-68er Welt nicht ein für alle Mal von vornherein und verbindlich festzulegen. John Rawls hat aber in seinem Buch über den politischen Liberalismus darauf hingewiesen, dass der öffentliche Vernunftgebrauch den Bürgern auch eine moralische, nicht rechtliche Pflicht auferlegt: die Pflicht zur Zivilität, wie er das nennt *(civility)*, d.h. die Bereitschaft, einander in den Grundfragen die Prinzipien und Politiken, die sie befürworten, zu erklären und zu begründen. Diese Pflicht impliziert ebenso die Bereitschaft, auf die Argumente der anderen zu hören, und eine Offenheit und mentale Fairness *(fairmindedness)*, die es ermöglicht, gütliche Einigungen zu erzielen (Rawls 1993, S. 217). Das klingt ein wenig nach einem irenischen, von der realen politischen Auseinandersetzung weit entfernten Bild von Politik, so dass es sicherlich kein Zufall ist, wenn Jürgen Habermas genau dieses Argument seinerseits in einem politisch-theologischen Diskurs zustimmend aufgenommen hat (Habermas 2005a, S. 127). Gewiss ist die Anrufung dieses Ideals nicht grundsätzlich falsch, verbleibt aber in der Scheinwelt eher postulativer und damit politikferner Ethik.

1.4.2 Politische Ethik als Institutionenethik und als Ethik der Gesetzgebung

Es gehört zu den Grundirrtümern eines zu eng angesetzten systemtheoretischen Denkens, dass nach der Ausdifferenzierung eines Rechts- und Institutionensystems die Gesellschaft der Moral nicht mehr bedürfe und sie sogar zurückdrängen müsse, weil deren Restpotentiale durchaus schädliche, störende und gewalttätige Wirkungen entfalten könnten. Niklas Luhmann ist so weit gegangen zu behaupten, dass es inzwischen die Hauptaufgabe der Ethik sei, vor der Moral zu warnen (Luhmann 1990, S. 41). Dort, wo neue Wege beschritten werden sollen, wo neue Probleme auftreten oder alte Probleme auf neue Weise gelöst werden sollen, reicht die Fortschreibung der bisherigen Regeln des Systems nicht mehr aus. Es bedarf politisch-ethischer Argumentationen, auch und gerade wegen ihrer mangelnden Letztbegründbarkeit und Unspezifizität, um ein reflektiertes Unruhepotential zu erzeugen. Andernfalls kann ein geschlossenes Rechts- und Politiksystem daran scheitern, dass es die Realunruhe der Gesellschaft nicht mehr konzeptionell zu verarbeiten in der Lage ist. Das argumentative Unruhemoment politischer Ethik kann also dienen als die relativ kontrollierte Verarbeitungsform des politischen Systems für solche Herausforderungen, für die die Standardmittel nicht mehr auszureichen scheinen. Hier ist dann die Rolle von Ethikkommissionen, die allerdings ihrerseits durch eine kritische und selbstkritische Reflexion begleitet werden muss. Denn diese Kommissionen können schon aufgrund des Scheiterns der klassischen Begründungskonzeptionen nie mit der Autorität des letzten Wortes auftreten, sondern ihrerseits nicht mehr als Diskussionsbeiträge leisten, die aber doch an einem ganz besonders herausgehobenen und zugleich teilweise handlungsentlasteten Platz im politischen System angesiedelt sind.

Strukturell kann man das als Kommissioneninstitutionalismus beschreiben. Neben die verfassungsmäßig vorgesehenen Institutionen treten ad-hoc-Einrichtungen, die für Neuerungen und die Reaktion auf ungewöhnliche Herausforderungen vorgesehen sind. Derartige Kommissionen sind ausdrücklich auf einen Konsens hin ausgerichtet und leben von der Fähigkeit und der Bereitschaft zu Lernprozessen, die sie aus Einsicht und nicht aus strategischen Gründen vollziehen, auch wenn die Einsetzung und Zusammensetzung derartiger Kommissionen selbst durchaus ein Moment des politisch-strategischen Handelns sein kann (Höffe 1985, S. 50 u. 214; hierzu Reese-Schäfer 2013, S. 132 ff.). Ihre Entscheidungsfindung ist damit von der konfrontativen Grundstruktur des politischen Systemmodells Regierung versus Opposition ein Stück weit entlastet. Konstitutionell wichtig bleibt jedoch, dass die Entscheidungsfindung selbst in den durch Wahlen legitimierten Institutionen verbleibt. Die Funktion der Kommissionen besteht in einer Erhöhung der Wahrnehmungs- und Lernfähigkeit des politischen Systems, nicht darin, dessen Grundfunktionen durch angebliche Fachleute zu ersetzen, wie es der Traum vieler Technokraten sein mag.

Gesetzgebungsprozesse können durchaus Züge eines *Bargaining*, eines Aushandelns zwischen sehr divergenten Bereichen annehmen, die auf der Sachebene nichts miteinander zu tun haben, aber zufällig gerade gleichzeitig in den politischen Entscheidungsprozess eingespeist werden mussten. So kann eine Steuersenkung für die eigene Klientel mit einem Zugeständnis beim Datenschutz verrechnet werden. Da eine sachbegründete Verrechnung nicht möglich ist, scheint es unverzichtbar, die gefundenen Vereinbarungen jeweils wieder daraufhin zu prüfen, ob sie generellen politisch-ethischen Gerechtigkeitsstandards genügen können.

Neben die klassische Normenkontrollfrage, ob ein neu verabschiedetes Gesetz verfassungsmäßig sei, kann immer auch die politisch-ethische Reflexion treten, ob es gerecht sei und nicht, ob nun in der Hauptabsicht oder der Nebenwirkung, ob es also für einzelne oder bestimmte Gruppen Ungerechtigkeiten schafft. Diese Art von Reflexion ist schon im Ansatz unbestimmter als die Legalitätsprüfung, allerdings durch diese allein nicht ersetzbar, weil sie der Reaktionsmodus auf Haltungen, Argumentationsmuster, Gefühle und Gefühlsdiffusionen einer breiten Öffentlichkeit sind, die für die Gesamtlegitimation einer Gesellschaft und ihres politischen Systems als unverzichtbar gelten müssen. Die politische Ethik steht nicht über den Institutionen und dem Recht. Sie ist auch kein Sonderdiskurs von Ethikprofessionellen (wie sich das im Bereich der juristischen Professionalität ja etabliert hat), sondern eine generalisierte Rückbindung an wie immer plurale Grundsätze und Grundgefühle. Dem permanent bleibenden Legitimitätszweifel an Ethikkommissionen oder schon an ethischen Argumentationen jedenfalls ist mit einer entschlossenen Professionalisierung dieses Feldes nicht überzeugend zu begegnen. Auch in der Scharlataneriebekämpfung in diesem Bereich werden wir über den Stand des „Argument gegen Argument“ nicht hinauskommen.

2 Grundfragen politischer Ethik an Problemsituationen und Fällen durchdiskutiert

Mit gelegentlichen Handlungsempfehlungen für Praktikerinnen und Politikberater

Die folgenden Analysen verstehen sich als beispielhafte Anwendungsmodelle politischer Ethik in zentralen Politikfeldern. Dabei wird immer auch kritisch-reflexiv die Anstrengung unternommen, den bequemen Fluss gängigen Moralisierens zu durchbrechen und die üblichen Heucheleien nicht als akzeptables Maß politischer Moralität zu nehmen, sondern eher als Hinweis dafür zu verwenden, wo die Probleme liegen. Die einzelnen Fallstudien können unabhängig voneinander gelesen werden.

2.1 Gewaltlose Strategien der Demokratisierung

Die Demokratisierungswellen unserer Zeit, die zunächst asiatische Länder wie Südkorea und Taiwan ergriffen hatten, danach den europäischen Osten und schließlich sogar, wenngleich dort durchweg scheiternd, die arabische Welt, ermöglichen einen neuen Blick auf die Effizienz und Wirkungsmächtigkeit gewaltloser Strategien. Vom Ziel her betrachtet, nämlich tatsächlich demokratische Zustände zu erreichen und nicht etwa nur eine alte Tyrannis durch eine neue zu ersetzen, haben sich gewaltsame Kampfformen als weniger erfolgreich erwiesen. Nach dem eindrucksvollen Erfolg des Mahatma Gandhi in Indien hat man den gewaltlosen Widerstand gerne mit einer moralisierenden Aureole umgeben, während ein realistischer politischer Stratege wie George Orwell in seinen „Reflections on Gandhi" zu dem Ergebnis kam, dass Gewaltlosigkeit vielleicht gegen das dem Druck der öffentlichen Meinung ausgesetzte britische Empire erfolgreich sein könne, nicht aber gegenüber einer brutalen und rücksichtslosen Tyrannis des stalinistischen

Typs (Orwell 1968, S. 523-531). Die Entwicklungen seit den achtziger Jahren des 20. Jahrhunderts haben nun auch die realistische Politiktheorie zum Umdenken veranlasst. Der gewaltlose Aufstand wird nun nicht mehr nur von Gurus gepredigt und von Pazifisten beschworen, sondern von kühlen Politikwissenschaftlern strategisch durchdacht und durchgeplant, ja sogar in Demokratieinstituten praktisch gelehrt und eingeübt. Der amerikanische Politikwissenschaftler Gene Sharp hat seit den 80er Jahren eine Reihe von Schriften zur gewaltfreien Aktion veröffentlicht. Seine „Politics of Nonviolent Action" ist schon in den achtziger Jahren von der Grünen-Aktivistin Petra Kelly in die DDR geschmuggelt worden. 1983 hat Sharp einen später noch vielfach überarbeiteten und in sehr viele Sprachen übersetzen strategischen Handlungsleitfaden verfasst: „From dictatorship to democracy: A conceptual framework for liberation" (2011). Insbesondere das Belgrader *Otpor* (deutsch: Widerstand), ursprünglich eine Studentenorganisation, die maßgeblich zum Sturz des Diktators Slobodan Milosevic im Jahre 2000 beigetragen hatte, hat dieses Konzept aufgegriffen und in praktische Trainingseinheiten umgewandelt, die gerne auch von Studierenden aus der arabischen Welt belegt worden sind.

Die Argumente Sharps für den gewaltlosen Widerstand sind für das Verständnis politischer Ethik deshalb besonders wichtig, weil sie statt auf moralische Gewaltverbote auf eine realistische Abwägung setzen. Um einen Eindruck von der Art seines Denkens zu gewinnen, seien die folgenden Passagen zitiert: „Als Reaktion auf die Brutalitäten, auf Folter, Verschleppungen und Morde kamen die Menschen verständlicherweise oftmals zu dem Schluss, eine Diktatur lasse sich nur mit Gewalt beenden. (...) In manchen Fällen konnten sie bemerkenswerte Erfolge erzielen, doch nur selten errangen sie die Freiheit. Gewaltsame Rebellionen können eine brutale Unterdrückung auslösen, die das gemeine Volk häufig noch hilfloser macht als zuvor. Bei allen Verdiensten der Gewaltoption ist jedoch eines klar: Wenn man auf gewaltsame Mittel vertraut, entscheidet man sich genau für die Art von Kampf, bei der die Unterdrücker so gut wie immer überlegen sind. Die Diktatoren verfügen über die Ausrüstung, um auf überwältigende Art Gewalt auszuüben. Ganz gleich, wie lange oder kurz diese Demokraten durchhalten, am Ende entscheiden in der Regel die harten militärischen Realitäten" (ebd., S. 16 f.). Sharp sieht es als einen strategischen Fehler an, den Gegner mit den Mitteln anzugreifen, in deren Anwendung er am stärksten und erfahrensten ist. Auch der Guerillakrieg ist für Sharp keine erfolgversprechende Option, weil er sich häufig sehr lange hinzieht und sehr hohe Opfer unter den eigenen Leuten fordert, vor allem aber, weil die unterdrückte Bevölkerung nur sehr selten von ihm profitiert und er meist auch nicht zur Demokratie führt. „Selbst wenn sie von Erfolg gekrönt sind, haben Guerillakriege auf lange Sicht oftmals äußerst negative strukturelle Folgen. Unmittelbar ist es so, dass das angegriffene Regime infolge seiner Gegenmaßnahmen noch diktatorischer wird. Sollten die Guerillakämpfer am Ende siegen, ist das daraus hervorgehende neue Regime oft noch diktatorischer als seine Vorgänger" (ebd., S. 17).

Auch ein Militärputsch gegen eine Diktatur vermag zwar häufig rasch einen besonders widerwärtigen Diktator zu beseitigen und deshalb zunächst ein Gefühl der Erleichterung auslösen, aber Putsche bewirken meist nur, dass eine neue Gruppe oder Clique an die Macht kommt. Auch ausländische Retter sind problematisch, weil sie fast immer eigene Interessen und eine eigene Agenda verfolgen, so dass die Bevölkerung eines Landes im Wesentlichen darauf angewiesen ist, eigene demokratische und zivilgesellschaftliche Potentiale zu entwickeln.

Auf der anderen Seite verwirft Sharp Verhandlungen mit den Machthabern außer in ganz bestimmten Fällen als problematisch und wirkungslos. Denn in der Frage Diktatur oder Demokratie handelt es sich um einen prinzipiellen Konflikt, in dem es keinen Kompromiss geben kann. „Nur eine Verschiebung der Machtverhältnisse zugunsten der Demokratie kann diesen grundsätzlichen Problemen gerecht werden. Und zu einer solchen Verschiebung wird es nur durch Kampf, nicht durch Verhandlungen kommen. Das heißt nicht, dass man sich des Verhandlungswegs niemals bedienen sollte. Es geht vielmehr darum, dass Verhandlungen keinen realistischen Weg darstellen, um eine starke Diktatur zu beseitigen, wenn eine machtvolle demokratische Opposition fehlt" (ebd., S. 23 f.). Mehr noch: „Im Verhandlungszimmer können Gefahren lauern" (ebd., S. 25). Denn unter dem Deckmantel des allseits gewollten „Friedens" können die Demokraten zur Kapitulation veranlasst werden, oder es kann darum gehen, so viel Macht und Reichtum wie möglich für die Diktatoren zu erhalten, während deren Gewalt gegen die Bewegung weitergeht. Sharp empfiehlt Verhandlungen allenfalls für die Schlussphase des Kampfes, wenn es für die Diktatoren vielleicht nur noch um sicheres Geleit zum Flughafen geht. Verhandlungen sind deshalb so wenig aussichtsreich, weil ihr Ergebnis vom Machtverhältnis der beiden Seiten abhängt und ja immer darin bestehen müsste, auch Teilziele der Diktatoren selbst zu akzeptieren. „Welche Ziele der Diktatoren sollen die demokratischen Kräfte akzeptieren? Sollen die Demokraten den Diktatoren (ob einer politischen Partei oder einer Militärclique) in einer künftigen Regierung eine verfassungsmäßig verbürgte dauerhafte Rolle zugestehen? Was soll daran dann noch demokratisch sein?" (ebd., S. 25 f.). Sharp empfiehlt deshalb den fortgesetzten, anhaltend gewaltfreien, aber oft nicht ohne auch schwere Opfer möglichen Widerstand, der nicht durch Vereinbarungen Erfolg haben wird, sondern allein „durch den klugen Einsatz der geeignetsten und wirkungsvollsten Widerstandsmethoden" (ebd., S. 28).

Häufig wird eingewendet, dass gewaltlose Widerstandsmethoden zu viel Zeit benötigen, während Gegengewalt rascher funktioniere. Dies lässt sich empirisch nicht halten. „Die jüngste Geschichte zeigt die Verwundbarkeit von Diktaturen und macht deutlich, dass sie binnen kurzer Zeit zusammenbrechen können: Während es in Polen zehn Jahre dauerte – von 1980 bis 1990 –, die kommunistische Diktatur zu stürzen, gelang das in der DDR und in der Tschechoslowakei innerhalb weniger Wochen. In El Salvador und Guatemala dauerte der Kampf gegen die brutalen Militärdiktatoren 1944 jeweils gut zwei Wochen. Das militärisch mächtige Schah-Regime im Iran wurde innerhalb weniger Monate aus den Angeln gehoben. Die Marcos-Diktatur auf den Philippinen hielt der Macht des Volkes 1986 nur wenige Wochen stand: Die US-Regierung ließ Präsident Marcos rasch fallen, sobald die Stärke der Opposition deutlich wurde. Der Putschversuch in der Sowjetunion im August 1991 wurde binnen Tagen mittels politischem Widerstand verhindert. Danach erlangten viele der lange Zeit unterdrückten Sowjetnationen binnen Tagen, Wochen und Monaten ihre Unabhängigkeit zurück" (ebd., S. 29). Diktatoren, die sich mit den Mitteln des Bürgerkriegs an der Macht zu halten versuchen, wie Baschar al-Assad, sind bislang eher die Ausnahme.

Es kommt darauf an zu verstehen, worauf Macht basiert, wenn man sie stürzen will. Alle Quellen der politischen Macht wie Autorität, menschliche Ressourcen, Fertigkeiten und Wissen, psychologische und ideelle Bindungen, Zugang zu materiellen Ressourcen sowie zum Straf- und Sanktionsapparat „hängen jedoch von der Akzeptanz des Regimes ab, von der Ergebenheit und dem Gehorsam der Bevölkerung sowie von der Kooperation unzähliger Menschen und der vielen gesellschaftlichen Institutionen. All das ist keineswegs garantiert" (ebd., S. 33; vgl. Hume 1988, S. 25). Durch Nichtkooperation in der Bevölkerung und im Institutionensystem werden diese Machtquellen eingeschränkt und können sogar teilweise oder ganz versiegen. Gene Sharp weist darauf hin, dass dies natürlich auch den Diktatoren bekannt ist, weshalb sie bei den ersten Anzeichen von Streiks oder Ungehorsam strafend eingreifen werden. „Damit ist die Geschichte freilich noch nicht zu Ende. Denn Repression und brutales Vorgehen sorgt keineswegs immer dafür, dass das für das Funktionieren des Regimes notwendige Maß an Ergebenheit und Zusammenarbeit wiederhergestellt wird" (Sharp 2011, S. 34). Das kann zu Empörungsreaktion oder zum schleichenden, lähmenden Ungehorsam sogar noch beitragen. Dies hatte Niccolò Machiavelli sehr präzise erkannt, als er feststellte, der Fürst, „der die Masse zum Feinde hat, sichert sich nie, und je mehr Grausamkeiten er begeht, desto schwächer wird seine Herrschaft" (Machiavelli 2007, S. 16). In der Auseinandersetzung mit den totalitären Regimen des 20. Jahrhunderts hatte der Politikwissenschaftler Karl W. Deutsch das noch pointierter formuliert: „Totalitäre Macht ist nur dann stark, wenn man sie nicht zu oft anwenden muss. Wenn totalitäre Macht ständig gegen die gesamte Bevölkerung angewandt werden muss, ist es höchst unwahrscheinlich, dass sie lange wirkungsvoll bleibt. Da totalitäre Regime im Umgang mit ihren Untergebenen mehr Macht brauchen als andere Regierungsformen, sind sie in höherem Maße auf breites und verlässliches willfähriges Verhalten in der Bevölkerung angewiesen; das ist wichtiger, als dass sie im Notfall auf die aktive Unterstützung zumindest wesentlicher Teile der Bevölkerung zählen können" (1954, S. 313 f.).

Der Machtbedarf von Diktaturen ist also höher, und sie werden in stärkerem Maße versuchen, die Bevölkerung zu atomisieren, wie es bei Hannah Arendt und anderen Totalitarismustheoretikern heißt, sie also in eine Masse isolierter Einzelner zu verwandeln, wo das Vertrauenspotential als Grundlage möglichen gemeinsamen Handelns nicht vorhanden ist. Es kommt also darauf an, wieder Organisationsformen gesellschaftlicher Gegenmacht zunächst ansatzweise zu schaffen und später gegenüber Repressionsversuchen zu erhalten und möglichst noch auszubauen.

Sharp und ähnliche Theoretiker empfehlen einen realistischen Blick auf diese Strukturen. Man sollte nicht den Fehler machen, die hypertrophierte Macht der Tyrannis für hohl zu halten, weil sie in so vielen spektakulären Fällen rasch zusammengebrochen ist: „Selbstverständlich bedeutet all das nicht, dass sich Diktaturen leicht schwächen und zerschlagen lassen, und es wird auch nicht jeder Versuch von Erfolg gekrönt sein. Es heißt mit Sicherheit nicht, dass der Kampf keine Opfer fordern wird, denn diejenigen, die den Diktatoren weiterhin dienen, werden mit einiger Wahrscheinlichkeit zurückschlagen und bemüht sein, die Bevölkerung wieder zu Zusammenarbeit und Gehorsam zu zwingen" (Sharp 2011, S. 37).

Es bedarf deshalb einer durchdachten und überlegten Strategie. Auch wenn Volksaufstände oftmals ein spontanes Erscheinungsbild haben, ist es doch hilfreich und notwendig, wenn in der Vorbereitungsphase einige, die später dann Anführer- oder Beraterrollen einnehmen können, die strategischen Implikationen gewaltloser Aktionen durchdacht haben. Auch wenn Diktaturen äußerlich festgefügt und unverwundbar wirken, haben sie doch oft eine Achillesferse. Sharp zählt ohne Anspruch auf Vollständigkeit siebzehn Möglichkeiten auf, die hier nicht alle wiedergegeben werden sollen. Um aber einen Eindruck zu vermitteln, wie dieser Machiavelli der Gewaltlosigkeit vorgeht, sollen wenigstens einige davon erwähnt werden. Der Zentralismus des Systems hindert dieses, sich an neue Entwicklungen anzupassen, eine Dezentralisierung aber kann zum Kontrollverlust führen. Eine stark ideologische Orientierung der Macht führt zum Realitätsverlust. Rivalitäten innerhalb der Führung können ausgenutzt werden. Regionale Besonderheiten, aber auch soziale, kulturelle, nationale Differenzen können zu Auslösern von Unzufriedenheit werden. Es geht immer darum, den Angriff auf die Schwachstellen zu konzentrieren, nicht aber auf die Punkte, in denen das Regime am stärksten ist, vor allem im Bereich der Gewalt.

„Politischer Widerstand funktioniert jedoch völlig anders als Gewalt. (...) Der gewaltlose Kampf ist eine weitaus komplexere und vielfältigere Methode als Gewalt. Er wird mittels psychologischer, sozialer, ökonomischer und politischer Waffen geführt, die von der Bevölkerung und den gesellschaftlichen Institutionen in Anschlag gebracht werden. Sie sind unter den verschiedensten Bezeichnungen bekannt: Protest, Streik, Nichtzusammenarbeit, Boykott, Verdrossenheit und Macht des Volkes" (ebd., S. 44). Auch vom Ende her gedacht hat ein solches Vorgehen Vorteile: Es kann von wenigen ausgehen, wird aber im Falle erfolgreicher Mobilisierung nicht nur breite Bevölkerungskreise einbeziehen, sondern diesen auch die praktischen Erfahrungen und Machtmittel in die Hand geben, um ihrerseits wieder einer neuerlichen Diktatur oder Restaurationsversuchen widerstehen zu können.

Im Detail hat Gene Sharp 198 Methoden des gewaltlosen Handelns aufgelistet, die er in drei Hauptkategorien einteilt: 1) Protest und Überredung, 2) Nichtzusammenarbeit, 3) Intervention (ebd., S. 45 u. 101-108). Unter Interventionen sind Gebäude-, Betriebs- oder Landbesetzungen, Aufbau alternativer Strukturen, Sit-ins, Stand-ins und ähnliche Vorgehensweisen gemeint. Es wäre ein Irrtum, allein auf Streiks oder Massendemonstrationen zu setzen. „So können beispielsweise Großdemonstrationen und Aufmärsche gegen extreme Diktaturen dramatisch wirken, sie bringen aber auch die Gefahr mit sich, dass Tausende von Demonstranten ums Leben kommen. Diese enormen Kosten auf Seiten der Demonstranten setzen die Diktatur aber im Grunde nicht stärker unter Druck, als wenn jeder zu Hause bliebe oder es zu einem Streik oder zu massenhaften Akten der Nichtzusammenarbeit bei Beamten käme" (ebd., S. 75). Man muss darüber hinaus einkalkulieren, dass die Regimes gerne *agents provocateurs* einschleusen, um friedlich geplante Demonstrationen in gewaltsame Auseinandersetzungen eskalieren zu lassen, die dann mit einer gewissen Legitimität niedergeschlagen werden können.

Innerhalb der Widerstandsbewegung kommt es trotz ihrer Vielfalt darauf an, eine strikte gewaltlose Disziplin aufrechtzuerhalten. „Da gewaltloser Kampf und Gewalt jeweils grundlegend anders funktionieren, ist selbst begrenzter gewaltsamer Widerstand im Zuge einer politischen Widerstandskampagne kontraproduktiv, denn er verwandelt den Kampf in eine Auseinandersetzung, in der die Diktatoren deutlich im Vorteil sind (militärische Kriegführung). Gewaltlose Disziplin ist ein Schlüssel zum Erfolg, sie muss trotz aller Provokationen und Brutalitäten von Seiten der Diktatoren und ihrer Anhänger gewahrt werden" (ebd., S. 47). Nur dann fällt die rohe Brutalität des Regimes auf dieses selbst zurück, und die Gewaltlosigkeit hilft auch bei der Unterstützung durch dritte Parteien. Sharp räumt ein, dass der Hass und der Frust in der Bevölkerung so stark sein kann, dass es zu Gewaltexplosionen gegen das Regime kommt, oder dass einige Widerstandsgruppen nicht bereit sind, auf Gewalt zu verzichten. „In diesen Fällen muss man den politischen Widerstand nicht aufgeben. Man sollte jedoch unbedingt das gewaltsame Vorgehen so weit wie möglich vom gewaltlosen Handeln trennen, und zwar geographisch und zeitlich sowie im Hinblick auf Bevölkerungsgruppen und Problemfelder" (ebd., S. 48). Dieser Hinweis ist wohl der am schwersten zu beachtende, weil dem, gerade auch, wenn es zu Zusammenstößen und Opfern gekommen ist, das archaisch heroische Ansehen der gewaltbereiten Avantgarden entgegenstehen kann. Oftmals kommt auch bei einigen friedlichen Widerständlern das psychologisch verständliche, aber fehlerhafte politische Kalkül hinzu, auf solche Weise könne der Druck auf das Regime erhöht werden. „Die Geschichte zeigt, dass zwar auch im Zuge politischen Widerstands Verluste in Form von Toten und Verletzten einzukalkulieren sind, diese aber deutlich geringer ausfallen als bei einer militärischen Auseinandersetzung. Zudem treibt dieser Typus des Kampfes die endlose Spirale aus Töten und Brutalität nicht weiter" (ebd.). Schlüsselelement des gewaltlosen Widerstands ist der Verlust bzw. die Kontrolle der Angst vor den Repressionen des Regimes: dadurch können die Grundlagen der Macht gerade auch in der breiten Bevölkerung erschüttert werden. Gewalt wirkt zentralisierend, Mittel der Gewaltlosigkeit dagegen erfordern trotz der Anforderung gewaltloser Selbstdisziplin keine Unterordnung unter eine Avantgarde und können deshalb durch ihre Form selbst dazu beitragen, nach dem Umsturz auch tatsächlich demokratische Strukturen zu etablieren.

Eine Widerstandsbewegung bedarf also einer „grand strategy", einer strategischen Planung. „Wichtig ist dabei: Ziel ist nicht einfach, die bestehende Diktatur zu zerschlagen, sondern ein demokratisches System zu installieren. Eine allgemeine Strategie, die sich darauf beschränkt, die herrschende Diktatur zu zerschlagen, läuft Gefahr, den nächsten Tyrannen hervorzubringen" (ebd., S. 57). Meist jedoch werden Widerstandsansätze eher spontan auf Initiativen der Diktatur reagieren und können deshalb dazu beitragen, dass die Diktaturen viel länger bestehen bleiben, als dies der Fall sein müsste. Von der Gesamtstrategie her müssen die Schritte im Einzelnen entwickelt werden – taktische Erfolge, die zum strategischen Gesamtziel nichts beitragen, „können sich am Ende als bloße Energieverschwendung erweisen" (ebd., S. 62). Politische Strategien sind klassischerweise Planungen der Spitze, die darauf angewiesen sind, dass nicht alle ihre Züge öffentlich bekannt werden. Im Fall des gewaltfreien Widerstands aber rät Gene Sharp von Heimlichkeit ab. „Wurde die grundlegende Kampfstrategie sorgfältig geplant, gibt es gute Gründe, sie weithin bekannt zu machen. Die zahlreichen Menschen, die sich beteiligen müssen, dürften bereitwilliger sein und besser agieren können, wenn sie die allgemeine Konzeption ebenso verstehen wie spezifische Instruktionen. (…) Von den Grundzügen der ‚grand strategy' erfahren die Diktatoren ohnehin, und dies veranlasst sie möglicherweise dazu, weniger brutal gegen die Widerständler vorzugehen, denn sie wissen, dass dies politisch auf sie zurückfallen könnte. Die besonderen Merkmale der ‚grand strategy' zu kennen kann potentiell auch dazu beitragen, dass es im Lager des Diktators zu Unstimmigkeiten kommt und einige von der Fahne gehen" (ebd., S. 70). Gegen allzu große Geheimhaltung spricht auch, dass diese einen Grund für Verdächtigungen und Anschuldigungen gegen die Bewegung liefern kann, welche die Beteiligungsbereitschaft in der Bevölkerung möglicherweise reduzieren.

Natürlich empfiehlt auch Sharp keine vollständige Transparenz, weil es Bereiche gibt wie die Bereitstellung von Untergrundpublikationen, das Betreiben illegaler Rundfunksender oder auch das Sammeln von Informationen über die Machthaber, die ohne Geheimhaltung nicht zu bewerkstelligen sind. „Es bedarf der klugen Einschätzung durch diejenigen, die sowohl die Dynamik des gewaltlosen Kampfes als auch die Überwachungsmethoden der Diktatur in einer spezifischen Situation kennen" (ebd., S. 49).

Wichtig ist es, über einen gewissen Zeitraum zu planen. Anfangs sollten nur weniger riskante, vertrauensbildende Aktionen durchgeführt werden, um die Kräfte zu sammeln. „Die Strategen sollen dabei einen Bereich aussuchen, in dem Erfolge weithin Anerkennung finden und Forderungen sich nur schwer zurückweisen lassen. (...) Die meisten Kampagnenstrategien im Rahmen des langfristigen Kampfes sollten nicht darauf abzielen, die Diktatur sofort und vollständig zu stürzen, sondern stattdessen begrenztere Ziele ins Auge zu fassen" (ebd., S. 77). Dabei kann schon das Niederlegen von Blumen an bestimmten Stellen eine wichtige Funktion haben, denn „es ist normalerweise nicht möglich, die Diktatoren gleich zu Beginn der Auseinandersetzung völlig und rasch von ihren Machtquellen abzuschneiden" (ebd., S.80). Eine realistische Strategie wird also nur dann von Anfang an auf völlige Nichtzusammenarbeit und Verweigerung setzen, wenn Grund zu der Annahme besteht, der größte Teil der Bevölkerung sei schon entschlossen gegen das Regime eingestellt.

Wichtig ist es, mit den Truppen und Funktionären der Diktatur zu kommunizieren und in gewisser Weise deren Sympathie zu erwerben – allerdings sollte man nicht zu einem Militärputsch oder einer Funktionärsrevolte ermutigen. „Widerstandsstrategen sollten wissen, dass es ausnehmend schwierig, wenn nicht sogar unmöglich ist, eine Diktatur zu stürzen, wenn Polizei, Beamtenapparat und Streitkräfte diese weiter voll unterstützen und gehorsam all ihre Befehle befolgen. Die Planer der Demokraten sollten deshalb vor allem Strategien verfolgen, die darauf abzielen, die Loyalität der Stützen der Diktatur ins Wanken zu bringen" (ebd., S. 83). Wenn der Prozess länger dauert, sollten Widerstand und alternativer Institutionenaufbau auch unter Bedingungen der Repression Hand in Hand gehen. In Polen hat dies trotz des Verbots der Solidarność funktioniert.

Schließlich gibt Sharp noch einen wichtigen Hinweis für die Situation nach dem möglichen Sieg der Rebellen. Sie sollten überlegen, ob sich die erfolgreichen Methoden der Befreiung nicht auf die nationale Verteidigung übertragen lassen. Hier bringt Sharp die Vorstellung einer Bürgerselbstverteidigung durch gewaltlosen Widerstand ins Spiel, die es ermöglichen würde, nach der Einführung der Demokratie nicht wieder auf starke Militärapparate setzen zu müssen, die nicht nur ausgesprochen teuer wären, sondern auch demokratiegefährdend wirken könnten. Anders als für die Befreiung von einer Diktatur gibt es bislang aber noch keine erfolgreichen Beispiele eines passiven Widerstands gegen militärische Okkupation (vgl. Sharp 1990).

2.2 Idealisten an der Macht. Von Joschka Fischer bis Barack Obama

Gesine Schwan, eine Politikprofessorin, die zweimal auch nach dem Bundespräsidentenamt strebte, aber 2004 und 2009 die Wahl gegen Horst Köhler verlor, hat im ersten Teil eines Vortrags aus den achtziger Jahren aufgezeigt, wie illusionär, folgenlos, irreführend, abträglich, naiv und noch einiges mehr politischer Idealismus ist. Im zweiten Teil bewies sie demgegenüber, dass politischer Realismus mit seiner Verwerfung von Grundwerten und Moral häufig zu Gewalt und Krieg führt, so dass auf moralische Grundorientierungen nicht verzichtet werden kann. Der dritte Teil des Vortrags fiel weitgehend aus, weil ihr für dieses Dilemma ehrlicherweise auch keine Lösung einfiel (Schwan 1987).

Dies war eine weise Vorgehensweise, denn in der historischen Bilanz ist noch keineswegs entschieden, ob die Idealisten oder die Realisten am Ende mehr Kriege angezettelt und mehr Opfer auf dem Gewissen haben. Die Begriffe Idealismus und Realismus sind in der politischen Theorie relativ eindeutig definiert: Idealismus als Theorie, die es für möglich und erfolgversprechend hält, länderübergreifende Gemeinwohlinteressen auf supranationale Institutionen zu übertragen, Realismus dagegen als Lehre von den souveränen Machtinteressen der Nationalstaaten, die nur dann den Regelungen übergreifender Institutionen folgen werden, wenn es in ihrem direkten eigenen Interesse liegt. Begriffliche Unschärfe also ist an diesem Dilemma nicht schuld. Es handelt sich ganz offenbar um ein Realproblem.

Paul Berman zeigt in seinem eindrucksvollen Buch „Idealisten an der Macht. Die Passion des Joschka Fischer" (2006) am Beispiel Fischers und Bernard Kouchners, des späteren französischen Außenministers, wie ein Antikriegsengagement, das beide in ihrer Kritik am amerikanischen Vietnamkrieg der sechziger und siebziger Jahre einte, schließlich in die aktive Befürwortung einer humanitären Intervention an der Seite und unter Führung der USA wie im Kosovo 1999 umschlagen kann. Kouchner war als politischer Linker in der französischen KP sozialisiert, hatte in „Ärzte ohne Grenzen" allerdings einen militanten Humanismus entwickelt, der die Neutralität des Roten Kreuzes ablehnte und auch offen Befreiungsbewegungen unterstützte. In der zweiten Hälfte der 70er Jahre organisierte er Rettungsschiffe für die vor dem Kommunismus fliehenden *boat people* im vietnamesischen Meer und gewann dafür die Unterstützung sowohl der alten Linken um Jean-Paul Sartre als auch der jüngeren wie Michel Foucault und vor allem der „neuen Philosophen" von André Glucksmann bis Bernard-Henry Lévy. Paul Berman, der amerikanische Beobachter, fragte sich: „Wenn ein gemietetes Schiff aus Frankreich eine gute Idee war, dann war die Sechste Flotte eine noch bessere Idee. Diese Logik war unbestreitbar. Zumindest Kouchner schien so zu denken" (2006, S. 225). Die Unterstellung des amerikanischen Journalisten war allerdings unfair, denn die amerikanischen Flugzeugträger hatten mit ihren jahrelangen rollenden Bombeneinsätzen nichts erreicht und schließlich den Südvietnamesen, für die sie angeblich gekämpft hatten, nicht einmal zur Flucht vor den Siegern verholfen. Dies, eine eigentlich selbstverständliche Pflicht, hatten Kouchner, der Deutsche Rupert Neudeck und andere mit ihren viel geringfügigeren und privat organisierten Mitteln versucht, nachzuholen. Es hat sich übrigens gezeigt, dass die Bundesregierung beim Rückzug aus Afghanistan ebenso dazu tendiert, die dortigen Anhänger des Westens kühl ihrer Niederlage zu überlassen.

Noch beim Afghanistan-Einmarsch 2001 standen Kouchner und Joschka Fischer erneut auf der amerikanischen Seite. Die Linken waren also militärische Interventionisten geworden, auch wenn Fischer 2003 im Irak-Konflikt „nicht überzeugt" war, wie er erklärte, und die amerikanische Intervention ablehnte. Hatte es sich um fundamentale Meinungswandlungsprozesse oder um eine konsequente Entwicklung gehandelt? Schon George Orwell hatte in den dreißiger und vierziger Jahren des 20. Jahrhunderts die These entwickelt, dass der Pazifist des letzten Krieges der Bellizist des nächsten sein kann. Das ist seitdem eine Standardbeobachtung, die jeder machen kann, der nur lange genug lebt und sich nicht blenden lässt. Es kommt nicht einmal unbedingt darauf an, wer gegen wen kämpft, sondern darauf, worum es geht. Kouchner, der mindestens so mutig war wie Che Guevara, aber nicht die AK 47, sondern den Verbandskoffer und die politische Mobilisierungskraft des humanitären Aktivismus einsetzte, hat ja nicht die Seiten gewechselt, sondern ist bei den Opfern und Unterdrückten geblieben.

Gerade die deutschen Grünen, eine Partei, in der sich die ökologische Tradition und eine halbpazifistische Gegnerschaft gegen Atomraketen in den 80er Jahren verbunden haben, sind heute im Zweifel für menschenrechtlich begründete Interventionen. Barack Obama hat seinen ersten Wahlkampf mit der Befürwortung eines seiner Ansicht nach „guten“ Krieges, nämlich dem in Afghanistan, und der gleichzeitigen Kritik des Irakkrieges bestritten. Bei aller Zurückhaltung hatten die USA im Krieg gegen das libysche Ghaddafi-Regime sich einigermaßen rasch für das Eingreifen entschieden, während in Deutschland eine Einheitsfront aus Liberalen, Linken und Teilen der Konservativen gegen diesen neuen Krieg Stellung bezog. Das pazifistische Ideal, nämlich die Gegnerschaft gegen jeglichen Krieg, konnte in seiner moralisierenden Simplizität nur von sektiererischen Gruppen durchgehalten werden. Die eigentlich politisch-moralische Unterscheidung, sowohl aus christlicher wie aus säkular-humanistischer Tradition, war immer die zwischen gerechten und ungerechten Kriegen. Verteidigungskriege galten immer als gerecht, auch wenn Carl von Clausewitz sich darüber lustig gemacht hat, denn für ihn begann der Krieg erst mit der Verteidigung, während der Eroberer immer friedliebend ist, da er das Land möglichst ohne einen Schuss erobern will (Clausewitz 1994, S. 375 ff.). Nicht erst heute sind humanitäre Argumente, das Eintreten für verfolgte und von Massakern bedrohte Bevölkerungsgruppen hinzugekommen. Anfangs galt es, mit internationalen Eingriffen ethnische Minderheiten zu schützen, seit dem Libyen-Konflikts gilt schon der Aufstand gegen ein verbrecherisches Regime als schützenswert, ein Punkt, der früher unter den Bedingungen des Mächtegleichgewichts im Kalten Krieg noch für zu riskant und gefährlich befunden worden war. So blieben der deutsche Arbeiteraufstand von 1953, der Ungarnaufstand von 1956 und der tschechische Frühling 1968 ohne internationale Unterstützung.

2.3 Frantz Fanon und der Aufruf zur antikolonialen Gewalt

Im Jahre 1961 erschien in Paris das flammende Plädoyer eines Antikolonialisten: Frantz Fanons „Les damnés de la terre“: „Die Verdammten dieser Erde“. Mit seinen einfachen, einprägsamen Formeln ist es ein Manifest der Gewalt. Im vorigen Abschnitt hatte ich Gene Sharps Manifest des gewaltfreien Widerstands behandelt. Hier nun liegt der Gegenentwurf vor. In der antikolonialen Gewalt sieht Fanon das entscheidende Mittel nicht nur, um die ausländischen Kolonialregime abzuschütteln, sondern um aufgrund ihrer zusammenschweißenden Wirkung auf die eigene Bevölkerung ein neues, aktives, nationales Selbstbewusstsein zu entwickeln. Es geht ihm um die Geburt neuer afrikanischer Nationen aus dem Geist der Gewalt: „Die nackte Dekolonisation lässt durch alle Poren glühende Kugeln und blutige Messer ahnen. Denn wenn die letzten die ersten sein sollen, so kann das nur als Folge eines entscheidenden und tödlichen Zusammenstoßes der beiden Protagonisten geschehen“ (Fanon 1969, S. 28). Sprache und Stil dieses Buches sind einhämmernd und aggressiv, allerdings lässt Fanon es an Begründungen nicht fehlen. „In den kapitalistischen Ländern schiebt sich zwischen die Ausgebeuteten und die Macht eine Schar von Predigern und Morallehrern, die für Desorientierung sorgen. (...) Dagegen sind es in den kolonialen Gebieten der Gendarm und der Soldat, die, ohne jede Vermittlung, durch direktes und ständiges Eingreifen den Kontakt zum Kolonisierten aufrechterhalten und ihm mit Gewehrkolbenschlägen und Napalmbomben raten, sich nicht zu rühren. Man sieht, der Agent der Macht benutzt die Sprache der reinen Gewalt" (ebd., S. 29). Reformen sind für Fanon nur Anpassungsversuche an die Welt der Kolonialisten. Diese gilt es aber zu vernichten: „Die koloniale Welt zerstören heißt nicht mehr und nicht weniger, als eine der beiden Zonen vernichten, sie so tief wie möglich in den Boden einstampfen oder vom Territorium vertreiben" (ebd., S. 31). Das ist Fanons Lehre aus der algerischen Erfahrung, die er zunächst als französischer Arzt kennengelernt hatte, bis er kündigte und auf die Seite der Aufständischen überging. Gewalt ist für ihn der Weg der Entrechteten zur Menschlichkeit: der Kolonisierte muss seine Waffen reinigen, um seine Menschlichkeit triumphieren zu lassen. „Es geschieht aber, dass der Kolonisierte, wenn er eine Rede über die westliche Kultur hört, seine Machete zieht oder sich doch versichert, dass sie in Reichweite seiner Hand ist" (ebd., S. 33).

Fanons Aufrufe zum Kampf sind enthusiastisch und bewusst undifferenziert, sie sind aber keineswegs unkritisch gegenüber den revolutionären Bewegungen, denn er kennt deren Versuchungen und hat sie schon Ende der fünfziger Jahre präzise gesehen und beschrieben. Die Versuchung sieht er allerdings in erster Linie in der Herausbildung universalistisch orientierter städtischer Eliten, denen er den gewaltsamen Aktivismus der Landbevölkerung gegenüberstellt. „Der berühmte Grundsatz, dass alle Menschen gleich seien, lässt in den Kolonien nur *eine* Anwendung zu: Der Kolonisierte wird behaupten, dass er dem Kolonialherrn gleich sei. Ein Schritt weiter, und er wird kämpfen wollen, um mehr zu sein als der Kolonialherr. Tatsächlich hat er schon beschlossen, den Kolonialherrn abzulösen, seinen Platz einzunehmen. Man sieht, eine ganze materielle und moralische Welt bricht zusammen. Der Intellektuelle, der für seinen Teil dem Kolonialisten auf die Ebene des abstrakten Universalen gefolgt ist, wird darum kämpfen, dass Kolonialherr und Kolonisierter in einer neuen Welt friedlich miteinander leben können" (ebd., S. 34 f.). Die entscheidende Frage ist für Fanon aber die Umkehr der sozialen Verhältnisse, d.h. die Frage, ob die letzten wirklich die ersten geworden sind. Eine bloße Ablösung und Ersetzung der weißen Beamten, Rechtsanwälte und Händler durch Einheimische, wie sie seitdem in vielen afrikanischen Ländern stattgefunden hat, würde diesem Kriterium nicht standhalten.

Fanon polemisiert gegen die afrikanischen Intellektuellen, die humanistischen Idealen nachjagen und doch nur die bisherigen Posten der Weißen wollen. Im antihumanistischen bewaffneten Befreiungskampf werden sie eines besseren belehrt, weil sie, wenn sie ernsthaft kämpfen, in die Berge und aufs Land fliehen müssen, sich unter die Bevölkerung mischen und von dieser lernen, ein einfacher Bruder, eine Schwester oder Genosse zu sein, kein Individuum mehr, sondern Bestandteil einer Gemeinschaft. Die Gemeinschaft des Kampfes tritt an die Stelle einer individualistischen Suche nach Wahrheiten: „Aber der Fellache, der Arbeitslose, der Ausgehungerte nimmt nicht die Wahrheit für sich in Anspruch. Er sagt nicht, er sei die Wahrheit: er verkörpert sie" (ebd., S. 38). Die Moral wird so zu einer manichäischen Kampfmoral: „Wahr ist, was die Auflösung des Kolonialregimes vorantreibt, was das Entstehen der Nation begünstigt. Wahr ist, was die Eingeborenen schützt und die Ausländer verdirbt. Im kolonialen Kontext gibt es keine unbedingte Wahrheitsregel. Und das Gute ist ganz einfach das, was *ihnen* schadet" (ebd., S. 39). Der Kolonialherr ist schlicht der Feind, derjenige, den es zu töten gilt. Fanon beschreibt dies mit existentialistischer Pointierung: „Der Kolonisierte ist ein Verfolgter, der ständig davon träumt, Verfolger zu werden" (ebd., S. 41). Nur die Massen der Bauern haben nach Fanons Ansicht dann, wenn sie einmal aktiv in den Kampf gegen die Kolonialherren eingetreten sind, die richtige Perspektive. Die Eliten der Kolonisierten nehmen gegenüber dem Gewaltproblem eine zweideutige Stellung ein: „Sie sind gewalttätig in ihren Worten und reformistisch in ihren Taten" (ebd., S. 46). Der Grund: sie sind städtisch geprägt, sie gehören zu einer Klasse von individuell befreiten Sklaven, zu den Freigelassenen. „Die Massen dagegen wollen nicht die Erfolgschancen von einzelnen sich vergrößern sehen. Nicht den Status des Kolonialherrn verlangen sie, sondern seinen Platz. Die Kolonisierten wollen in ihrer überwältigenden Mehrheit die Farm des Kolonialherrn. Sie haben nicht die Absicht, mit dem Kolonialherrn in einen Wettbewerb zu treten. Sie wollen seinen Platz" (ebd., S. 47). Ganz offenkundig ist dies eine Politik, wie sie heute von antikolonialistischen Größen wie Robert Mugabe betrieben wird. Gewalt ist deshalb erfolgversprechend, weil heute aus finanziellen Gründen „kein kolonialistisches Land in der Lage ist, die einzige Kampfform zu wählen, die eine Erfolgschance hätte: die fortgesetzte Stationierung einer starken Besatzungsmacht" (ebd., S. 57). Fanon scheint die Gewalt nicht nur als Mittel des Befreiungskampfes, sondern als fortgesetzte Notwendigkeit zu verstehen. Sie soll nach der Befreiung fortgesetzt werden. Gewalttätige Auftritte machen in der Dritten Welt Eindruck. „Und wenn Chruschtschow in der UNO mit seinem Schuh auf den Tisch haut, findet das kein Kolonisierter, kein Vertreter der unterentwickelten Länder lächerlich. Denn Chruschtschow zeigt den kolonisierten Ländern, die auf ihn sehen, dass er, der Mushik, der übrigens Raketen besitzt, diese erbärmlichen Kapitalisten so behandelt, wie sie es verdienen. Ebenso wenig macht Castro, wenn er in Militäruniform in der UNO sitzt, bei den unterentwickelten Ländern Skandal.

Castro zeigt nichts anderes, als dass er sich der fortdauernden Herrschaft der Gewalt bewusst ist. Erstaunlich ist nur, dass er nicht mit seinem Maschinengewehr in die UNO kam; aber wahrscheinlich hätte man dagegen protestiert" (ebd., S. 60). Dieser Kult der Gewalt wurde später fortgeführt mit Yassir Arafats erster Rede vor der UNO, die er nicht nur in Uniform, sondern nach einigen Diskussionen sogar mit umgeschnallter Pistole halten durfte. Natürlich hatte Arafat von Fanon gehört.

Das politisch-ethische Problem der Gewalt hat Fanon auf eine doppelte Weise beantwortet: antikoloniale Gewalt ist immer Gegengewalt. Wenn die Kolonialherren beginnen, zu gewaltlosen Strategien wie Verhandlungen Zuflucht zu nehmen, so ist das nur ein Zeichen ihres Zurückweichens und eine Gefahr für die Befreiungsbewegung, weil diese, und das ist Fanons zweites Argument, durch die Gewaltanwendung und deren Folgen gerade die Integration der vorher heterogenen Kolonisierten zu einer Art nationaler Einheit schaffen will. Wie kann man Vertrauen innerhalb einer kämpfenden Organisation schaffen? Indem man erwartet, dass jeder, der hinzukommt, mindestens einen Kolonialherrn persönlich ermordet hat. Fanon verweist auf die Rekrutierungsstrategien der Mau-Mau in Kenia: „Arbeiten heißt, am Tod des Kolonialherrn zu arbeiten" (ebd., S. 66). „Aber das kolonisierte Volk erlebt es, dass diese Gewalt, weil sie seine einzige Arbeit darstellt, positive und aufbauende Züge annimmt. Die gewalttätige Praxis wirkt integrierend (...). Der bewaffnete Kampf mobilisiert das Volk, er wirft es in eine einzige Richtung ohne Gegenströmung. (...) Dadurch wird die zweite Phase, die der Bildung einer Nation, erleichtert: es existiert ein in Blut und Zorn geschaffenes Bindemittel" (ebd., S. 72). In dieser Integrationswirkung liegt auch der Grund dafür, warum nach der Entkolonialisierung die Kampfrhetorik weitergeführt wird. Das Volk wird weiterhin mobilisiert, gegen das Elend, das Analphabetentum, die Unterentwicklung zu kämpfen. Fanon hofft zugleich, dass die Integrationswirkung des Kampfes totalisierend und national wirkt, d.h. den Regionalismus und die Stammesverbände auflöst und es ermöglicht, die traditionalen Herrschaftsstrukturen der Häuptlinge und lokalen Gerichtsbarkeit aufzulösen. „Auf der individuellen Ebene wirkt die Gewalt entgiftend. (...) Die Gewalt hebt das Volk auf die Höhe seiner Anführer. (...) Von der Gewalt erleuchtet, rebelliert das Bewusstsein des Volkes gegen jede Pazifierung" (ebd.).

Mit Gandhi setzt sich Fanon an keiner Stelle seines Hauptwerkes auseinander. Der Mythos der Gewaltlosigkeit war nach der indischen Unabhängigkeit verflogen. Die Dritte Welt setzte auf die antikoloniale Gewalt. Diese soll nach Fanon auch im internationalen Kontext eine Rolle spielen. Hier hoffte er darauf, dass die Dritte Welt die Strukturen des Kalten Krieges zu ihren Gunsten nutzen könne. Er glaubt nicht daran, dass die Kampfanstrengung des internen Aufbaus die erhofften Resultate bringen wird: Straßen, Brücken, Industrien, Schulen. Dies würde Jahrhunderte dauern. Deshalb sollen die westlichen Länder, sollen der Kolonialismus und Imperialismus keine „Entwicklungshilfe", sondern Reparationen zahlen. Nicht eine Strategie der Hilfe und der Dankbarkeit, sondern eine der Forderung, die den Europäern klar macht, dass sie etwas schuldig sind, dass sie zahlen müssen. Dies muss auch den Massen Europas klargemacht werden, die sich nur zu oft mit den Kolonialherrn verbündet und von deren Aktivitäten profitiert haben. Hier spielt Fanon auf die hochproblematische Rolle der französischen kommunistischen Partei an, die sich in der Algerienfrage lange Zeit nicht deutlich genug gegen die eigene Regierung gestellt hatte.

In diesen strategischen Überlegungen der fünfziger Jahre des 20. Jahrhunderts sind sehr viele von den Elementen versammelt, die heute noch in der Drittweltdiskussion eine wesentliche Rolle spielen. Sehr selten allerdings sind sie in solcher Dichte, Schärfe und Zuspitzung von einem authentischen Vertreter dieser Bewegung formuliert worden. Die Forderung und ihr Adressat werden klar benannt, nämlich die westlichen Länder. Gemeint sind nicht nur die Regierungen, sondern ebenso sehr die Bevölkerungen. Diese werden unter die Anklage gestellt, ihren Wohlstand und Fortschritt auf dem Rücken der Sklaverei und durch das Blut der Sklaven erworben zu haben. Dieser Wohlstand sei skandalös, weil er direkt aus dem Boden und der Erde der unterentwickelten Welt stammt, der nun die nötige Infrastruktur, nämlich Schulen, Straßen, Bahnen und Krankenhäuser fehlt. „Wir haben beschlossen, das nicht mehr zu vergessen" (ebd., S. 75). Dieser moralische Appell an das Schuldbewusstsein der westlichen Länder zielt offenbar darauf, dort Gewissensregungen auszulösen, was, wie wir aus der Beobachtung der Begründungsgeschichte der Transferzahlungen an diese Länder ableiten können, teilweise auch gelungen ist. Unter dem Aspekt der moralischen Rhetorik ist das Auftrumpfen, das Fordern, das Verlangen von Reparationen allemal schwungvoller als die Bitte um Hilfe, die sich allein auf den Mangel gründet. Fanon propagiert stattdessen einen moralischen Anspruch, der sogar eines Tages, vor irgendeinem internationalen Gericht, einmal zu einem Rechtsanspruch ausgebaut werden könnte. Die moralische Forderung wird untermauert durch den Aufruf zum Kampf und den Aufruf, die Kolonialherren zu töten. Aus westlicher Perspektive ist dies oft als Widerspruch aufgefasst worden und wird von vielen der heutigen Entwicklungshelfer, die mit ihren klimatisierten UN-Allradfahrzeugen unter der Missachtung von Verkehrsregeln durch diese Länder rasen, meist gar nicht mehr verstanden, weil man nicht bemerkt, dass man sich vielerorts wieder ganz wie die alten Kolonialherren und Kolonialherrinnen aufführt. Versucht man sich in die existentialistische Moralvorstellung Fanons hineinzuversetzen, erscheint die Gewaltdrohung der Kolonisierten zugleich als die materielle Untermauerung der Forderung nach Kompensationszahlungen. Die Widersprüchlichkeit liegt unter anderem auch darin, dass hier eine Art von auftrumpfendem Opferdiskurs vorliegt, auf den 50 Jahre nach der Entkolonialisierung die Reaktion von der Nutzlosigkeit ihrer Hilfszahlungen frustrierter Westler durchaus eine andere sein kann: Du bist kein Opfer mehr, streng dich an!

Auf eine sehr interessante Weise hat Fanon die Größe und Schwächen der Spontaneität beschrieben. Sie ermöglicht kollektive Rauschzustände im Prozess der Befreiung, und sie integriert auch Jugendkriminelle und Lumpenproletarier. Fanon wendet diesen ursprünglich kritisch gemeinten marxistischen Begriff ins Positive: „Das Lumpenproletariat, diese Horde von Ausgehungerten, die aus der Stammes- und Klassengesellschaft herausgerissen sind, bildet eines der spontansten und radikalsten unter den revolutionären Kräften eines kolonisierten Volkes" (ebd., S. 100). Die in dieser Gruppe verbreitete Kriminalität deutet Fanon antikolonial und als produktive Kraft des Widerstandskampfes: „Dieses Lumpenproletariat ist dabei, wie eine Meute Ratten, trotz Tritten und Steinwürfen, die Wurzeln des Baumes anzunagen. (…) Sie rehabilitieren sich nicht gegenüber der Kolonialgesellschaft oder ihrer Moral; ganz im Gegenteil: sie bejahen ihre Unfähigkeit, anders in die Stadt hineinzukommen als durch die Gewalt der Granate oder des Revolvers" (ebd., S. 101). Das strategische Ziel ist ganz unmittelbar: Die Fremden müssen verschwinden. Im Umfeld der Revolutionäre, in den Dörfern herrscht eine auffallende Herzlichkeit, Großmut und entwaffnende Brüderlichkeit untereinander, deren Gegenseite die Verfolgung und Bestrafung von tatsächlichen oder angeblichen Verrätern und Bestochenen ist. Innere Feindschaften der Kolonisierten werden in diesem rauschhaften Zustand überwunden. Aber „diese große Leidenschaft der ersten Stunden bricht auseinander" (ebd., S. 108), wenn die Kolonialmacht Reformen durchführt und auf brutale Unterdrückungsmethoden zu verzichten beginnt. Der primitive Manichäismus der Anfänge wird überwunden, die Kolonisierten machen die Erfahrung, dass die Unterdrückung auch einen autochthonen, einen schwarzen oder arabischen Anstrich bekommen kann. Fanon warnt davor, dies als nationalen Verrat zu brandmarken: dem Volk müsse vermittelt werden, es sei ein sozialer Gegensatz. Einzelne Kolonialherren andererseits sympathisieren mit den Aufständischen oder gehen gar auf deren Seite über. Das ursprünglich manichäische Bewusstsein muss sich differenzieren: „Das rassische und rassistische Niveau wird nach zwei Richtungen hin überschritten. Man stellt nicht mehr jedem Neger oder jedem Moslem ein Echtheitszeugnis aus. Man greift nicht mehr nach seinem Gewehr oder Messer, wenn sich irgendein Kolonialherr nähert" (ebd., S. 113).

Doch die Entwicklung eines solchen differenzierteren sozialen Bewusstseins ist einerseits Aufgabe der Führergruppen, der antikolonialen Eliten, die aber durch ihre Trägheit, ihre Feigheit im entscheidenden Moment des Kampfes ein solch hochgestecktes Ziel kaum erreichen können. Das führt zu tragischen Missgeschicken des nationalen Bewusstseins, wie Fanon das umschreibt: in den jungen unabhängigen Ländern führt der Weg wieder zurück von der Nation zur ethnischen Gemeinschaft, vom Staat zum Stamm. Eine nationale Bourgeoisie in dem Sinne, wie Fanon sie sich vorstellt, hat sich nicht entwickelt. Die Universitäts- und Geschäftseliten sind nur wenige, konzentrieren sich in der Hauptstadt und finden ihre Berufe als Staatsangestellte, als Freiberufler und im Handel, nicht aber in Industrie und Finanz. Es fehlt an Leuten, die mit Produktion, Erfindung, Aufbau und wirklichen Arbeitsprozessen vertraut sind, es handelt sich hauptsächlich um Vermittlungstätigkeiten. „Die nationale Bourgeoisie hat die Psychologie von kleinen Geschäftemachern, nicht von Industriekapitänen" (ebd., S. 116). Sie tritt dadurch im Grunde an die Stelle der einstigen europäischen Bevölkerung: Ärzte, Rechtsanwälte, Kaufleute, Vertreter, Generalvertreter, Transithändler. Sie sind Kleinverdiener, denen der dynamische Aspekt der Pioniere, Erfinder und Weltentdecker fehlt, den es sonst in jeder nationalen Bourgeoisie gibt. „Sie folgt der westlichen Bourgeoisie in ihrem negativen und dekadenten Stadium, ohne die ersten Etappen der Erforschung und Erfindung durchschritten zu haben" (ebd., S. 118). Die Vorstellung einer Nationalisierung der Kader, einer Afrikanisierung färbt sich immer mehr mit Rassismus. „Vom Nationalismus sind wir zum Ultra-Nationalismus, zum Chauvinismus, zum Rassismus übergegangen" (ebd., S. 120). Damit meint Fanon den Kampf nicht nur gegen die weißen Kolonialherren, sondern gegen die Geschäftsleute in anderen Ländern, z.B. in der Elfenbeinküste gegen Voltaer und Dahomer oder gegen Sudanesen im Senegal. Fanon wendet sich auch gegen die Denunziation des arabischen und islamischen Imperialismus in vielen schwarzafrikanischen Ländern. Der Rassismus, der die Kolonialzeit gekennzeichnet hatte, wird jetzt noch weiter zugespitzt.

Fanon stellt sich in Fortsetzung seiner Analysen zur Spontaneität des Volkes einen Weg vor, die afrikanische Einheit nicht durch die nationalen Bourgeoisien, sondern durch den Druck und die Führung des Volkes zu erlangen. Die charakteristischen staatlichen Einheitsparteien der befreiten Länder lehnt er ab. Er spricht sogar davon, dass man auf der institutionellen Ebene die parlamentarische Phase übersprungen habe und sich gleich für Diktaturen nationalsozialistischen Typs entschieden habe. Im Grunde habe man den Schmalspur-Faschismus, wie er damals in einigen Ländern Lateinamerikas triumphierte, kopiert. In der Analyse Fanons ist dies das dialektische Resultat eines halbkolonialen Status in der Unabhängigkeitsperiode (ebd., S. 132). Mit halbkolonial meint er die Rolle der nach dem Sieg etablierten korrupten Volksführer, die sich vom Lande abgewandt haben, nicht mehr vorwärts gehen und das Volk über die Partei unter Kontrolle zu halten versuchen. Wie in Lateinamerika wird die Armee zur Stütze der Unterdrückung. „Eine bürgerliche Phase ist in den unterentwickelten Ländern unmöglich. Es wird zwar eine Polizeidiktatur geben und eine Kaste von Nutznießern, aber die Errichtung einer bürgerlichen Gesellschaft ist zum Scheitern verurteilt“ (ebd., S. 134). Die neuen Länder werden nicht zu einer Replik Europas, sondern zu dessen Karikatur. Fanon erklärt, ganz gegen die heutigen Lehren von der Entwicklung einer Zivilgesellschaft, die bürgerliche Klasse in diesen Ländern für einfach überflüssig. Sie sei keine wirkliche Bourgeoisie, sondern eine kleine Kaste mit langen, raffgierigen Zähnen, eine Bourgeoisie von Beamten. Sie würde Jahrhunderte brauchen, um nur die allerersten Anfänge einer Industrialisierung zu schaffen. Deshalb schlägt Fanon vor, als erstes den tertiären Sektor zu nationalisieren, also erstaunlicherweise nicht die Landwirtschaft oder die Industrie, sondern die Welt des Handels und der Dienstleistungen. Es geht ihm um demokratisch kontrollierte Verkaufs- und Einkaufsgenossenschaften dezentraler Art, die nur mit einem aktivierten und politisierten Volk möglich sind. Er empfiehlt also sozialistische Lösungen, allerdings nicht im klassischen sozialistischen Sinne der Schlüsselindustrien. Außenpolitisch plädiert er deshalb auch entschieden für eine Äquidistanz gegenüber den beiden Parteien des Kalten Krieges.

Seine schärfste Kritik richtet er gegen die staatlichen Einheitsparteien, die sich in Nachrichtendienste verwandelt hätten und ihre militanten Mitglieder nur noch als Denunzianten gegenüber abweichenden Meinungen, gegenüber dem Aufkommen möglicher Oppositionskräfte benutzen. Dadurch garantieren sie oftmals, 99% der Stimmen zu erhalten. Die Partei wird zur Gefahr. „In Gegenwart eines Parteimitglieds schweigt das Volk, macht sich zum Lamm und gibt Lobreden an die Adresse der Regierung und des politischen Führers ab“ (ebd., S. 140). Die Funktion dieser Partei besteht aber vor allem darin, der objektiv überflüssigen nationalen Bourgeoise ihre Stellung zu sichern. Zugleich dient die Partei der Ethnisierung der Politik, wenn sie ihre Minister, Botschafter und Präfekten aus dem Volksstamm oder gar der Familie des Führers auswählt. An diesem Punkt beginnt Fanon die Widersprüchlichkeit, oder, wie er formuliert, die Dialektik seiner Gewaltlehre zu entwickeln: die oft unheilvolle Rolle dieser Führer kommt daher, dass die Parteien in bestimmten Gebieten „wie ein *gang* organisiert sind, bei dem der Härteste die Führung übernimmt“ (im Französischen ist die *Gang* männlich, ebd., S. 141). Das Volk ist aber nach Fanon keine Herde, die noch der Führung bedarf. Die Partei sollte seiner Auffassung nach nichts sein als ein Instrument in den Händen des Volkes. Sie müsste daher aus den Städten fliehen und dafür sorgen, dass sich ihre Mitglieder, bis auf wenige, im Wesentlichen in den ländlichen Gebieten aufhalten. Die Massen seien fähig, sich selbst zu regieren, ihre Politisierung könne nicht darin bestehen, ihnen große aufputschende Reden zu halten, sondern sie aktiv zu beteiligen, und vor allem, hier ist Fanon entscheidend seiner Zeit voraus, die Frauen den

Männern auch im täglichen Leben gleichstellen. Die Kritik, die Fanon hier an der postkolonialen Situation übt, ist immer noch in sehr vielen Ländern hochaktuell.

Fanons rechtfertigende Ethik der Gewalt hat viele Leser an den faschistischen Mythos der Gewalt erinnert, wie ihn Georges Sorel entwickelt hat (1981). Zunächst werden die Gewaltausbrüche der Kolonisierten als Gegengewalt gegen eine fundamentalstrukturelle Gewaltsituation der Kolonisation gerechtfertigt. Die Gewalt hat für Fanon darüber hinaus aber nicht nur eine negative Abwehrfunktion, sondern bekommt eine positive Rolle zugesprochen, weil sie a) heilsam wirkt auf die Neurosen und psychischen Erkrankungen der Unterdrückten b) unter diesen ein Klima der Gemeinschaftlichkeit, der revolutionären Brüderlichkeit schafft, c) durch die Gegenreaktion der Herrschenden die Massen empört, mobilisiert und in den Kampf einbezieht und d) innerhalb der Kolonisierten die Spreu vom Weizen trennt, die Verräter und Reformisten zu entlarven erlaubt und die praktisch sympathisierenden Intellektuellen zwingt, aufs Land zu flüchten und sich unter die Bauernbevölkerung zu begeben, wodurch sie ihren elitären moralischen Universalismus und überhaupt ihre elitäre Rolle verlieren. Diese vierfache Positivwirkung der revolutionären Gewalt stellt eine funktionalistische Argumentation dar. Das wird insbesondere an den Analysen deutlich, die der über einige Jahre praktizierende Psychiater Fanon der damals so genannten „nordafrikanischen Kriminalität" widmete, die empirisch in auffallend massiver Kriminalität, insbesondere in Form von Gewaltdelikten im Wesentlichen innerhalb der Kolonisierten selbst festgestellt war. 1954, mit Ausbrechen des algerischen Aufstandes, verschwand dieses Phänomen fast vollständig. „Der nationale Kampf scheint die angestaute Wut kanalisiert, alle affektiven und emotionalen Regungen nationalisiert zu haben" (Fanon 1969, S. 235). Einschränkend vermerkt Fanon, in diesem Punkt ganz Wissenschaftler, dass große soziale Explosionen generell die Häufigkeit sowohl von Straftaten als auch von psychischen Störungen vermindern, so dass das vorsichtige „scheint" seiner Formulierung durchaus einen guten Grund hat.

Politische Ethik und Revolutionstheorie sind sich heute durchweg einig, dass Gewaltanwendung als Ausdruck des Widerstandsrechts zum Sturz einer Fremdherrschaft berechtigt ist. Das *ius ad bellum* kann hier nicht bestritten werden. Auffällig ist allerdings die oftmals systematische Verletzung des *ius in bello* durch die unterschiedslose Tötung auch und gerade von weißen Zivilisten. Die Bombenwürfe in von Franzosen besuchte Cafés in Algier, welche Fanon vorbehaltlos rechtfertigt, haben weltweit ja nicht nur aus rassistischen Vorurteilen Empörung ausgelöst. Die Tötung von Zivilisten war hier keine in Kauf genommene Nebenwirkung, sondern das Ziel selbst, um die französischen Kolonisten zum Abzug und zum Wegzug aus Algerien zu nötigen. Nicht das Militär war das Ziel (das ja auch nur zum Schutz der französischen Siedler eingesetzt wurde), sondern die Beseitigung der Kolonisateure selbst. Im Gegenzug haben die französischen Fallschirmjäger in der Schlacht um Algier zum Mittel der Folter gegriffen, um durch bessere Information die Anführer des Aufstandes auffinden und beseitigen zu können. Doch nicht einmal im Kriegsrecht, das fast alles zulässt, was dem Gegner schadet, ist ein Verstoß durch einen Verstoß der Gegenseite zu rechtfertigen. Für Fanon liegt die Legitimität allein auf Seiten der Aufständischen: sie dürfen zu jedem Mittel greifen, weil die andere Seite radikal im Unrecht ist und bleibt, selbst dann, wenn sie ihre Repressionstechniken reduziert und ihre Truppen zu kriegsrechtlich korrektem Vorgehen anzuhalten versucht. Der Aufständische darf nach Fanon alles, der Kolonialherr nur eines: nämlich verschwinden. Der asymmetrische Partisanenkrieg und verdeckte Terror wird also durch eine asymmetrische Moral gerechtfertigt. Jede Form von Universalismus wird als Objektivismus im Interesse der weißen Kolonialherren gebrandmarkt und damit als im Grunde rassistische Parteinahme für den Gegner. Der Bruch in der Argumentation, die Tatsache, dass ein universalistisches Denken gerade das Gegenteil von Rassismus darstellt, ist dem an französischen Universitäten ausgebildeten Fanon selbstverständlich bewusst. Deshalb wählt er die Formel, dass der Aufständische nicht die Wahrheit für sich in Anspruch nimmt, sondern sie verkörpert. Nach den Regeln sprachphilosophischer Argumentationstheorie bedeutet die Verkörperung der Wahrheit gar nichts, für eine Philosophie der Existenz, wie sie Jean-Paul Sartre vertritt, allerdings sehr viel. Es handelt sich um die Entscheidung zum Widerstand, mit der Sartre während der deutschen Besatzung von Paris gerungen hat, und die er nun, in der Algerienfrage, umso entschiedener trifft. Bemerkenswert ist, dass nicht nur Fanon davon ausgeht, dass diese Entscheidung die rassistisch gesetzten Grenzen der ursprünglichen Mobilisierung überschreiten kann, dass eben auch Anhänger der anderen Seite zu den Aufständischen übergehen können. Die Sympathien mit dem Aufstand waren außerhalb Frankreichs sogar noch ausgeprägter. In Deutschland bemühten sich eine ganze Reihe von sogenannten „Kofferträgern" um die verdeckte Finanzierung und Unterstützung des Aufstandes. In diesen Jahren erwarb Hans-Jürgen Wischnewski seinen Namen „Ben Wisch", der ihm Respekt und hilfreiche Kontakte in der arabischen Welt einbrachte und ihm schließlich half, die Mogadishu-Krise 1977 im Sinne der damaligen Bundesregierung und der Staatsräson zu lösen.

Ganz ähnlich haben sich später Sympathien für den Vietcong entwickelt, nicht nur in Europa, sondern nicht zuletzt auch in den USA selbst, obwohl dieser ebenso wenig Rücksicht auf Zivilisten nahm wie die algerische Befreiungsfront. Das existentielle Merkmal des Kampfes aus dem Untergrund gegen eine wegen ihrer technischen Mittel scheinbar überlegene Militärmaschinerie, das David-gegen-Goliath-Syndrom, scheint hier eine wesentliche Rolle zu spielen. Die politische

Ethik der Kriegsbeobachtung reagiert sehr empfindlich selbst auf kleine Verletzungen des *ius in bello,* nimmt aber Befreiungs-, Aufstands- und Partisanenbewegungen normalerweise aus dieser Kritik aus. Dies geschieht sogar dann, wenn die Beobachter mit den Zielen des Aufstandes keineswegs übereinstimmen. Die praktische politische Ethik ist nicht an universellen Prinzipien oder verallgemeinerbaren Regeln interessiert, sondern verteilt ihre Zustimmung oder Verurteilung nach anderen Kriterien. Fanons Buch über „Die Verdammten dieser Erde" ist der wohl wichtigste Schlüssel, um diese fundamentale Asymmetrie zu begreifen. Ist das konsistent? Nein. Fanon selbst macht darauf aufmerksam und besteht darauf, gegen jeglichen intellektualistischen Universalismus zu polemisieren. Stattdessen sollen die Intellektuellen auf ihre Sonderrolle verzichten, zu den Bauern gehen und sich ihnen anschließen: also ungefähr das, was Mao Tse-Tung und seine Revolutionäre in China getan haben, die bei Fanon an keiner Stelle ausdrücklich erwähnt werden (Castro ist ihm sympathischer), aber zwischen den Zeilen ständig präsent sind. Es ist eine antiintellektuelle, antitheoretische Position der Entscheidung. Dieses dezisionistische Pathos, diese Neigung zum Bäurischen, zur Wahrheit der Provinz findet sich ganz ähnlich auch bei dem philosophisch bedeutendsten aller existentialistischen Theoretiker, bei Martin Heidegger. Der Extremismus der Dezision kann linke, aber durchaus auch faschistische Züge annehmen. In der Phänomenologie der Bewegungen, in den marschierenden Kolonnen, in der Herausbildung von Einheitsparteien aus Gruppen verschworener Kämpfer, in den Kampfanzügen der Führer, wie Fanon sie – keineswegs unkritisch – schildert, ist diese Ähnlichkeit unübersehbar. Wir haben es also mit einer politischen Ethik des Extremismus und seiner Sympathisanten zu tun. In der Praxis wird man selten eine so klare und eindeutige Argumentation wie bei Fanon und Sartre finden. Normalerweise wird mehr Wert auf den Einbau von Paradoxien, auf Bekenntnisse gelegt, dass man eigentlich doch einen weniger gewalttätigen Weg vorziehen würde. Das hängt aber damit zusammen, dass kaum jemand aufgrund seiner sozialen Position es wagen kann, solche offenen Aufrufe zu erlassen. Fanon lebte in Tunis und reiste in der dritten Welt als Botschafter der algerischen Befreiungsbewegung, Sartre stand unter den Sonderkonditionen des de gaulleschen „Voltaire verhaftet man nicht". Die deutschen Sympathisanten arbeiteten dagegen schon verdeckt.

Die Ethik der Entscheidung finden wir in durchaus vergleichbarer Weise in der deutschen Kriegsliteratur des ersten Weltkrieges. Im bestformulierten Buch dieser Literatur, in Thomas Manns „Betrachtungen eines Unpolitischen" von 1917, sind viele der Elemente vorgezeichnet, vielleicht argumentativer, vielleicht mehr die Gegenseite respektierend, aber im Grunde mit den immer gleichen antiuniversalistischen Positionen. Den aufklärerischen Schriftstellern der westlich-alliierten

Seite hat Thomas Mann gerade deren liberalen Universalismus als Ideologie vorgehalten (1983). Nach dem Schock der Niederlage von 1918 ist er dann auf die demokratische, die universalistische Seite übergewechselt.

Fanon dagegen ist kurz vor der Veröffentlichung seines Hauptwerkes in jungen Jahren an Leukämie gestorben, er hatte nicht mehr die Chance einer Korrektur. Er geht auch weiter, er ist radikaler als der frühe Thomas Mann, denn bei Fanon ist jede denkbare Symmetrie der Kriegsgegner aufgehoben. Er propagiert die politische Ethik einer Entscheidungssituation radikal asymmetrischer Art, bei der die eigene Seite alles Recht hat und deshalb zu allen Mitteln greifen darf, während die Gegenseite ins vollkommene Unrecht gesetzt wird. Viele Kritiken Fanons an den Eliten der Befreiungsbewegung in diesem Buch weisen allerdings darauf hin, dass er nach dem Sieg keineswegs in bequemen Botschafterpositionen ausgeharrt hätte, sondern vermutlich in vielfältige Auseinandersetzungen auch mit den neuen Machthabern geraten wäre. Seine antiintellektualistische Orientierung an der einfachen Bauernbevölkerung, in der man zur Gemeinschaft gehört und nicht „abhauen" (1969, S. 37) kann, allerdings hätte er vermutlich nicht korrigiert. Der wesentliche Punkt seines Ansatzes ist die Nötigung zur Parteinahme. Es gibt kein Außen, keine objektive Beobachterposition.

Wenn man nun aber weder Maoist noch Faschist ist und auch nicht in der akuten Situation einer bewaffneten Auseinandersetzung steht, sondern z.B. Journalist egal welcher Hautfarbe oder gar Wissenschaftler, dann wird man diese politische Ethik der Dezision sehr genau beschreiben können, aber keinen Grund sehen, sie für sich zu übernehmen. Man wird sich ihr trotzdem nicht immer entziehen können. In Somalia und vergleichbaren Ländern werden seit 2010 Journalisten gezielt angegriffen, weil schon eine Berichterstattung, die mehr als eine Seite zu Wort kommen lässt, als Attacke empfunden wird, der gegenüber jede Art von Gegengewalt angemessen erscheint. Der Arm der Dezisionisten kann durchaus auch in das Heimatland reichen, wie die Attacken auf dänische Karikaturisten zeigen.

Fast wie in einem schriftstellerischen Wettbewerb versucht Sartre die hämmernde und dynamische Revolutionsrhetorik Frantz Fanons in seinem Vorwort zu dessen Buch noch zu überbieten. Er fasst dessen Kernthese über die Gewalt so zusammen: „Und der Kolonisierte heilt sich von der kolonialen Neurose, indem er den Kolonialherrn mit Waffengewalt davonjagt. (…) Denn in der ersten Zeit des Aufstands muss getötet werden: einen Europäer erschlagen heißt zwei Fliegen auf einmal treffen, nämlich gleichzeitig einen Unterdrücker und einen Unterdrückten aus der Welt schaffen. Was übrigbleibt, ist ein toter Mensch und ein freier Mensch" (ebd., S. 18). Diese blutige Operation befreit auch die Europäer, indem sie den Kolonialherrn ausrottet, „der in jedem von uns steckt" (ebd., S. 20). Sartres Schillern zwischen mörderischer und selbstmörderischer Rhetorik zeigt, dass in seinem Denken eine halt- und grenzenlose politische Antiethik mit zerstörerischen Intentionen wirksam war.

2.4 Die Kunst des Lügens und die Pflicht zur Lüge

Lügen gelten als verwerflich und werden doch täglich im Privaten wie im Politischen benutzt. Unwahrheiten, die verziehen, übergangen oder sogar erwartet werden, betreffen meist nicht objektive Tatsachen, sondern Absichten oder subjektive Befindlichkeiten, manchmal, das ist ein Grenzfall, falsche Ahnungslosigkeit. Im Privaten bedankt man sich für den unterhaltsamen Abend, auch wenn man sich gelangweilt hat. Im Politischen lobt man dem Gastgeber gegenüber die offene Atmosphäre des Staatsbesuchs, wenn man sich fürchterlich gestritten hat. Als Gerhard Schröder im Wahlkampf 2002 gefragt wurde, ob er nach der Wahl an den derzeitigen Ministern für Arbeit und Wirtschaft festhalten würde, antwortete er: „Ja sicher". Beide wurden ausgewechselt, aber durch diese Unwahrheit konnte und musste Schröder eine heftige Debatte um Unzulänglichkeiten seines bisherigen Kabinetts vermeiden (Dietz 2003, S. 11 u. 54). Hannah Arendt hat schon 1971 den Diskussionsstand der politischen Philosophie so zusammengefasst: „Wahrhaftigkeit zählte niemals zu den politischen Tugenden und die Lüge galt immer als ein erlaubtes Mittel der Politik" (1971, S. 8).

Eine Strategie der Wahrheit kann unter bestimmten Umständen jedoch außerordentlich erfolgreich sein. Václav Havel hat das in seiner Zeit als Dissident vorgeführt (nachdem er später „richtiger" Politiker, nämlich Staatspräsident geworden war, musste er dann einige Zugeständnisse an die Erfordernisse des Politischen machen). Das staatsozialistische System war für ihn ein System der Intentionen: Es verlangte monolithische Einheit, Uniformität und Disziplin, während das Leben selbst zur Pluralität, zur Vielfarbigkeit, zur unabhängigen Selbstkonstitution und Selbstorganisation neigt. Deshalb hatte sich damals ein ganzes Gewebe der öffentlichen Heuchelei und Lüge durchgesetzt: „Die Macht der Bürokratie wird Macht des Volkes genannt; im Namen der Arbeiterklasse wird die Arbeiterklasse versklavt, die allumfassende Demütigung des Menschen wird für seine definitive Befreiung ausgegeben; Isolierung von der Information wird für den Zugang zur Information ausgegeben; (…) und die Unterdrückung der Kultur wird als ihre Entwicklung gepriesen, die Ausbreitung des imperialen Einflusses wird für Unterstützung der Unterdrückten ausgegeben" (Havel 1980, S. 17). Von den Menschen in diesem Systemen wurde vielleicht nicht erwartet, dass sie alle diese Mystifikationen für wahr hielten, sie mussten sich aber so benehmen, als ob sie daran glaubten und durften auf jeden Fall nicht öffentlich widersprechen. Man musste also „in der

Lüge leben". Havels Gegenstrategie bestand darin, dies nicht mehr zu akzeptieren, auszusprechen, was war, wodurch der allgemeine Schleier der Lüge aufgelockert wurde und am Ende ja auch weggefegt worden ist. Die Lüge war in Havels Sicht „einer der Pfeiler der äußeren Stabilität dieses Systems. Dieser Pfeiler ist jedoch auf Sand gebaut – nämlich auf der Lüge. Deshalb bewährt er sich nur so lange, solange der Mensch bereit ist, in der Lüge zu leben" (ebd., S. 22). Dann wäre das Projekt, zu einer authentischen Existenzform zu finden, schon ein möglicherweise systemerschütterndes Gegenmodell (während westliche Konsumgesellschaften die Authentizitätsmodelle von Exzentrikern, Hippies oder Aussteigern recht gut verkraften konnten). Havel nennt dieses Modell ausdrücklich „vorpolitisch", weil ihm schon als Dissident bewusst war, dass die Tschechen, sobald sie von Untertanen des Totalitarismus zu souveränen Staatsbürgern würden, doch wieder unter den Kategorien und Kriterien des Politischen würden agieren müssen. Doch den Dissidentenbewegungen blieb im Grunde nichts anderes übrig, als sich zunächst einmal in einem ganz existentiellen Sinne auf ein „anderes Leben" zu konzentrieren. Havels Charta 77 hat ganz bewusst kein alternatives politisches Programm der Reform oder Revolution des Systems vorgelegt, sondern sehr viel basaler elementare Menschenrechte eingefordert. Havel hat sich damals sogar gegen den politischen Begriff „Opposition" gewandt, weil dieser im Grunde aus westlichen Gesellschaften übertragen worden sei. Für ihn war das Dissidententum (auch mit diesem Begriff war er nicht ganz glücklich) vor allem eine bestimmte existentielle Einstellung. Dazu gehörte natürlich Mut, er verzichtete aber auf das klassische Pathos jener häretisch-dissidentischen Strömung der Arbeiterbewegung, die mit Rosa Luxemburg behauptet hatte: „Das Lassallesche Wort gilt heute mehr denn je: Die revolutionäre Tat ist stets, auszusprechen *das, was* ist" (Luxemburg 2000, S. 463). Das schlichte Aussprechen, sobald es die Masse der Bevölkerung ergriffen hatte, erwies sich 1989 dann aber von der Wirkung her als revolutionär. Unter totalitären Bedingungen gilt: „Konsequentes Lügen ist im wahrsten Sinne des Wortes bodenlos und stürzt Menschen ins Bodenlose, ohne je imstande zu sein, einen anderen Boden, auf dem Menschen stehen können, zu errichten" (Arendt 1971, S. 84). Das liegt daran, dass die Faktizität des Da, wie Hannah Arendt es etwas existentialistisch ausdrückt, so hartnäckig den offiziellen Lügen entgegensteht und je länger und mechanischer weitergelogen wird, desto unübersehbarer wird.

In der ideengeschichtlichen Tradition hat die Diskussion um das Lügen zu feinsinnigen Unterscheidungen geführt. Der niederländische Politiktheoretiker Hugo Grotius (1582-1645) differenzierte zwischen *mendacium* und *falsiloquium*. „Eine Lüge *(mendacium)* verletze immer das Recht der Angesprochenen; liegt keine Rechtsverletzung vor, so handelt es sich auch nicht um Lüge, sondern um bloße Unwahrheit *(falsiloquium)*" (Dietz 2003, S. 11). Die Schädigung oder Schädigungsabsicht muss ganz offenbar als wesentliches Unterscheidungsmerkmal gelten. Wer, wie Andrea Ypsilanti, vor der Wahl kategorisch eine Koalition mit der Linkspartei ausschließt, um diese sofort nach der Wahl direkt anzustreben, kann zu Recht der Lüge bezichtigt werden. Hätte sich diese Option, z.B. nach langen, ergebnislosen Verhandlungen mit der CDU und den anderen in Frage kommenden Partnern am Ende herauskristallisiert, dann hätte der Fall schon anders aussehen können. Es ist durchaus möglich, nach einer Wahl aufgrund der sich dann ergebenen Konstellationen und Notwendigkeiten neu zu überlegen und auch Grundpositionen zu verändern, ohne dass sich das bei einigen immer vorhandene Gefühl, geschädigt und getäuscht worden zu sein, auf den größten Teil der Wählerschaft überträgt. Die Veränderung einer politischen Position, wenn es für sie einen guten Grund gibt, macht die vorigen Begründungen gerade nicht zur Lüge. Mehr noch, von Politikern muss im Interesse des demokratischen Gemeinwesens ein erhebliches Maß an Flexibilität und an der Fähigkeit, miteinander zu kooperieren, erwartet werden. Starrheit und Unbeweglichkeit sind durchaus unerwünscht.

Da es bei diesen feinen Differenzen um die öffentliche Wahrnehmung geht, muss das Negativmerkmal der Dreistigkeit einer Lüge recht hoch eingeschätzt werden. Der Druck der öffentlichen und veröffentlichten Meinung spielt hierbei eine nicht unwesentliche Rolle, die aber nicht überschätzt werden darf, denn der jeweilige politische Gegner wird bei jeder Meinungsänderung gerne die Karte des Lügenvorwurfs ziehen. Ob er damit allerdings Resonanz findet, das hängt von der Differenzierungsbereitschaft und dem Differenzierungswillen der Bürger selbst ab, die sich dies nicht unbedingt von den Meinungsmachern und Medien vorgeben zu lassen bereit sind.

Meist wird die Lüge in der Politik entlang der Frage diskutiert, ob sie gelegentlich erlaubt sein könne, also als Frage eines Erlaubnisrechts. Es bleibt aber zu erörtern, ob sie nicht unter bestimmten Umständen sogar geboten ist, ob es also eine Pflicht zur Lüge geben kann. Der politische Philosoph Helmuth Plessner hat dies 1924 in seinem Buch „Grenzen der Gemeinschaft. Eine Kritik des sozialen Radikalismus“ an einem spektakulären Fall postuliert: „Als der Reichskanzler v. Bethmann-Hollweg in den ersten Augusttagen 1914 jene Erklärung über den Einmarsch deutscher Truppen in Belgien abgab, die ihn als Unrecht hinstellte, versündigte er sich gegen den Geist, aus dem er, dieser Mann, überhaupt berufen war, von der Tribüne etwas für Deutschland Bindendes zu erklären. In solcher Eigenschaft war es ihm verwehrt, Urteile zu fällen, die des Geschichtsschreibers Sache sind. Umso schlimmer für ihn, wenn er mehr als seine Ansicht, mehr als die Ansicht eines Volkes, wenn er hätte die Wahrheit sagen wollen. Er hatte nicht die Freiheit, seine Meinung zu sagen, sondern er war angewiesen, die Geschäfte zu führen. Wer zu den höchsten Entscheidungen und Würden gelangt, die der Staat zu vergeben hat, und dann noch glaubt, sich den Luxus der Gewissensharmonie eines Rentiers leisten zu können, verdient vielleicht menschliches Mitleid, aber keinen Zoll mehr ernst genommen zu werden" (Plessner 1981, S. 121). Plessner vermutet, Bethmann-Hollweg habe den rhetorischen Mechanismus der entwaffnenden Offenheit nutzen wollen, die im zwischenmenschlichen Bereich manchmal wirkt, besonders, wenn sie, wie in diesem Fall, mit dem Angebot einer späteren Entschädigung verbunden ist. Doch seine Aufgabe als Politiker wäre es gewesen, die eigene Position, notfalls mit schlechtem Gewissen, zu stärken, die fremde dagegen zu schwächen. Plessner fährt fort: „Sehr weise schrieb damals eine englische Zeitung, nicht so sehr der Einmarsch, als das öffentliche Eingeständnis seines Unrechts sei ein Verbrechen gewesen, nicht nur gegen sein Land, sondern gegen die öffentliche Moral. Unrecht tun, ist verzeihlich; aber es eingestandenermaßen zu tun, bedeutet für das öffentliche Bewusstsein einen Akt der Schamlosigkeit" (ebd., S. 123). Die Wahrhaftigkeit des Politikers am falschen Ort ist für Plessner Ausdruck eines von ihm verworfenen Gemeinschaftsdenkens. Die Gesellschaft dagegen benötigt die Masken der Diplomatie, das allseitig akzeptierte Bewusstsein, dass jede Äußerung einen taktisch-strategischen Charakter bekommt und nicht schlicht zum Wortwert genommen werden kann.

Plessner befürwortete ein elitäres Führungsethos, das mit demokratischen Strukturen und Wahrnehmungsweisen allerdings nur schwer vereinbar ist. Ihm war das bewusst, wie man aus folgender Passage erkennen kann: „Gesellschaft bejahen um der Gesellschaft willen, die ihr eigenes Ethos, ihre eigene, der Gemeinschaft überlegene Größe hat, und einsehen lernen, dass eine unendlich zu steigernde Anspannung des Intellekts für die steigende Vollendung gesellschaftlichen Lebens, für die immer größere Souveränität gegenüber der Natur verlangt ist, die Maschinen bejahen, an deren Sozialfolgen die Gegenwart leidet, die ganze Pflichtenlast der Zivilisation, wie sie das Abendland erfunden hat und ausbildet, um der wachsenden Spielmöglichkeiten, die sie bringt, auf sich nehmen, das ist die wahrhaftige Stärke, auf welche es ankommt. Nicht als Tugend aller gedacht, sondern als Ethos der Herrscher und Führer. Die Mehrzahl bleibt unbewusst und soll es bleiben, nur so dient sie. Wer aber zu voller Bewusstheit durchdringt, muss die Verantwortung kennen" (ebd., S. 38 f.). Diese demokratieferne Haltung der Neuen Sachlichkeit entsprach dem Zeitgeist Mitte der zwanziger Jahre.

Es geht in Plessners Sicht um einen Konflikt zwischen Privatmoral und Amtsmoral. Es leuchtet allerdings nicht ein, warum nicht auch im privaten Bereich eine Pflicht zur Unwahrheit gegeben sein kann: sei es als Gebot der Höflichkeit oder des Respekts vor anderen Menschen, denen man nicht einfach offen ins Gesicht sagt, was man von ihnen oder ihren Handlungen hält, oder sei es als therapeutischer Hinweis des Arztes, der dramatisierend den Rauchverzicht durchsetzen oder, umgekehrt, nicht die das Leben noch einige Zeit erleichternde Heilungshoffnung nehmen will. Heute jedenfalls wird man Plessners elitären Differenzierungen nicht mehr folgen. Zweifellos stellen Ämter zusätzliche Herausforderungen dar, sie halten zusätzlich Probleme bereit. Aber der Widerstreit scheint doch eher zwischen dem zu bestehen, zu dem man spontan neigen würde, und dem, wozu man sich verpflichtet fühlt, also zwischen Pflicht und Neigung, weniger zwischen Amt und Privatheit. Die Trennung dieser beiden Bereiche hat viel für sich, weil sie dem Individuum Freiheitsräume öffnet. Für die hier diskutierten Fragen dürfte sie aber kaum ins Gewicht fallen.

Im Übergangsbereich von Politik und Privatleben steht ein moralisches Problem, das zwischen Benjamin Constant und Immanuel Kant diskutiert worden ist und bis heute die Gemüter bewegt. Kant hatte in seinem Aufsatz „Über ein vermeintliches Recht, aus Menschenliebe zu lügen" die Forderung aufgestellt, man müsse selbst Mördern gegenüber auf die Frage, ob jemand, nach dem sie auf der Suche sind, sich in unserem Haus aufhalte, die Wahrheit sagen (1973, S. 199-206). Constant hielt dagegen, dass wir nur demjenigen die Wahrheit sagen müssen, der ein Recht darauf hat. „Nun hat aber kein Mensch ein Recht auf die Wahrheit, die einem anderen schadet" (1972, S. 184; hierzu Dietz 2003, S. 91 ff.). Kants Argument bestand darin, dass er die Lüge für einen Missbrauch der Sprache erklärte, der so gefährlich sei, dass er im Grunde jede Kommunikation gefährde und daher „ein Unrecht ist, das der Menschheit überhaupt zugefügt wird" (1973, S. 202). Denn jeder Vertrag beruhe auf einer sprachlichen Deklaration. Wenn man dem, was gesagt wurde, nicht mehr vertrauen könne, dann würden Verträge überhaupt als Rechtsquelle unbrauchbar. Simone Dietz wendet zu Recht ein, dass Kants Voraussetzung falsch ist, der zufolge wir, um den Aussagen anderer zu glauben, auf deren unbedingte Wahrheit vertrauen müssen. Wir sind durchaus in der Lage und im praktischen Leben aufgefordert, zu einer eigenen Beurteilung der Glaubwürdigkeit fremder Aussagen zu kommen. „Kants Prämisse, die Verbindlichkeit des Rechts gründe in der Wahrhaftigkeit von Behauptungen, ist zudem falsch. Versprechen und Verträge sind keine Behauptungen, es sind normativ definierte Sprechakte, zu deren Begriff es gehört, dass das Versprochene einzuhalten ist. (...) Auch ein unwahrhaftiges Versprechen verpflichtet den Versprechenden zur Einhaltung. Nicht die Unwahrhaftigkeit bei der Abgabe des Versprechens ist der eigentliche Verstoß gegen die Norm, sondern die willentliche Nichteinhaltung der versprochenen Leistung" (Dietz 2003, S. 96). Gerade dieser letzte Hinweis macht deutlich, wie wichtig es ist, auch in moralischen Fragen zu differenzieren. Eine Lüge ist etwas anderes als ein gebrochenes Versprechen, auch wenn dies in der traditionellen Diskussion nicht immer auseinandergehalten worden ist. Ein weiterer Punkt kommt hinzu: Was bei Kant noch als – zu verwerfendes – Erlaubnisrecht behandelt wurde, zum Schutze eines Verfolgten zu lügen, wäre heute, nach dem Jahrhundert der Geheimpolizeien, beinahe als moralische Pflicht zu betrachten, einen Verfolgten nicht zu verraten und wenn möglich zu schützen. Die Pflicht zum Schutze von Verfolgten stünde höher als die Aufrichtigkeit, und dies nicht nur illegitimen Behörden gegenüber, denn wer von der geheimen Staatspolizei Verfolgte verbirgt, wird aus Sicherheitsgründen auch Nachbarn und Bekannte täuschen und zu vielen kleineren oder größeren Ausreden und Lügen Zuflucht nehmen müssen.

Arthur Schopenhauer hat die Gewalt wie die Lüge als illegitime Mittel verurteilt, anderen den eigenen Willen aufzuzwingen. Beide aber können durchaus auch in legitimer Weise verwendet werden: „Ich habe also in den Fällen, wo ich ein Recht zur Gewalt habe, es auch ZUR LÜGE: so z.B. gegen Räuber und unberechtigte Gewältiger aller Art, die ich demnach durch List in eine Falle locke“ (1991, S. 579). Es handelt sich hier um ein Abwehr- oder Notwehrrecht. Darüber hinaus gibt er dem Recht zur Lüge noch einen weiteren Rahmen als dem Recht zur Gewaltanwendung: „Aber das Recht zur Lüge geht in der That noch weiter: es tritt ein bei jeder völlig unbefugten Frage, welche meine persönlichen, oder meine Geschäftsangelegenheiten betrifft, mithin vorwitzig ist und deren Beantwortung nicht nur, sondern schon deren bloße Zurückweisung durch ‚ich will's nicht sagen' als Verdacht erweckend, mich in Gefahr bringen würde. Hier ist die Lüge die Nothwehr gegen unbefugte Neugier, deren Motiv meist kein wohlwollendes ist“ (ebd.). Die Lüge als Notwehrrecht gegen allzu zudringliche Fragen: das ist eine intellektuelle Option, die bislang im politischen Diskurs noch keine breite Anerkennung gefunden hat. In der Sphäre der Politik behilft man sich bis heute notdürftig vor allem mit der immer wieder auch durchbrochenen Regel, keine Nachfragen über das Privatleben zu stellen, wenn ein Politiker dieses nicht selbst herausstellt, z.B. zu Zwecken der Werbung für seine Person. Dann allerdings sind auch unangenehme Nachfragen erlaubt. Schopenhauers Argument betrifft neben den privaten durchaus auch die Geschäftsangelegenheiten. In der Tat, hier wird der politische Könner meist vorsichtig und in letzten Endes nicht exakt festzulegenden Formulierungen von diesem Abwehrrecht Gebrauch machen. So wird er in einer Verhandlungsphase, sei es um Tarifverträge für den öffentlichen Dienst oder um Finanzhilfen für ein in Not geratenes Land, möglicherweise anfangs jedes Zugeständnis ablehnen, obwohl in seinem Inneren und seinem engeren Umkreis längst klar ist, bis zu welcher Grenze man in den Verhandlungen unter Umständen zu gehen bereit wäre. Gerade in Verhandlungssituationen werden solche Äußerungen, die sich immer an der Grenze der Wahrhaftigkeit bewegen, generell akzeptiert, wenn sie nicht anschließend zu grob und zu flagrant verletzt werden und dann Hohn und Spott auf sich ziehen, die durchaus auch katastrophal für das Ansehen einer Politikerin sein können.

Simone Dietz arbeitet in überzeugender Weise heraus, dass hier für das Privatleben im Grunde keine anderen Regeln gelten als für das politische Leben: „Niemand hat allein durch seine Frage schon ein Recht auf Auskunft. Wenn ich, um meine Privatsphäre zu schützen, den anderen belüge, verletze ich sein Recht nicht, ich missachte ihn dadurch auch nicht" (2003, S. 128). Denn das Vertrauen, das Grundlage einer offenen Auskunft sein könnte, kann nicht gefordert, sondern muss „geschenkt" werden. „Das Recht auf Selbstbestimmung umfasst auch das Recht, selbst zu bestimmen, was man von sich preisgeben möchte, sofern es einen selbst betrifft" (ebd., S. 129). Jedoch kann man diese Grenzen nicht beliebig ziehen, weil Kooperationsbeziehungen, und dazu gehören eben auch politische Ämter und Kandidaturen, ein Auskunftsrecht implizieren, das sich auf diese Kooperation bezieht.

Unwahrhaftigkeit in der Politik scheint damit unvermeidlich, aber selbstgefährdend zu sein. Sie bedarf eines sicheren Fundaments, einer Basis in der Wahrheit. Systematisches Lügen führt, wie in den totalitären Systemen durchexerziert, schon nach kurzer Zeit zu einer Potenzierung von Fehlinformationen über das eigene Wirtschafts- und Gesellschaftssystem. Das ist fatal für jede Art von Planung, die sich ja auf Daten und Informationen stützen muss. Im individuellen Bereich führt sie zu einer Grundhaltung der Verlogenheit, die sich jederzeit an den unangenehmen, entgegenstehenden Fakten stößt und diese letzten Endes doch nicht wegdiskutieren kann. Es gibt jene durch und durch verlogenen Menschen sowohl im Alltagsleben als auch im politischen Prozess. Da ihnen niemand traut, haben sie es aber schwer, Verbindungen zu knüpfen oder Bündnisse zu schließen. Die wirklich politische Lüge bedarf eines Fundaments in der Wahrheit. In seinem großangelegten Werk „Von der Wahrheit" kommt der politische Philosoph Karl Jaspers zu einem ausgesprochen dialektischen Schluss, der die ganze Abgründigkeit und zugleich Unvermeidlichkeit politischen Lügens auf den Punkt bringt: „Die Beurteilung der Lüge hat zu unterscheiden zwischen der Unwahrhaftigkeit, die Verlogenheit ist, weil das Wesen des Lügenden selbst von der Unwahrhaftigkeit durchsetzt ist, und der Unwahrhaftigkeit, die in klar begrenzten, gewussten und gewollten Lügen besteht. Lüge vollzieht in der Kommunikation mit dem anderen Täuschung und Betrug. Verlogenheit vollzieht darüber hinaus in der Kommunikation mit sich Selbsttäuschungen, die in das Wesen übergehen. Man kann sagen: recht lügen können nur die ganz Wahrhaftigen; sie allein haben die Lüge außer sich als Mittel zur Verfügung, ohne selbst von der Verlogenheit angesteckt zu werden; sie vollziehen die klare Unterscheidung zwischen wahr und falsch und geraten darum nicht in das Durcheinander" (Jaspers 1983, S. 559). Hannah Arendt hat dies in einer die klassische Philosophie ironisch konterkarierenden Wendung noch weiter zugespitzt zu der Formel: „Es ist besser, andere zu belügen als sich selbst“ (1971, S. 80). Die Rhetorik der Lüge wird zweifellos überzeugender, wenn die Lügende beginnt, selbst daran zu glauben; die Logik der Lüge allerdings leidet darunter, weil dann die eigene Situationseinschätzung und in der Folge die strategische Handlungskompetenz keinen festen Anhaltspunkt mehr findet und das ganze Gebäude in einem Wirbel von Schlamm und Schmutz zu versinken droht. Wenn die politisch-taktisch motivierte Wirklichkeitsabweichung habituell wird, kommt das auf, was in den USA zuerst in Richard Nixons Watergate-Affäre leicht beschönigend „credibility gap“ (Glaubwürdigkeitslücke) genannt wurde. Heute hat sich eine durch und durch als professionell geltende Politkerin wie Hillary Clinton mit der von ihr praktizierten habituellen Unwahrhaftigkeit herumzuschlagen. Das wurde besonders deutlich gegenüber einem Konkurrenten, der das provokativ offene Aussprechen von Meinungen und Ansichten ohne Rücksicht auf Konsistenz zu seinem Markenzeichen gemacht hat. Wenn die Gewohnheit der Wahrheitsumgehung zu offensichtlich wird, kann sie ihren Zweck nicht mehr erfüllen. Das fällt besonders ins Gewicht bei Politikerinnen wie Nixon und Clinton, die gefühlte Ewigkeiten im politischen Geschäft zugebracht haben und bei kritischen Fragen fast schon automatenhaft zum Abstreiten, Dementieren, Herunterspielen, Relativieren und Verharmlosen neigen.

2.5 Die Pflicht zur Wahrheit vor dem Untersuchungsausschuss

Ein Außenmerkmal zur Unterscheidung zwischen Lüge und Unwahrheit ist also die Schädigung des Angesprochenen. Ein Innenmerkmal wäre die mit der Lüge verbundene negative oder positive Absicht. Positive Absichten könnten z.B. die Schonung, die Höflichkeit und ähnliches sein. An den äußeren Begriffen Lüge und Unwahrheit muss man nicht kleben, denn man könnte den begrifflichen Kern dieser Sache genauso gut, vielleicht sogar etwas deutlicher, als Unterscheidung zwischen moralisch erlaubter und moralisch verbotener Lüge kennzeichnen. Simone Dietz macht darauf aufmerksam, dass im Unterschied zu anderen moralischen Verboten wie dem Verbot von Diebstahl oder Tötung dem Lügenverbot keine rechtliche Norm entspricht, „deren Einhaltung durch Strafandrohungen gesichert wäre. Nur für besondere Fälle wie das Lügen vor Gericht sind rechtliche Sanktionen vorgesehen. Dies kann ein Hinweis darauf sein, dass der Wahrhaftigkeit von Behauptungen keine sehr hohe Bedeutung für das friedliche Miteinander der Gesellschaftsmitglieder zugemessen wird, oder auch darauf, dass Wahrhaftigkeit durch rechtliche Sanktionen nicht zu kontrollieren ist“ (Dietz 2003, S. 65). In der Politik kommt zu dem Sonderfall der Situation vor Gericht noch ein weiterer, zentraler Fall hinzu: die Regeln für parlamentarische Untersuchungsausschüsse nicht nur in Deutschland, sondern ebenso in den USA und in den meisten Ländern enthalten ein kategorisches Verbot der Lüge, das sogar noch weiter geht als das Verbot des Lügens vor Gericht. Denn vor Gericht sind nur die Zeugen zur Wahrhaftigkeit verpflichtet, wer aber angeklagt ist, hat das Recht zu schweigen, und selbst entlastende Unwahrheiten werden eher erwartet als ausgeschlossen. In Untersuchungsausschüssen allerdings sind sie das Hauptvergehen, denn besonders dann, wenn die untersuchte Angelegenheit nicht sehr viel Skandalpotential enthält, ergeben sich doch immer Möglichkeiten, die Vorgeladenen „in Widersprüche zu verwickeln", wie es in der Sprache des Polizeiverhörs so schön heißt. Untersuchungsausschüsse haben eine Art Tribunalcharakter, weil in ihnen die Regeln der Prozessordnung, die eben auch einen Schutz für die Angeklagten bilden sollen, außer Kraft gesetzt sind und jede kleine, selbst sekundäre Unwahrheit schon zum politischen Aus führen kann. Deshalb geht es in diesem Ausschüssen immer wieder vor allem um die Frage, wer wann was gewusst hat, weil dies vor dem Hintergrund des aus der Angabe eines nicht korrekten Zeitpunktes ableitbaren Vorwurfs, „das Parlament belogen" zu haben, schon zur Höchststrafe führen kann.

Die Schutzmechanismen für die Befragten vor Untersuchungsausschüssen sind derzeit eher politischer als juridischer Art. Zwar gelten diese Ausschüsse als Instrument der Opposition, doch die Regierungsparteien stellen als parlamentarische Mehrheit auch in ihnen die Mehrheit, damit normalerweise auch den Vorsitz und können die ersten Rederechte in Anspruch nehmen. Die ohnehin kürzeren (weil von den Mehrheitsverhältnissen im Parlament abhängigen) Rede- und Fragezeiten der kleineren Oppositionsparteien schließen sich erst am Ende an. Darüber hinaus können die Befragten durch lange Erklärungen und Antworten auf einen gewissen Ermüdungseffekt setzen. All dies sind sekundäre Mechanismen, die den Tribunalcharakter etwas herabmindern oder zumindest dämpfen können.

Zusammenfassend wird man sagen können, dass die Situation vor dem Untersuchungsausschuss nicht die durchregelten Strukturen eines Zivil- oder Strafprozesses aufweist, sondern die wilde Regellosigkeit politischer Kämpfe. Die Dynamik entspricht eher amerikanischen Juryprozessen, allerdings ohne Jury (deren funktionales Äquivalent ist dann die diskutierende Öffentlichkeit) und ohne Richter, denn der oder die Ausschussvorsitzende soll sich zwar um eine gewisse Unparteilichkeit bemühen, ist aber im Grunde Partei. Die Gemeinsamkeit besteht im Aufeinanderprallen und im Kampf zweiter Sichtweisen.

Wer vor einem solchen Ausschuss auszusagen hat, ist jedoch gut beraten, diese Situation als Stunde der Wahrheit zu begreifen. Rücksichten und Loyalitäten, bisherige Abreden werden durch die Aussagesituation vor dem Ausschuss außer Kraft gesetzt. Man weiß allerdings aus der vielfältigen Erfahrung von Zeugenaussagen, dass die eigene Erinnerung an Details und Zeitpunkte selten sehr präzise ist, insbesondere dann nicht, wenn sie sich auf keine schriftlichen Aufzeichnungen oder abgespeicherte Daten stützen kann. Die Verfahrensordnung parlamentarischer Ausschüsse in Deutschland eröffnet die Möglichkeit zu einer umfangreichen eigenen Stellungnahme, die schriftlich vorbereitet und mit den eigenen Justitiaren bzw. Anwälten abgestimmt werden kann. Wer Widersprüche vermeiden will und fürchtet, sich in den Fußangeln besonders schwieriger Situationen zu verheddern (Aussagen vor einem derartigen Ausschuss müssen immer als besonders schwierige Situation gelten), sollte diese Möglichkeit unbedingt nutzen und auch bei Nachfragen immer wieder auf den schriftlich vorbereiteten Text verweisen. Wenn Fragen wiederholt werden, ist es am besten, auch die Antwort wörtlich zu wiederholen, um nicht Opfer der Suche nach Spitzfindigkeiten zu werden.

Die Regeln für die Fragesteller der Opposition, die ja die andere Seite in Schwierigkeiten bringen wollen, lauten genau umgekehrt. Die besten Mittel sind hier die überraschende Frage oder die Präsentation eines bislang nicht öffentlich bekannten Dokuments oder Faktums, durch das die sorgfältig vorbereitete Vernebelungslinie des Aussagenden plötzlich ins Wanken geraten kann.

Die üblichen Grenzen der Unwahrheit in der Politik, nämlich keine Gesetze brechen und keinen Meineid schwören zu dürfen, sind in der Ausschusssituation ein nicht unwesentliches Stück in Richtung auf eine weitergehende Wahrhaftigkeit verschoben. Das macht sie so angespannt, so tribunalhaft. Doch jenseits des Tribunals benötigt die praktische Politik einen gewissen Spielraum, um handlungsfähig zu bleiben und vorher kategorisch behauptete Verhandlungspositionen in einer neuen Konstellation auch wieder räumen zu können. Wer an den Festlegungen, die er vor Verhandlungen geäußert hat, unverbrüchlich festhält, wird politikunfähig werden. Wer sie vorher zu starr behauptet hat und sie dennoch aufgibt, steht hinterher mit dem Stigma des Verräters da. Politik ist, anders als Anhänger der Diskurstheorie von Jürgen Habermas gelegentlich behaupten, eben keine gemeinsame Suche nach Wahrheit. Stattdessen geht es um öffentliche Verhandlungsprozesse von Gegenspielern, die mit gelegentlichen argumentativen Schaukämpfen verbunden werden. „Wenn Politiker nicht über die Kunst des Lügens verfügen würden, wenn Lügen nicht in bestimmten Situationen legitim wären, dann könnte die politische Handlungsfähigkeit eines Staates in vielen Fällen nur durch Einschränkungen der politischen Öffentlichkeit aufrechterhalten werden. Jede grundlegende Einschränkung der Öffentlichkeit beschränkt aber auch die Demokratie. Insofern Lügen verhindern können, dass die weit reichenden Kompetenzen der politischen Öffentlichkeit dysfunktional werden, sind sie sogar eine Bedingung der Demokratie" (Dietz, S.166 f.). Gemeint ist: eine Welt, deren Grundprinzip es ist, alle wesentlichen Fragen öffentlich zu diskutieren und vor den Augen der Öffentlichkeit zu entscheiden, braucht eine Zone der Unbestimmtheit, der Ungenauigkeit in Wahrheitsfragen, die dies überhaupt erst erträglich macht. Das hat Konrad Adenauer vor dem Hintergrund einer reichen politischen Erfahrung deutlich gemacht, als er die CDU/CSU-Fraktion im Bundestag fragte, ob sie von ihm die einfache, die reine oder die lautere Wahrheit hören wolle. Selbstverständlich hat er dies niemals expliziert. Die Sondersituation vor dem Untersuchungsausschuss impliziert (ähnlich wie jegliche Aussage unter Eid) dann einen besonders weitgehenden, akkuraten Wahrheitsanspruch. Die Daumenschrauben der Wahrhaftigkeit werden um eine Stufe erhöht, so dass hier neue Routinen jenseits der gewohnten entwickelt werden müssen, um mit dieser Situation umzugehen.

2.6 Totalisierung des Spitzelwesens: Die Welt der Staatssicherheit

Luhmann hat beobachtet, „dass planmäßig gesätes, durch Indiskretionen, Spitzel und hohe Strafen genährtes Misstrauen Gesprächssituationen öffentlich macht und eben dadurch der ideologischen Infiltration dient“ (1980, S. 63). Vertrauliche Gespräche werden dadurch unmöglich. Eine häufig vorgebrachte Rechtfertigung für Stasi-Spitzeldienste lautete, man habe den Befragern ja nur das Beste und nur harmlose private Einzelheiten über die Bespitzelten erzählt. Nun konnten solche scheinbar unverfänglichen Informationen aus verschiedenen Quellen von fähigen Vernehmern aber durchaus zu einem abträglichen Gesamtbild zusammengefügt bzw. in anderen Gesprächen als Mittel zur Gewinnung zusätzlicher Informationen („die wissen ja alles ohnehin schon“) benutzt werden. In besonderen Fällen konnte daraus gezielte Verunsicherung, die Verbreitung von Gerüchten oder mehr oder minder subtile Erpressung werden. Joachim Gauck schildert Fälle, wo Fotos des Pfarrers vom FKK-Strand im Zeitungsladen an dessen Heimatort ausgehängt wurden oder planvoll der berufliche Misserfolg Missliebiger organisiert wurde (1992, S. 22 ff.). Die Maßnahmepläne der Stasi sahen oft so aus, dass informelle Mitarbeiter beauftragt wurden, in betrieblichen Arbeitsdiskussionen die Leistungen einzelner Zielpersonen bei jeder Gelegenheit, notfalls auch mit abwegigen Argumenten, zu kritisieren und deren Kompetenz zu bestreiten. Dadurch sollten Selbstzweifel geweckt werden und es konnte scheinbar unpolitisch, auf der Fach- und Arbeitsebene, zudem dokumentiert werden, dass die betreffende Person auf Kritik stieß (ebd., S. 25).

Die im Zeitverlauf zunehmende Durchdringung der DDR-Gesellschaft mit haupt- und nebenamtlichen Mitarbeitern der Staatssicherheit muss neben dem gleichgeschalteten Mediensystem nachträglich als eines der deutlichsten Indizien dafür gelten, dass diese trotz des Rückgangs der Massenaufmärsche und der Herausbildung privater Nischen eine totalitäre Gesellschaft war. Zugleich wirft dieses Staatskontrollmodell ein Licht darauf, wie unverzichtbar der Schutz der Privatsphäre gerade auch gegen die sich ständig verbessernden Möglichkeiten technischer und anderer Überwachung ist. Politische Ethik hat hier die Funktion, klarzumachen, wie falsch und undurchdacht die verbreitete Grundhaltung ist, dass man ja doch nichts zu verbergen habe. Das politische System der Bundesrepublik hat gut daran getan, solche Gesetze, die mit dem starken Argument der Terror- und Gefahrenabwehr begründet waren, mit einer zeitlichen Begrenzung zu versehen, so dass sie beim Abklingen der Gefahr auch wieder zur Disposition stehen. Gesetzliche Instrumente, einmal zu einem plausiblen Zweck geschaffen, können ebenso auch als Schleppnetze genutzt werden, um einen Beifang kleinerer Ordnungswidrigkeiten und Verstöße zu ermitteln, auf deren Basis sie aber schon aus Gründen der Verhältnismäßigkeit der Mittel nie beschlossen worden wären.

Dabei sollte durchaus unterschieden werden zwischen Eingriffen in die Privatsphäre und z.B. einer Videoüberwachung des öffentlichen Raumes, die in der Tat helfen kann, Polizeikräfte einzusparen und Straftaten oder Übergriffen vorzubeugen. Wenn eine Videoüberwachung zur raschen Ermittlung von Schlägern, Brandstiftern und Plünderern, sogar auch von terroristischen Attentätern führt und diese dann inhaftiert werden, dann verhindert sie zumindest für die Zeit der Inhaftierung weitere Straftaten der gleichen Personen. Das werden auch diejenigen einsehen, die an eine Abschreckungswirkung nicht glauben wollen und es beklagen, dass eine Tatverhinderung im Vorhinein weniger wahrscheinlich ist.

2.7 Warum Egoismus auch sein Gutes hat: Begründungen des Kapitalismus vor seinem Sieg

Wir haben es im Übergang zu modernen Wirtschaftsformen mit einer grundsätzlichen Umkehr von Wertungen und Wertvorstellungen zu tun. Ideengeschichtlich lautet die Frage: „Wie konnte es geschehen, dass Handel, Bankwesen und ähnliche, dem Gelderwerb dienende Tätigkeiten an einem gewissen Punkt der Moderne ehrbar wurden, nachdem sie jahrhundertelang als Geiz, Gewinnsucht und Habgier verurteilt oder verachtet worden waren?" (Hirschman 1987, S. 17) Wie die Diskussion über Gier als Ursache der Finanzkrise von 2008 gezeigt hat, ist dieser Prozess bis heute weder für die breite Öffentlichkeit noch für einen großen Teil des politischen Systems abgeschlossen. Dennoch aber lohnt sich der ideengeschichtliche Rückblick auf eine Debatte, in der die Argumente in Reinform vorgetragen wurden. Begonnen hat dies mit dem Versuch der Renaissance, den Menschen zu sehen, „wie er wirklich ist“. Machiavellis politische Theorie markiert diesen Umschlagpunkt. Bernard Mandeville hat dann in seiner Bienenfabel von 1714 die förderliche Kraft privater Laster für das öffentliche Wohl aufgezeigt. Später, im Werk Adam Smiths, wurden aus den moralisch anstößigen Kategorien der Leidenschaften und Laster schließlich sachlichere Termini wie „Vorteil“ und „Interesse“, die mehr waren als funktionale Äquivalente, denn sie signalisierten zugleich eine Mäßigung, Moderation, vernünftige Kontrolle der Leidenschaften und Begierden, also deren Ersetzung durch ein reflektiertes Eigeninteresse. Damit glaubte man, endlich „eine realistische Basis für eine lebensfähige Gesellschaftsordnung“ (ebd., S. 57) gefunden zu haben. Das Interesse war analysierbar, es war voraussagbar, und es konnte sogar als Versicherung gegen die Lüge gelten: „Interest will not lie“ (ebd., S. 45). Auf die bloßen Worte brauchte man sich nicht zu verlassen, wenn man davon ausgehen konnte, dass die Interessen des Vertragspartners die Einhaltung der Vereinbarungen garantierten.

Die Umkehrung der Werte führte auch im zivilgesellschaftlichen Bereich zu einem Wandel. Montesquieu bemerkte in seinem „Geist der Gesetze“, der Handel „verfeinert und mildert die barbarischen Sitten, wie wir jeden Tag feststellen können.“ Er fügte hinzu: „Der Handel beseitigt störende Vorurteile, und es gilt beinahe allgemein die Regel, dass es da, wo sanfte Sitten herrschen (mœurs douces), auch Handel gibt und dass überall, wo es Handel gibt, auch sanfte Sitten herrschen“ (1992, S. 2 f.). Es kam die Rede von *le doux commerce* auf, über die sich Marx noch hundert Jahre später im Angesicht von Sklavenhandel und ursprünglicher Akkumulation mokiert hat (1969, S. 780). Dennoch ist es bemerkenswert, dass der Gelderwerb zu jener Zeit als ruhige Leidenschaft galt, als Prozess der Selbstkontrolle im Gegensatz zu heroisch-expressiven Kampfweisen.

Albert Hirschman hat den Argumentationsgang Adam Smiths als eine Art Versachlichung und Reduktion der unterschiedlichsten menschlichen Leidenschaften auf das eine Interesse interpretiert, Wohlstand zu erwerben. Nicht mehr die erhitzten Leidenschaften früherer Moraltheorien, die sich gegenseitig in Schach halten sollten, sondern nur das eine kluge und mäßige Interesse am Wohlstand wurde zur Triebkraft, das Geld so auf die verschiedenen Wirtschaftszweige zu verteilen, dass das Gesamtinteresse der Gesellschaft so weit wie möglich gewahrt wird, da jede Unterinvestion Geld anlocken und jede Überinvestition Geld vernichten wird (Hirschman 1987, S. 118 f.; vgl. Smith 1990, S. 531).

Wenn eine heutige Kapitalismuskritik diesem Entfremdung und eine Reduktion der menschlichen Entfaltungsmöglichkeiten auf die eine Option des Gelderwerbs vorwirft, so war es damals gerade die Hoffnung einer vorkapitalistischen Ideenwelt, dass dieser die zerstörerischen Kräfte der menschlichen Leidenschaften zurückfahren und die Neigungen und Triebe der Menschen berechenbar machen würde. Sobald aber der Kapitalismus diese Triebe unter seine Kontrolle gebracht hatte, „erschien die Welt auf einmal leer, trist und langweilig, und damit war die Zeit reif für die romantische Kritik an dieser bürgerlichen Ordnung, die im Vergleich zu früheren Epochen jetzt ungeheuer armselig wirkte: Denn dieser neuen Welt schien es an Adel, Größe, Mysterien, vor allem an Leidenschaft zu fehlen" (Hirschman 1987, S. 141). Die Entfremdung bei Marx, die Entzauberung bei Max Weber und die Libidounterdrückung bei Sigmund Freud sind Ausdrucks- und Beschreibungsformen dieser verbreiteten Wahrnehmung.

Der neue Heroismus der Welt des Investmentbankings war dann eher die Manifestation einer grenzenlosen, ungefilterten Gier, verbunden mit der Verachtung für bodenständigere Menschen, die die komplexen pseudomathematischen Risikoberechnungen für Derivate (wie sich später herausstellte: zu Recht) nicht nachvollziehen konnten. Sehr schön wird dies im Bericht der Börsenhändlerin „Anne T." auf den Punkt gebracht: „Wir katapultierten Milliarden um den Globus, als gäbe es kein Morgen. Aufsichten und Risiko-Management, die ob der Komplexität unserer Deals kapitulierten, besaßen keine Möglichkeit, uns aufzuhalten. Warum taten wir das alles? Damals konnte ich das nicht genau erkennen, heute lautet meine Antwort: Wir hatten Aussichten auf immense Gewinne, Bonuszahlungen, ohne die Konsequenzen unseres Handelns tragen zu müssen. Wir konnten nicht persönlich haftbar gemacht werden. Für eventuelle Risiken hatten andere aufzukommen, die Bank, die Anleger. Diese Aufspaltung von Haftung und Gewinnchancen war eine desaströse Mischung. Wer als Broker ohne persönliches Risiko seinen Bonus um 50 000 oder 100 000 Euro nach oben schrauben konnte und diese Chance nicht nutzte, konnte nur als unökonomisch bezeichnet werden. Und nicht zu vergessen: Die Gier der Aktionäre und der Anleger befeuerte die der Broker" (2010, S. 218). Konkret gesprochen lautet das Problem: Gier ist zweifellos eine Triebkraft der wirtschaftlichen Entwicklung. In der Realwirtschaft sind die Risiken inzwischen bekannt und überschaubar. In den meisten Sektoren (außer in Bereichen wie der Atomindustrie) sind die Haftungsregeln auch klar. In der Finanzwirtschaft dagegen verzeichnen wir so viele neue Entwicklungen, dass hier die Regeln und Regulationen von gestern nicht mehr ausreichen und neue Spielregeln in angemessener Weise festgelegt werden müssen, was allerdings längst nicht mehr im nationalen Rahmen möglich ist. Dies ist außerordentlich schwierig, weil die Interessen eines Finanzplatzes wie London und eines Zentrums der industriellen Realwirtschaft wie Süddeutschland deutlich auseinanderliegen. Aber hier, in der Evolution einer angemessenen Rahmenordnung, liegt die entscheidende Aufgabe, um statt der Risiken wieder die Chancen einer gewinngesteuerten Finanzmarktentwicklung in den Vordergrund treten zu lassen. So plakativ die Gier sich anklagen ließ: Im Grunde sind es Regulationsdefizite aus Informations- und

Analysemangel gegenüber als neu perzipierten Risiken, verbunden mit verantwortungsdispersierenden Strukturen und unkontrollierten Freiräumen für scheinbare Fachleute, welche das Eigeninteresse in unproduktive oder schädliche Richtungen gelenkt haben. Die neueren wirtschaftswissenschaftlichen Analysen gehen sehr viel abgeklärter vor. Sie stellen die These des radikal Innovatorischen in Frage und reihen die letzte Spekulationsblase in die Reihe der vielen früheren Blasen ein, die alle immer mit der Behauptung auftraten, dieses Mal sei aber alles ganz anders (Reinhard und Rogoff 2010). Dies ist ein abstrakterer Blick, der zur nüchternen Ex-Post-Einschätzungen verhilft, aber in der konkreten Situation nur bedingt nützen konnte, da eben in der Situation selbst Informationsmangel und Mangel an Urteilskraft zusammenkamen, und diejenigen, die sich aus Risikoscheu von der Spekulation hätten zurückhalten wollen oder tatsächlich zurückgehalten haben, beträchtliche Gewinnchancen vergeben haben.

Auf dem Höhepunkt der Finanzblase wurde z.B. auch das Immobilienvermögen ganzer Bistümer in Geldkapital umgewandelt und spekulativ aufs Spiel gesetzt: Zu einem guten Zweck, nämlich um mehr Geld für Projekte der Entwicklungshilfe, gegen Armut etc. ausgeben zu können. In der letzten Finanzkrise haben amerikanische Universitäten und evangelische Landeskirchen in Deutschland besonders spektakuläre Verluste erlitten. Der Lebenszyklusorientierung für den Privatanleger entspricht bei den institutionellen Anlegern eine genaue Analyse der Erfordernisse. Die evangelisch-lutherische Landeskirche zu Oldenburg hatte ruhendes Vermögen, insbesondere einstmals geerbte verpachtete Ländereien, durch Verkauf aktiviert und den Erlös zu den jeweils höchstmöglichen Renditen am Kapitalmarkt untergebracht, um durch die Einnahmen ihre guten Taten zu finanzieren. Das führt beim Verlust solcher Anlagen zu einem raschen und krisenhaften Personalabbau, der mit den Zielen und dem Ethos solcher Institutionen naturgemäß nicht übereinstimmt. Hier ergibt sich sehr deutlich, dass spekulative Ausschöpfung von Renditespitzen nur dann sinnvoll ist, wenn man überschüssiges Geld hat, was bei derartigen ethosgebundenen und ihr Vermögen zu einem nicht zu unterschätzenden Teil aus Spenden oder spendenähnlichen Beiträgen beziehenden Institutionen eher selten der Fall sein dürfte. Denn selbst wenn man aus reichhaltig fließenden Kapitalerträgen Einzelprojekte, z.B. in Entwicklungsländern, finanziert, wird man doch auch dort Menschen anstellen, beschäftigen und entlassen müssen, wenn die Renditen schwanken. Gerade bei derartigen Projekten scheint es aber stärker als im konjunkturgewohnten Geschäftsleben auf Verlässlichkeit und Kontinuität anzukommen. Deshalb gilt hier: Schon der Anlagezweck und die Spendenorientierung solcher Institutionen gebietet, der Verlässlichkeit und Dauerhaftigkeit des Engagements wegen lieber auf eine geringere, risikoärmere Rendite zu setzen.

2.8 Aufgeklärtes Eigeninteresse oder ist Rationalität moralisch?

In seiner durchaus von einem liberalen Geist getragenen Studie „Der Markt der Tugend" kommt Michael Baurmann zu dem Ergebnis, dass die Konzeption des *homo oeconomicus*, der nach seinem Eigeninteresse handelt, die Entstehung und Existenz einer rechtsstaatlichen Ordnung nicht erklären kann. Schon bei gleicher Machtausstattung kann es vorteilhaft sein, Regeln opportunistisch zu nutzen, d.h. auf der Basis der Erwartung, die anderen würden sie im Wesentlichen einhalten, den Versuch machen, diese für sich selbst zu umgehen. Für die Mächtigen aber ist der Anreiz beinahe unüberwindlich stark, die Macht konsequent im eigenen Interesse zu nutzen. Der *homo oeconomicus* kann daher eher Diktaturen und Oligarchien erklären als Demokratien. „Die stabile Existenz einer Gesellschaft mit einer rechtsstaatlichen Verfassung ist nicht mit der Annahme vereinbar, dass alle Mitglieder dieser Gesellschaft in jeder Entscheidungssituation allein ihren subjektiven Nutzen maximieren" (Baurmann 2000, S. 643). Im Umkehrschluss folgt daraus, dass der demokratische Rechtsstaat einen hohen Bedarf an tugendhaftem Verhalten – verwenden wir an dieser Stelle ruhig das altmodische Wort – hat, um überhaupt existieren zu können: „Ohne Menschen, die aus freien Stücken politische, rechtliche und moralische Pflichten erfüllen und einen fairen Anteil an der Verwirklichung und dem Schutz gemeinsamer Interessen übernehmen, ist *keine* stabile soziale Ordnung im Interesse der Normalbürger denkbar – auch und gerade nicht die Ordnung einer liberalen Gesellschaft, in der prinzipiell ein Freiraum für die Wahrnehmung individueller Interessen besteht" (ebd., S. 644). Die alte Lehre des *„doux commerce"*, von Albert Hirschman wieder aufgenommen, reicht hier nicht aus, weil eine immer weiter gefasste Arbeitsteilung, ein immer weiter offener Markt die gegenseitigen Abhängigkeiten und gegenseitigen Kontrollen reduziert. Viele Transaktionen werden nur ein einziges Mal zwischen den Beteiligten vorkommen. Der alte Leitsatz, dass nur der zufriedene Kunde wiederkommt, spielt in unpersönlichen Marktbeziehungen eine geringere Rolle, die Iteration der Tauschbeziehung tritt als Kontrollinstrument in den Hintergrund.

Diese Ausweitung der Austauschbeziehungen wird auch nicht mehr vollständig durch die Rolle von Organisationen und Unternehmen ausgeglichen, welche die vielfältigen Kooperationsbeziehungen bündeln, die Transaktionskosten senken und die einzelnen Markthandlungen zurechenbar machen. Auch in diesem Bereich haben ja Öffnungen und Befreiungen stattgefunden, die neue persönliche Freiräume schaffen, weil man sich mit denen zusammentun kann, die am besten zu den eigenen Vorlieben und Interessen passen. Zugleich aber werden dauerhafte enge persönliche und soziale Beziehungen weniger wahrscheinlich. „Eine solche substantielle Freiheit zur Aufnahme von kooperativen Beziehungen mit anderen Menschen ist einer der wichtigsten Fortschritte einer liberalen gegenüber einer traditionalen und geschlossenen Gesellschaft" (Baurmann 2000, S. 647). Daraus folgt: sowohl im Marktverkehr als auch innerhalb der Organisationen und Unternehmen entsteht „eine stabile Nachfrage nach moralisch integren und damit zur Kooperation und Zusammenarbeit geeigneten Personen. Ein Markt der Tugend wird mit seiner unsichtbaren Hand auch ohne Zwangsbewirtschaftung und planmäßige Vorsorge moralische Persönlichkeiten hervorbringen, die sich in ihren Handlungen an die Prinzipien interpersonaler Achtung und sozialer Fairness binden und freiwillig die Beiträge zu den öffentlichen Gütern leisten, die für den Bestand einer gesellschaftlichen Ordnung notwendig sind" (ebd.).

Michael Baurmann setzt also auf einen Markt, der nicht nur das egoistische Kalkül belohnt, sondern der auch moralisches Verhalten zu einem produktiven, also lohnenden und belohnbaren Element macht. Dieser „Markt der Tugend" tritt so neben den Baumaschinen- oder Büchermarkt. Argumentationsstrukturell bemerkenswert an diesem Zug ist, dass, nachdem sowohl die klassischen Argumente der zivilisierenden Funktion des Kommerzes als auch die *rational choice*-Argumente des situativen Eigeninteresses als unzulänglich erkannt worden sind, nunmehr der Tugendbereich als zusätzlicher Markt wieder in die Theoriekonzeption integriert wird. Der *homo oeconomicus* wird nunmehr als „dispositioneller Nutzenmaximierer" verstanden (ebd., S. 643). Gemeint ist die Entwicklung einer relativ stabilen Disposition zu normenorientiertem Handeln – auch in solchen Entscheidungssituationen, in denen Normenbefolgung und unmittelbares Eigeninteressen in einem Konflikt stehen. Das geht über das Standardmodell hinaus, eröffnet aber die Möglichkeit, die rationale Orientierung am Selbstinteresse als entscheidendes Motivationsinstrument beizubehalten. Normgebundenes Handeln eröffnet Karrierechancen, weil für Menschen, die dazu disponiert sind, eine Nachfrage besteht. Es handelt sich nur um einen Markt unter vielen, d.h. daneben wird immer auch radikal egoistisches Handeln sich behaupten und Teilerfolge erzielen können. Der Markt der Tugend scheint aber genügend groß und stabil zu sein, um doch immer wieder auch so viel von sozial erforderlichem Kooperationsverhalten zu generieren, dass die Fortexistenz freier Marktbeziehungen nicht wirklich gefährdet wird. Baurmann stellt triumphierend fest, dass es die Marktbeziehungen selbst sind, die moralische Produktivität ermöglichen. „Ein Nährboden für Moral ist in einer solchen Gesellschaft ganz unabhängig von den Aktivitäten professioneller ‚Moralunternehmer' wie Philosophen, Pfarrern oder Lehrern oder den gezielten Eingriffen und Maßnahmen moralproduzierender Institutionen vorhanden" (ebd., S. 648). Die Aktivitäten dieser Gruppen wird ein echter Liberaler vermutlich eher als störend, mindestens aber als nutzlos, als marktfernes Scheinunternehmertum im Sinne von kleingruppenaffiner Gefolgschaftspredigt ansehen. Das herkömmliche Gemeinschaftsdenken der gegenseitigen Verlässlichkeit hat zweifellos seine Stärken und kann kooperativ handelnde Gruppen auch zusammenschweißen. Aber die Öffnung in eine anonyme Großgesellschaft macht eine universalistische Moral erforderlich, wie künstlich und fragil sie immer sein mag (ebd., S. 656 f.). Die Möglichkeit der Fluktuation, des freien Wechsels der Organisations- oder Gruppenzugehörigkeit, ja sogar der Nationalität reduziert die Dominanz von Machtinteressen und erhöht die Belohnungschancen für gruppenübergreifende kooperative Verhaltensweisen. Wie in allen Öffnungs- und Modernisierungsprozessen sind damit auch Verluste traditionaler Bindungen verbunden, die Leidensdruck erzeugen und in einer reichhaltigen Literatur beklagt werden. Sie eröffnen zugleich aber die Chance zur Überwindung von Schranken, zur Kooperation über nationale, rassische, kulturelle und soziale Unterschiede hinaus, die ja auch ihren ästhetisch-moralischen Reiz, vor allem aber einen entscheidenden Wohlstandsnutzen hat.

Hinzuzufügen bleibt, dass Michael Baurmann zwar versucht, konsequent innerhalb einer ökonomischen Logik im engeren Sinn zu bleiben. Aber auch der Markt der skandalisierenden Enthüllungen ist ein Markt mit einer Kontrollfunktion über andere Bereiche der Gesellschaft. Und die von ihm nur in Anführungszeichen gesetzten „Moralunternehmer" beliefern einen, vielleicht alternativen, vielleicht sogar „Non-Profit"-Markt, aber auch sie scheinen in einer Marktwirtschaft gut davon leben zu können, permanent deren Regulation, Einschränkung und Kontrolle zu fordern. Das heißt: Baurmann bleibt letzten Endes doch das Kriterium dafür schuldig, welche Märkte gut und welche schlecht sind, oder aber, welche als besser und förderlicher angesehen werden könnten als andere. Die scheinbar nüchterne, scheinbar rein ökonomische Wertung greift am Ende doch auf irreduzible ästhetisch-moralische Kategorien wie Universalität, demokratische Tugend und gruppenübergreifende Solidarität zurück. Die Schaffung neuer Märkte privatisiert eben nicht nur die Müllabfuhr, sondern auch das Moralmarketing. Lag die öffentliche Moralität früher in den Händen altehrwürdiger monopolistischer Institutionen des Staates und der Kirche (vgl. Hondrich 2002, S. 12), wird sie heute auch den Gesetzmäßigkeiten der Märkte unterworfen.

2.9 Die moralische Verpflichtung, intelligent zu sein

Es ist leicht, mit moralischen Argumenten Ansehen und Aufmerksamkeit zu gewinnen. Wenn aber Probleme, für die es ökonomische oder soziale Lösungen gibt, zu moralischen Fragen aufgeschaukelt werden, muss dies als Zeichen mangelnder Intelligenz angesehen werden. Einer der differenziertesten und scharfsinnigsten

Kritiker totalisierender Ideologien, der New Yorker Intellektuelle Lionel Trilling, hat immer wieder auf diesen Punkt hingewiesen (2008). Wer dort moralisiert, wo praktische, gar technische Lösungen möglich sind, wo der Verstand helfen kann statt des moralischen Sentiments, will im Grunde keine Lösungen, sondern Aufsehen oder ornamentale Rhetorik.

Aus der Perspektive einer politischen Ethik gibt es hier so etwas wie eine Verpflichtung zur richtigen Theorie, oder, mit rawlsianischer Zurückhaltung gesprochen, eine für jede Teilnehmerin öffentlicher Diskurse und jeden demokratischen Mitentscheider, also jeden Wähler, geltende Verpflichtung, sich die nötigen Strukturkenntnisse zu verschaffen und sich die nötigen Begriffe zum Verständnis von Zusammenhängen anzueignen. Vor allem gehört dazu auch die Bereitschaft zur ständigen Selbstkorrektur.

Ich halte diesen Punkt der ökonomischen Aufklärung für ziemlich wichtig, weil das politische System dem ökonomischen gegenüber mit der Gewalt zu zwingen, also dem Durchgriffsrecht ausgestattet ist und schon von daher zu der Hybris neigen kann, diesem auch tatsächlich übergeordnet oder überlegen zu sein, ohne die empirisch-faktischen Prozesse des Zusammenwirkens der verschiedenen Systeme einzukalkulieren. Die politische Hybris, alles gestalten und alles machen zu können, oder eben im Ernstfall als theatralischer Kulissengott rettend eingreifen zu können, egal was es kosten mag, kann durchaus zu einem Zusammenbruch politischer Systeme führen, nicht anders als das mit den kommunistischen Ostblockländern schon geschehen ist und wie es in der griechischen Überschuldungskrise auf Kosten der korrekter bilanzierenden europäischen Länder gerade noch abgewendet werden konnte.

Für unseren Zusammenhang sollte man drei Ebenen unterscheiden: das ökonomische System, das politische System sowie den öffentlichen Diskurs, der seinerseits die Wahrnehmungen der Politik und natürlich auch die allgemeinen Inhalte und Zielrichtungen der Gesetzgebung nachhaltig beeinflusst. Das, was ich vielleicht etwas ungeschickt mit Verpflichtung zur richtigen Theorie bezeichne, ist natürlich, wie aus dem vorher Gesagten klar geworden sein dürfte, im Sinne Karl Poppers gemeint: nämlich einer Ausscheidung und Ausschaltung offenkundig falscher Theoriedesigns und einer undogmatischen, ergebnisoffenen, aber vor allem methodisch abgesicherten und korrekten Analyse des Zusammenspiels der verschiedenen Systeme und Subsysteme. D.h. eine Moral ohne moralistischen Fehlschluss wäre zuallererst zu konzipieren als eine Verpflichtung auch der Öffentlichkeit und der Politik zu einer zutreffenden Problemanalyse. Es wäre falsch, hier zu verlangen, dass man allein einer Disziplin, nämlich den verschiedenen Spielarten der Wirtschaftswissenschaften folgen solle. Diese haben, teils durchaus zu Unrecht, einiges Misstrauen auf sich gezogen. Es geht, wie in den meisten innovativen

Wissenschaftsbereichen, z.B. der Biochemie oder der Biotechnologie derzeit auch, eher um das Zusammenspiel der verschiedenen Disziplinen, welche die Bereiche der Öffentlichkeit, der Politik und der Ökonomie in ihrer Interaktion behandeln.

Ökonomische Wirkungen, insbesondere diejenigen, um die im Zentrum der öffentlichen Diskussion stehen, sind demgegenüber normalerweise *indirekt*. Sie funktionieren über Anreize. Die Begründungen für die meisten Subventionen z.B. beruhen auf einem *direkten* und damit ökonomisch unaufgeklärten Denken. So übersehen sie die schädlichen Nebenwirkungen: Man glaubt, die Arbeitsplätze in der Kohle zu retten, produziert aber Inflexibilität und blockiert durch zu niedrige, nämlich subventionierte Energiepreise die effiziente Entwicklung von Alternativen – die dann ihrerseits wieder durch neue Subventionen gefördert werden etc. Es werden Fehlanreize gesetzt und Fehlallokationen erzeugt.

Die fundamentale semantische Inkonsistenz im Übergangsfeld zwischen politischen Diskursen und ökonomischer Wirklichkeit führt unter anderem zu zwei typischen Fehlschlüssen: einem intentionalistischen Fehlschluss, wie ich ihn eben illustriert habe, und zu einem moralistischen Fehlschluss (vgl. Pies 2009). Moralistische Fehlschlüsse sind in der öffentlichen Krisenkommunikation vor allem dort zu lokalisieren, wo die Ursachenanalyse ihre moralische Genugtuung in der Denunziation der Gier gefunden hat, während es doch nach Adam Smith die Gier des Bäckers, Brauers oder Metzgers und nicht ihr Wohlwollen uns gegenüber ist, die uns die Güter beschert, mit denen sie uns versorgen. Hier, wie so oft, sind die Nebenfolgen aus der Sicht der Verbraucher die erwünschte Hauptsache, und je stärker das Eigeninteresse der Hersteller funktioniert, desto besser wird die Versorgung sein. Spieltheoretisch spricht man hier von einer *win-win*-Situation. Spontane moralische Bewertungen gehen dagegen normalerweise davon aus, dass der Gewinn des einen ein Verlust des anderen sei, also von einer *win-lose*-Situation oder einem sogenannten Nullsummenspiel.

Einige Moralphilosophen könnten an dieser Stelle vielleicht auf Kants „Kritik der praktischen Vernunft“ hinweisen und die Behauptung aufstellen, der Begriff der praktischen Fragen sei nur eine Umschreibung des moralischen Grundproblems. Das verkennt aber die Architektonik des kantischen Denkens, das klar zwischen Rechtsfragen und Tugendfragen differenziert. Zu Kants Zeit, und sogar noch bis hin zu John Stuart Mill in der Mitte des 19. Jahrhunderts, wurden ökonomische und sozialwissenschaftliche Überlegungen den *„moral sciences“* zugerechnet, obwohl der gesamte Forschungsstand und nicht zuletzt auch diese beiden Autoren diese traditionelle Zurechnungsform der Disziplinen längst transzendiert hatten. Der nächste Schritt in dieser Emanzipation der Praxis von der Moralphilosophie ist dann in der Philosophie des amerikanischen Pragmatismus von Charles Sanders Peirce über William James bis hin zu John Dewey und Richard Rorty erreicht worden. In dieser Entwicklung liegt kein Verfall, sondern ein Aufschwung des Denkens (vgl. Reese-Schäfer 2006b, S. 133-151).

Die begriffliche Trennung praktisch-technischer von wertend-morawslischen Fragen ist eine Weiterentwicklung im Ausdifferenzierungsprozess nicht bloß des Denkens, sondern auch des Handelns. Der klassische, antike Praxisbegriff, der beides noch integriert hatte, muss als unterkomplex gelten, behält jedoch auch in der Gegenwart durchaus noch ein gelegentliches Recht, indem er zu sehr entmoralisierte und verselbständigte Praxisbereiche wieder an den Gesamtzusammenhang erinnert und mahnt. Dieses Recht bezieht sich allerdings nur auf das Anstoßen von Reflexionsprozessen, nicht mehr wie einst auf verbindliche Reglementierung, weil die klassische Tugendethik hierfür gar nicht die kategoriale Präzision zu entwickeln vermochte. Deshalb weicht sie auch oftmals in hilflos-säkularisiertes Pastoralpredigen aus, welches echtes moralisches Denken nur noch karikiert, zugleich aber auch in gefährlicher Weise durch zu simpel gedachte und deshalb von vornherein aussichtslose Appelle entwertet. In theologischen Zusammenhängen hat diese Herangehensweise allein dadurch noch ein gewisses Recht behalten, als es der Theologie ja nicht auf die Durchsetzung von tatsächlichem moralischem Verhalten, sondern vielmehr auf die Einsicht in die menschliche Unzulänglichkeit vor diesen Fragen ankommt. Ihr Ziel ist nicht die moralische Praxis, sondern die vertiefte glaubensmäßige Bindung, welche bekanntlich durchaus amoralische Züge tragen kann. Im Grunde stellt das Recht zur moralischen Reintegration der nunmehr ausdifferenzierten Bereiche eine Art Recht zur Sonntagspredigt dar, die außerhalb theologischer Kontexte allein noch als Reflexionsanstoß Geltung beanspruchen darf. Die dann durchzuführende konkrete Reflexion allerdings hat wieder den aktuellen Standards der Denkentwicklung zu genügen.

Walter Lippmann hat uns den Hinweis gegeben, das vorherrschende liberale Meinungsklima in den ersten beiden Dritteln des neunzehnten Jahrhunderts habe immer, wenn soziale Probleme auftraten, intuitiv nach Ursachen gesucht, die in irgendwelchen Zwangsmaßnahmen des Staates lagen. Ideengeschichtlich kann man diesen Bogen sogar weiter ziehen: „Renaissance, Reformation, Deklaration der Menschenrechte, industrielle Revolution – sie alle wurden von Menschen erdacht und ausgeführt, die sich als Befreier betrachteten, sie alle waren Bewegungen zur Brechung der autoritativen Gewalt" (Lippmann 1945, S. 63). Dieses Meinungsklima sei dann um 1870 umgeschlagen. Seitdem sucht man nach Ursachen in einer unzulänglichen Kontrolle, Planung und Steuerung der Wirtschaft, so dass der Staat nicht mehr als das Problem, sondern als die Lösung erscheint. Schon für die dreißiger Jahre des 20. Jahrhunderts stellt er fest: „Fast überall ist es das Kennzeichen fortschrittlich gesinnter Menschen, dass sie sich für die Verbesserung der Lebensbedingungen letztlich auf die wachsende Macht der Behörden verlassen" (ebd., S. 45). Damit sind wir vom Wege abgekommen und wieder auf dem Pfad der überregierten Gesellschaft geraten.

2.10 Die multikulturalistische Hypothese

„Multikulturalismus" gehörte zu den großen politischen Schlagworten der achtziger Jahre des 20. Jahrhunderts. Damals war beobachtet worden, dass nach dem Anwerbestopp für Gastarbeiter im Jahre 1973 die Einwanderung dennoch weiterging, nämlich auf dem Wege des Familiennachzugs, der Exogamie sowie durch eine weite Auslegung der Zugangsvoraussetzungen für das politische Asyl. Da nunmehr das Argument, Arbeitskräfte würden benötigt, nicht mehr zur Legitimation der Wanderungsbewegung angeführt werden konnte, startete eine Suchbewegung nach neuen Gründen. Der Versuch lag nahe, nunmehr einen derartigen Einwanderungsprozess jenseits des Arbeitsmarkts kulturell zu legitimieren und einerseits von kultureller Bereicherung, andererseits von der nötigen kulturellen Anpassung der Aufnahmegesellschaft an die Bedürfnisse der Einwanderer zu sprechen. Die Propheten des liebevoll „Multikulti" genannten Projekts wie Daniel Cohn-Bendit haben damals keineswegs verschwiegen, dass es immer auch zu harten sozialen und religiösen Konfrontationen würde kommen können, entscheidend war aber ein anderes, stärker definitorisches Verständnis. Typologisierend kann man drei Möglichkeiten der Politik gegenüber Einwanderern, nämlich die Assimilation, die Integration und den Multikulturalismus unterscheiden. Assimilation ist die traditionelle Politik der Angleichung an Kultur und Sprache. Multikulturalismus bezeichnet den anderen Ausschlagpunkt dieses Spektrums und wurde durchgängig so verstanden, dass ausdrücklich keine Integration angestrebt werden sollte. Integration kann in dieser Typologie als der aristotelische Mittelweg gelten. Zur Zeit der Vorherrschaft des Multikulturalismus-Diskurses wurde Integration aber weitgehend mit aufgenötigter Assimilation gleichgesetzt und abgelehnt. Noch in den späten 2010er Jahren diffamierte der türkische Ministerpräsident Erdogan bei Reden in Kölner und Düsseldorfer Großarenen die Assimilation wie auch die Integration als Verbrechen an der Identität der Einwanderer, die er sich gerne als Wähler erhalten wollte (Schilder 2008). In breitem Umfang wurden doppelte Staatsbürgerschaften vergeben, die als Privileg gegenüber den Monostaatsbürgern wirkten.

Der ausgeprägteste Wandlungsprozess vollzog sich in den Niederlanden, der Gesellschaft mit der buntesten und vielfältigsten Einwanderung in Europa. Einwanderungskritische und insbesondere islamkritische soziale Bewegungen entstanden. In vielen Ländern war es möglich, Einwanderungskritik mit nationalistischen oder gar rechtsradikalen Positionen zu identifizieren und auf diese Weise politisch zu isolieren. In den Niederlanden funktionierte dies nicht, weil die Führungsgestalten wie Pim Fortuyn, Theo van Gogh und Ayaan Hirsi Ali so schlicht nicht einzuordnen waren und weil es hier zu spektakulären Morden und Morddrohungen gegen sie kam. Vor allem in den Niederlanden wurde nachdrücklich deutlich, dass ein konsequenter Multikulturalismus bedeutete: keine Integration. Auch in anderen europäischen Gesellschaft wurde die Entstehung von Parallelgesellschaften problematisiert, die so selbstversorgend waren, dass Einwanderer im Prinzip ohne Kenntnis der Sprache aufwachsen und leben konnten.

Die in mehreren Wellen von der OECD durchgeführten PISA-Tests zu den Schulleistungen 15jähriger machten seit 2000 deutlich, dass die besten Schulleistungen in den Ländern mit der größten Homogenität der Schüler erreicht wurden. Schon seit langem zeichnete sich die Flucht einheimischer Schüler aus multiethnischen Klassenverbänden von Problemvierteln in homogenere Schulumgebungen ab. In der Folge des Meinungsumschlags sowohl in der Wissenschaft wie in der Politik und auf der „Straße“ wurde nunmehr auch in Deutschland an die Stelle der parallelgesellschaftlichen Politik eine bewusste und gezielte Integrationspolitik gesetzt. Der Meinungsumschlag hat auch die Organisationen der Einwanderer selbst und die meisten ihrer Sprecher erreicht. Sie plädieren mittlerweile durchweg für das rasche und gute Erlernen der Sprache als Grundvoraussetzung eines erfolgreichen gesellschaftlichen Zusammenlebens. Bilinguale Edukation, das Geheimrezept aus multikulturellen Tagen, wird durchaus noch als Bereicherung weiter betrieben, ist aber nicht mehr das Mittel der Wahl, weil die Priorität nunmehr eindeutig der Sprache des Einwanderungslandes zugebilligt wird. In der Hochphase multikulturalistischer Diskussionen hatte es dagegen als unprogressiv gegolten, das Erlernen einer gemeinsamen Sprache für relevant zu erklären.

Aus der Perspektive einer politischen Ethik sind hierzu einige interessante Beobachtungen festzuhalten. Auch wenn der Multikulturalismus auf den ersten Blick wie eine neue, universalistische politische Philosophie auftrat, deren Propheten kanadische Theoretiker wie Charles Taylor und Will Kymlicka waren, zeigte sich in der praktischen Durchführung, dass es sich um nicht viel mehr als eine sehr praktische Politikfeldstrategie der kanadischen Regierung handelte. In Kanada hatte man es mit drei unterschiedlichen Gruppen zu tun: erstens den indianischen sowie Inuit-Eingeborenen, zweitens mit der nationalen Minderheit der Quebec-Frankokanadier sowie drittens mit neueren Einwanderern.

Drei unterschiedliche Strategiepakete für diese verschiedenen Gruppen wurden geschnürt. Die erste Gruppe sind die „Indigenous Peoples“, die eingeborenen Völker, die ja keineswegs die europäische Einwanderung gewünscht hatten. Sie sollten Selbstverwaltungsrechte erhalten, Anerkennung ihrer Rechtsansprüche auf Landgebiete, Aufrechterhaltung historischer Abkommen bzw. Unterzeichnung neuer

Abkommen, Anerkennung von kulturellen Rechten (Sprache, Jagd- und Fischereirechte, heilige Stätten), Anerkennung von Gewohnheitsrecht, Garantie einer Repräsentation oder Konsultation auf Zentralregierungsebene, verfassungsmäßige oder rechtliche Bestätigung eines Sonderstatus für Eingeborene, Unterstützung und Ratifizierung internationaler Instrumente für Eingeborenenrechte sowie Quotenregelungen *(affirmative action).*

Die französischsprachige Minderheit sollte aufgrund ihrer besonderen Situation weitere Rechte bekommen: Bundesstaatliche oder quasi-bundesstaatliche Autonomie, Status einer Amtssprache, entweder regional oder bundesweit, garantierte Vertreter in der Zentralregierung und in den Verfassungsgerichten, öffentliche Finanzierung von Universitäten, Schulen und Medien in der Minderheitssprache, verfassungsmäßige oder parlamentarische Bestätigung des „Multinationalismus" und Zuerkennung einer internationalen Rechtskörperschaftlichkeit, um in internationalen Gremien Mitglied sein zu können, internationale Verträge abschließen zu können oder eine eigene Olympiamannschaft haben zu können.

Die Sonderrechte für die dritte Gruppe, die neueren Einwanderer, wiederum sollten nach der kanadisch-multikulturellen Vorstellung ganz anders aussehen: verfassungsmäßige, rechtliche oder parlamentarische Bestätigung des Multikulturalismus (der eindeutig geringrangiger ist als der für die Frankokanadier garantierte Multinationalismus), die Übernahme des Multikulturalismus in die schulischen Lehrpläne, die Aufnahme ethnischer Repräsentation oder Sensitivität in den Auftrag öffentlicher Medien (im Rahmen der Lizensierung von Medien), Ausnahme von Dresscodes, Sonntagsruhegesetzgebung etc., Erlaubnis doppelter Staatsbürgerschaft, Unterstützung ethnischer Vereinigungen, um kulturelle Aktivitäten zu unterstützen, die Finanzierung bilingualen oder muttersprachlichen Unterrichts, sowie affirmative action für benachteiligte Einwanderergruppen.

Die ganz wesentliche Sprachenautonomie wird also nur für die Frankokanadier garantiert. Bei den anderen handelt es sich um optionale kulturelle Programme bis hin zur Förderung einer gewissen Bilingualität. Eine englisch-französische Leitkultur hat in Kanada eine eindeutig dominierende Rolle. Die berühmte Erlaubnis an Sikh-Polizisten, im Dienst ihren Turban zu tragen, ist eher ein kulturelles Accessoire einer sich offen gebenden Einwanderungsgesellschaft. Multikulturalität im Einwanderungsbereich scheint aber in Kanada vor allem und in erster Linie ein Regierungsinstrument erfolgreicher Integrationspolitik zu sein, das erstmals 1971 programmatisch verkündet worden war. Die radikal antiintegrative Stoßrichtung europäischer multikulturalistischer Diskussionen aus den 80er Jahren ist hier nicht intendiert worden. Diese beriefen sich aber gern, ohne genau auf Hintergründe und Ausformung dieser Politik zu schauen, auf das kanadische Vorläufermodell, um auf ein Vorbild verweisen zu können. In Kanada enthält die offizielle Politik durchaus bewusst antiintegrative Elemente, aber nicht gegenüber Einwandern, sondern als politische Strategie der Versäulung der frankokanadischen und der anglokanadischen Landesteile, also für diejenigen, die schon etwas länger da waren.

Warum werden den typischen Einwanderern im Gegensatz zu autochthonen Minderheiten solche Minderheitsrechte eher nicht zugesprochen? Ein entscheidender Grund ist, „dass Einwanderer die eigene Kultur bereits mit der Aussicht, sich in eine andere nationale Gesellschaft integrieren zu müssen, freiwillig verlassen haben." „Da normalerweise Individuen oder Familien emigrieren, nicht ganze Gemeinschaften, mangelt es den Einwanderern zudem an der regionalen Verdichtung oder an körperschaftlichen Institutionen, die notwendig sind, um eine sprachlich eigenständige Gesellschaft neben der regulären Gesellschaft zu bilden. Der Versuch, eine eigenständige Parallelgesellschaft zu errichten, macht eine enorme Unterstützung von Seiten der Gastgesellschaft erforderlich (...) – eine Unterstützung, die keine Regierung eines Gaststaats willens ist zu geben" (Kymlicka 1999, S. 30).

Für den europäischen Bereich bleibt festzuhalten: Minderheiten des frankokanadischen Typs gibt es immer wieder. In Deutschland haben die Dänen in Nordschleswig und die Sorben in der Lausitz einen vielleicht entfernt vergleichbaren Status. Auch bei ihnen handelt es sich ja nicht um Einwanderer, sondern um ethnische Gruppen, die „immer schon" dort lebten und nur durch die Zufälle der Grenzentwicklung und Gebietsverteilung einem bestimmten Land zugeschlagen wurden. In Italien sind es die Südtiroler, in Spanien die Basken und Katalanen, in Großbritannien die Iren, Schotten und Waliser, in Rumänien die ungarische Minorität. Die Sinti und Roma können ebenfalls dieser Gruppen zugerechnet werden, auch wenn sie aufgrund ihrer geringeren Sesshaftigkeit vielfach wie Einwanderer, also mit geringeren Rechten, behandelt werden.

Doch schauen wir näher, wie in der politischen Ethik eigentlich die Maßnahmen zur Erhaltung der französischen Sprachgemeinschaft in Quebec begründet werden, um möglicherweise in diesem Fall die Möglichkeiten zu prüfen, wie weit von Kanada zu lernen ist. Um die französische Sprachgemeinschaft zu erhalten, wird in Quebec nicht etwa eine Zweisprachigkeit angestrebt, sondern die Dominanz der französischen Sprache in der Öffentlichkeit (z.B. in der Werbung und den Behörden), in den Schulen für alle Angehörigen der französischen Gruppe und für alle Neueinwanderer. Nur die eingesessenen englischsprachigen Bürger in Quebec werden von dem Druck, französisch zu sprechen, ausgenommen. Dieses Konzept geht weit über die bundesstaatliche Vorstellung in Kanada hinaus, die Zweisprachigkeit zu fördern und die französische Option für jeden offen zu halten. Der politische Philosoph Charles Taylor, einer der prominentesten Vertreter des kommunitarischen Multikulturalismus, schließt sich der Forderung nach einer Privilegierung des Französischen an, weil ein rein individualistisches Konzept, das jedem Bürger eine völlig freie Entscheidungsmöglichkeit einräumt, wahrscheinlich zum Absterben der frankophonen Kulturform in Kanada führen würde. D.h. er privilegiert hier das kollektive Ziel vor den größeren Chancen am Arbeitsmarkt, die jemand hat, dessen erste Sprache in Kanada Englisch ist (Taylor et al. 1993).

Charles Taylor vertritt eine zwar moderate, aber doch deutliche Form einer derartigen „Politik der Differenz". Zwar sollen Grundrechte (z.B. gegen willkürliche Verhaftung) unterschiedslos für Angehörige aller Kulturgruppen gelten. Innerhalb des breiten Spektrums anderer Rechte aber stellt er die Überlebenschancen der bedrohten Sprachkultur über die Arbeitsmarkt- und Lebenschancen der Individuen.

Die Entscheidung für die französische Sprache wird nicht anheimgestellt, sondern vorausgesetzt und mit einem erheblichen Grad an politischem und gesetzgeberischem Druck durchgesetzt. Kommunitarische Politik ist hier Gruppenpolitik, die kollektive Identitäten verteidigt. Wenn es nicht anders geht, auf Kosten der freien Wahlmöglichkeiten zwischen Lebensplänen und der individuellen Entfaltungschancen. Taylor ist der Meinung, dass ein solches Vorgehen dem Tatbestand angemessen sei, dass immer mehr Gesellschaften multikulturell werden (vgl. ebd.). Eine multikulturelle Gesellschaft ist für ihn also eine Gruppengesellschaft, keine Gesellschaft der Individuen.

Zwar unterliegen die Gruppen gewissen Grenzen. Am Fall von Salman Rushdie macht Taylor klar, dass für Mordaufrufe bei aller Respektierung verschiedener Kulturen kein Platz sein darf (ebd., S. 58). Außerdem können nicht alle Gruppen einen Anspruch darauf erheben, dass ihre kulturellen Leistungen als gleichwertig und als gleich förderungswürdig anerkannt werden. Taylor nennt seine Position einen „nichtprozeduralen Liberalismus" (ebd.), möchte ihn also als Variante innerhalb der Prinzipien liberalen Denkens verstanden wissen.

Ich meine allerdings, dass man diese Selbsteinstufung so nicht hinnehmen sollte, denn der moderne Liberalismus hat einen individualistischen Kern (vgl. ebd., S. 150). Das heißt, der moderne Individualist wird wohl bereit sein, einige Kultursubventionen für die Erhaltung der französischen Sprache zu finanzieren, müsste aber alle politischen Handlungen unterlassen, die dieses Ziel durch repressive Maßnahmen gegenüber individuellen Wünschen und Bedürfnissen erreichen wollen. Auf lange Sicht haben dann kleine sprachliche Sondergemeinschaften und kulturelle Inseln keine Überlebenschance und auch kein Überlebensrecht, wenn sich immer weniger Individuen finden, die ihre sozialen Entfaltungsmöglichkeiten diesen freiwillig zum Opfer bringen wollen. Das ist der normale soziale Wandel, dem staatliche Maßnahmen sich nicht in den Weg stellen sollten.

Multikulturalität scheint einen illiberalen Vorrang von Gruppenrechten zu erfordern, während die liberale Betonung und Durchsetzung von Individualrechten eine Tendenz in Richtung auf eine einheitliche Weltkultur mit sich bringt, letztendlich wohl sogar in Richtung auf eine Einheitssprache. Offenbar gehört der Vorrang von Prozeduren und individuellen Freiheitsrechten zum Kern des Liberalismus, und ein nichtprozeduraler Liberalismus wäre eine *contradictio in adjecto.*

Es ist von zentraler Bedeutung, ob Freiheitsrechte und soziale Verteilungsrechte jedem Einzelnen oder aber bestimmten Gruppen garantiert werden. Wenn die Freiheit der öffentlichen Meinungsäußerung, des Zusammenschlusses, des Denkens und der Religionsausübung Korporationen statt Individuen zugebilligt würden, dann würden dadurch existierende Gemeinschaften geschützt vor anderen Gruppen oder vor staatlichen Einflüssen. Dagegen wäre die Gründung neuer Gruppen durch Individuen, die mit den vorherrschenden ihrer Ansicht nach meistens verknöcherten und erstarrten Gemeinschaftsformen unzufrieden sind, erheblich erschwert, wenn nicht unmöglich gemacht (vgl. Buchanan 1989, S. 862). Wer Veränderung will, muss in solchen Fällen die Korporationsstruktur aufbrechen. Befinden sich die Anrechte und Freiheitsrechte dagegen in der Verfügungsgewalt der Individuen, ist friedlicher Wandel eher möglich und wahrscheinlich (vgl. Mill 1974).

Gruppenrechte würden Hierarchien aufbauen und verstärken, individuelle Rechte dagegen sind im Kern antipaternalistisch und bieten am ehesten die Chance, hierarchische Verteilungsstrukturen zu verhindern (Buchanan 1989, S. 863). Die Anführer von ethnischen Minderheitsgruppen haben immer wieder Gruppensonderrechte verlangt, die dann der internen Verteilung innerhalb der Gruppe überantwortet sein sollten. Statt einer demokratischen Gesellschaft der Gleichheit würde auf diese Weise eher eine Art ständestaatliche Privilegiengesellschaft entstehen. Hier liegt die wohl größte Schwierigkeit kommunitarischen Denkens mit seiner Vorstellung der Zuerkennung von Sonderrechten von Gruppen. Will Kymlicka hat hierzu gefordert, „dass ein liberaler Staat meiner Ansicht nach jedweder multikulturellen Politik zwei unverhandelbare Grenzen setzen muss: Der Multikulturalismus muss die Gleichheit zwischen den Gruppen und die Freiheit innerhalb der Gruppen respektieren" (Kymlicka 1999, S. 62 f.). Das gilt insbesondere auch für die gruppeninterne Unterdrückung, wenn z.B. „Kultur" als Ausrede für häusliche Gewalt oder Frauenunterdrückung benutzt wird. Deshalb bleibt zu prüfen, ob nicht auch ein liberaleres Verständnis von Gruppenrechten möglich sein könnte.

Der Gruppennationalismus von Minderheiten lässt sich nur sehr schwer in die Ideologien und Theorien eines liberalen Nationalstaatsdenkens integrieren. In den Augen nationalistischer Modernisierungstheoretiker war das Wiederaufleben dieses Gruppendenkens nicht vorgesehen. Es ist aber präsent. Zunehmende individuelle Freiheitsmöglichkeiten bedeuten eben auch eine Befreiung aus starren, traditionellen sozialen Rollen. Die damit verbundene Wahlfreiheit und Mobilität hat offenbar die Bindung der Einzelnen nicht, wie erwartet, geschwächt, sondern in einer Reihe von Fällen sogar gestärkt. Die Suche nach den „roots", wie immer oberflächlich sie auch sein mag, kann durchaus eine wichtige Rolle spielen. Michael Walzer hat darauf hingewiesen, dass Identitätsbildungen im paranationalen Raum einerseits die Entlastung vom lastenden Druck des Mehrheitsnationalismus voraussetzen, andererseits aber im Prozess der Öffnung von Gesellschaften gerade durch einen als zu stark empfundenen Einheitlichkeitsdruck angestachelt werden können (Walzer 1992, S. 115). Die modernen liberalrepublikanischen Staaten haben anders als frühere große Weltreiche, welche durchweg vielsprachig waren, es gewagt, der Gesamtbevölkerung im Prinzip eine einzige Sprache aufzunötigen. Kleinere Sprachen können nur schwer überleben, wenn sie nicht Amtssprache sind, wenn sie nicht eine tragende Rolle im Schulunterricht spielen oder, wenn sie, wie das Niederdeutsche, als hauptsächlich nur gesprochene Sprache mit den technischen Entwicklungen und Innovationen nicht mehr Schritt halten können.

Die liberalen Multikulturalisten Kanadas wie Will Kymlicka haben erkannt, dass zwischen dem kanadischen und dem europäischen Weg ein deutlicher Unterschied besteht. In Kanada wird eine breite Einwanderung als legitim empfunden, weil sie wirtschaftlich als notwendig erscheint und weil die Gesellschaft sich die Entscheidung vorbehält, welche Personen als Einwanderer aufgenommen werden und welche Sprache sie erlernen sollen (Kymlicka 1999, S. 25). Hier gibt es keine Möglichkeit der Neutralität. In Europa dagegen folgt die Einwanderung nicht Arbeitsmarktanforderungen, sondern geschieht ungesteuert durch Flucht und Familiennachzug, also nach externen Kriterien. Vielfach hat sich dadurch eine Einwanderung und ein Nachzug in die Sozialsysteme entwickelt statt in die Arbeitswelt, welche doch allein Chancen des sozialen Aufstiegs bieten könnte. Hinzu kommt ein nicht unerheblicher Anteil von Immigranten ohne klaren Rechtsstatus, d.h. von der sogenannten „Duldung" bis hin zur Illegalität. Hier liegt das Kernproblem, das sich durch therapeutische oder sozialhelferische Aufklärungsprogramme gegen Ausländerfeindlichkeit nicht beheben lässt. Michael Walzers Beschreibung von Ländern als „Clubs", deren Mitglieder das Recht haben müssten, politisch über Neuaufnahmen zu entscheiden, ist vielleicht zu eng. Er hat damit aber einen wesentlichen Punkt getroffen. Dort, wo keine wirkliche politische Entscheidung vorliegt, wird sich Unmut regen, sobald sich die Einwanderung nicht mehr auf selbstlegitimierende Gründe (politische Verfolgung oder Arbeitskräftemangel) stützen kann und einen bestimmten Umfang zu überschreiten beginnt.

Ein weiterer Punkt kommt hinzu: „Die Art von Solidarität, die ein Wohlfahrtsstaat benötigt, setzt voraus, dass die Staatsbürger ein starkes Gefühl gemeinsamer Identität und gemeinsamer Zugehörigkeit haben" (ebd., S. 28). Einwanderungsländer mit weniger ausgeprägtem Sozialstaat werden eher solche Personen anziehen, die sich eine echte ökonomische Chance ausrechnen. Dort, wo die Sozialsysteme gerade auch mittellosen Neueinwanderern geöffnet sind, wirken Pull-Faktoren, die Einwanderung aus Ländern anziehen, in denen das Arbeitseinkommen unter dem erwarteten ohne Arbeit erzielbaren Sozialeinkommen liegt.

Der Multikulturalismus ist zeitweise als große politische Philosophie mit Leitautoren wie Charles Taylor und Will Kymlicka aufgetreten, bei der schon vom philosophischen Ansatz bzw. der philosophischen Rhetorik her ein universalistischer Anspruch impliziert war. Beide sind Kanadier. Schaut man auf die praktischen Durchführungsprogramme in Kanada, haben sich die Programme meistens auf autochthone Minderheiten bezogen, weniger dagegen auf Einwanderer. Die Einwanderungspolitik Kanadas möchte zwar viele qualifizierte Einwanderer anziehen, kümmert sich aber um deren sorgfältige Auswahl und enthält eine ganze Reihe von harten Restriktionen und Anforderungen. Die kanadische Politik fördert die Immigrationen von Leuten, die sie selbst auswählt. Der europäischen Einwanderungspolitik fehlt es – über die populistische Abwehr von Zuwanderung hinaus – an Legitimität, die in einer politisch bewussten Auswahl liegen könnte (Kymlicka 2010).

Viele europäische Länder sind zur Zeit dabei, zu Kanada oder Australien vergleichbare Überlegungen anzustellen, was die Anziehungskraft für Fachpersonal in wirtschaftlichen Aufschwungphasen angeht. Das europäische Immigrationsproblem liegt jedoch nicht hier, sondern in einem weiterhin trotz aller Beschränkungsversuche ungesteuerten Migrationsverlauf, so dass der kanadische Multikulturalismus auch keine Antwort sein kann. In Europa hat sich seit wenigen Jahren in den führenden Ländern aber die Einsicht durchgesetzt, dass das Erlernen der Landessprache die Voraussetzung jeglicher erfolgreichen Integration ist, und dass Integration auch das politisch zu definierende Ziel ist. Der Unterschied zwischen kulturkonservativen und eher progressiven Positionen liegt mittlerweile eher nur noch darin, wie stark der Integrationsbegriff in die Nähe einer Assimilation gerückt wird. Dieser Wandlungsprozess beschränkt sich bisher aber im wesentlichen auf das Feld der Normativität. Unterhalb der inzwischen ubiquitären Integrationsrhetorik, in der Welt der Faktizität, vollzieht sich aber weiter eine unkontrollierte Einwanderung.

Der ursprüngliche in Europa beworbene Multikulturalismus hat sich als unausgewogene Herangehensweise erwiesen: den Einwanderern wurden keinerlei Pflichten abverlangt, die aufnehmende Gesellschaft wurde dagegen unter moralischen und politischen Druck von Fürsorgeverpflichtungen gesetzt. Die Gegenreaktion zum Multikulturalismus, die klare Aussage führender Politiker wie der deutschen Bundeskanzlerin, dass diese Politik gescheitert sei, bezieht sich auf genau diesen unbalancierten Ansatz. Diese Einsicht gilt inzwischen lagerübergreifend, weil auch bei den Grünen und insbesondere in der Sozialdemokratie sehr deutlich von diesem „M-Wort" abgerückt wird. Der europäische Multikulturalismus hat sich nicht nur aus der Sicht der einheimischen Bevölkerung, sondern auch in der Perspektive vieler Immigranten als Integrationshindernis und damit als aufstiegschancenvermindernde Strategie erwiesen.

Was bleibt, sind allerdings Herkunftskulturen und Prägungen durch diese, die sich auch durch die besten Integrationswünsche nicht abschütteln lassen und, normativ gesehen, auch nicht abgeschüttelt werden sollten. Doch statt eines ideologischen Multikulturalismus bedarf es an dieser Stelle eher eine Art von interkultureller Kompetenzentwicklung, vielleicht auch einer Art von Diversitätspolitik oder eines Plurikulturalismus. Anders formuliert: die philosophisch-universalistische Großideologie musste rasch scheitern, bescheidenere Strategien der Öffnung, die durchaus bewusst einzusetzende Elemente aus der Palette solcher Einzelmaßnahmen enthalten können, die in Kanada angewendet werden, könnten aber durchaus wünschenswerte entspannende Wirkungen auf die Sozialbeziehungen haben.

2.11 Verantwortung als Grundbegriff politischer Ethik

Ein besonders interessanter Fall ist die Diskussion um das Thema der sogenannten *Verantwortungsethik*. Diesen Begriff hat Max Weber in seinem berühmten Münchner Vortrag „Politik als Beruf" aus dem Revolutionswinter 1918/19 in die Diskussion eingeführt (1988, S. 505-560). Es erschien Weber anstößig, aus einer reinen moralischen Gesinnung heraus zu handeln, ohne dabei die Folgen zu bedenken. Der verantwortliche Politiker muss folgenorientiert handeln. Diese Überlegung hat sich heute weitgehend im politischen Diskurs durchgesetzt und wird von der politischen Rhetorik vor allem in zwei Fällen eingesetzt: wenn es gilt, aufgebrachte und sich über irgendetwas empörende Menschen zu beschwichtigen (schon Max Weber hatte sich gegen die „sterile Aufgeregtheit" gewendet und empfohlen, „dicke Bretter zu bohren"), und wenn es erforderlich ist, moralisch, inzwischen aber auch politisch falsche Handlungen zu rechtfertigen. Dazu weiter unten mehr. Über die Folgen können wir ja immer nur mehr oder weniger einleuchtende Vermutungen anstellen. Durch ihre Einbeziehung erhöht sich die Komplexität einer Situationsbeurteilung außerordentlich. Schlimmer noch, man gerät in Paradoxien: „Wenn verwerfliches Handeln gute Folgen haben kann, wie die Ökonomen des 17. und 18. Jahrhunderts uns versichern, und wenn umgekehrt die besten Absichten in Schlimmes ausarten können, wie man in der Politik sehen kann, dann stoppt die moralische Motivation sich selber. Soll die Ethik dann zu gutem oder zu schlechtem Handeln raten?“ (Luhmann 1990, S. 28) Die herkömmliche Ethik hat versucht, dies streng auseinanderzuhalten. Wir kennen das Problem des Prinzen von Homburg, der durch befehlswidriges, leichtsinniges und verantwortungsloses Handeln zum Sieg in einer Schlacht beitrug. Dafür muss er nach einem alten Topos der Adelsethik bestraft werden (Luhmann 1992, S. 170). Bei Heinrich von Kleist zeigt sich, wie dieser Topos aufgelöst wird: durch Sentimentalität und das Argument, letztlich komme es allein auf das Resultat an.

Ein zentraler Fall der neueren politischen und zeitgeschichtlichen Diskussion lässt sich mit Hilfe von Luhmanns Kategorien in ein neues Licht rücken, nämlich das Verhalten demokratischer Politiker gegenüber der Tyrannis. Heute neigt man dazu, von vornherein gleich auf die Verantwortung zu setzen. Geht es dann schief, hat zum Beispiel der Opportunismus und Geschäftssinn einiger Politiker jahrelang eine Diktatur stabilisiert und zur Marginalisierung der Opposition beigetragen, rechnet man die Folgen allerdings wieder aus der Kalkulation heraus und pflegt zu sagen, dass man nach seiner damaligen Einschätzung so hätte handeln müssen. Man hat der DDR-Regierung den Milliardenkredit gegeben, weiß heute, dass das falsch war, sagt aber, es sei „damals richtig“ gewesen. Man hatte damals verantwortungsethisch im Blick auf die Folgen argumentiert, es zeigt sich aber, „dass es darauf gar nicht ankommt und dass die Entscheidung auch dann gelten wird, wenn es zu ganz unerwarteten, die Entscheidung als falsch erweisenden Entwicklungen kommt“ (ebd., S. 67). In der verantwortungsethischen Begründung steckt ganz offenbar der „Parasit der Paradoxie“ (Luhmann), was den Philosophen, den Logiker, den Soziologen und auch den Moralisten gleichermaßen stört, was den Politiker aber freut, denn aus einer überzeugend dargestellten Paradoxie kann man alles folgern und jedes beliebige Handeln sowie notfalls später dessen Gegenteil rechtfertigen. Bärbel Bohley hatte aus diesem Problem gefolgert: „Verantwortungsethik gegen Gesinnungsethik nennen sie es. Dahinter versteckt sich doch nur die Meinung, dass der Zweck die Mittel heiligt“ (Bohley 1992, S. 27). Der Fall, dass die Folgen die Gesinnungsethik bestätigen und die Verantwortungsethik widerlegen, ist übrigens nicht so ungewöhnlich, wie man, eingeschüchtert durch die volltönende Verantwortungsrhetorik, glauben könnte. Die Ungewissheit der Folgen macht nämlich Handlungssituationen überkomplex, wenn man sie jederzeit in wirklich verantwortlicher Weise mitbedenken und einkalkulieren will. Wenn man die Folgen so oder so nicht absehen kann, ist es unter Umständen einfacher und richtiger, sich gleich an moralische Regeln zu halten. Luhmanns Kategorien erweisen sich gerade bei solchen Problemen als außerordentlich nützlich, weil sie jenseits der eingefahrenen Rhetorik stehen und den Blick für paradoxale Verknotungen öffnen.

Für Luhmann kam – da hatte er selbstverständlich eine ganz andere Position als Bärbel Bohley – weder eine Gesinnungs- noch eine Verantwortungsethik in Betracht (1989a, S. 443), aber auch keine andere eindeutige Lösung. Seine Überlegungen zur Ethik münden in eine eher abwägende, ambivalente Position. Die moderne Gesellschaft ist keine moralfähige Agentur. Psychisch gesehen ist sie sogar eine „Zumutung", der aber „nicht über Konditionierung von Achtung und Missachtung abgeholfen werden kann" (ebd.). Um diese Probleme zu entpersonalisieren, zieht er in Erwägung, vielleicht so etwas wie *Systemtherapie* auf die Politik anzuwenden (1989a, S. 445). Systemtherapie wäre so etwas wie die Veränderung der Blickrichtung von den moralüblichen personalen Zuschreibungen und deren zugespitzten Überdrehungen auf die hochprekären Strukturbedingungen demokratischer Ordnungsformen. Aber dazu müsste man in die Politik selbst eingreifen und sich deren Imperativen unterwerfen. Luhmann gibt deshalb eine weitaus zurückhaltendere Empfehlung, nämlich einen engeren Kontakt zwischen Gesellschaftstheorie und Ethik anzustreben. Beide sollten Beobachterrollen gegenüber dem moralischen Diskurs einnehmen. Auf Versuche zur Moralbegründung sollte verzichtet werden. „Stattdessen könnten Soziologie wie Ethik davon ausgehen, dass es Moral immer schon gibt in einer Gesellschaft, in der es auch die Möglichkeit gibt, dies zu beobachten" (ebd., S. 446). Die Differenz zwischen Soziologie und Ethik bliebe dann, dass die erstere abstrakten Theorieinteressen folgt, während die Ethik die Probleme moralischer Kommunikation in einer Weise analysieren müsste, „die sich selbst dem moralischen Urteil stellt" (ebd., S. 447). Eine solche, systemtheoretisch aufgeklärte Ethik, hätte dann die Möglichkeit und Funktion, vor bestimmten Formen von Moralität warnen zu können. Eine gewisse Skepsis auch gegenüber einer so verstandenen Ethik behält der Soziologe Luhmann allerdings bei, denn es könnte ja sein, dass die tatsächliche Ausdifferenzierung unserer Gesellschaft schon so weit fortgeschritten ist, dass die eingefahrene Routine des Beobachtens, Beschreibens und Unterscheidens von Beobachtungen, Beschreibungen und Unterscheidungen gar keine Ethik mehr zulässt. Wenn es bei aller Skepsis überhaupt ein Theorieziel Luhmanns gibt, dann ist es wohl, eine Art „zivilisierte Ethik" zu denken, sie sich darum bemüht, „im Kontext eines Überblicks über das Gesellschaftssystem sinnvolle Anwendungsbereiche von Moral zu spezifizieren" (ebd., S. 436).

Der heutige Diskussionsstand zu diesem Thema lässt sich am besten so zusammenfassen: der Verantwortungsbegriff hat die Funktion eines Leitprinzips übernommen, weil er es ermöglicht, die allgegenwärtigen und in einer zunehmend vernetzten Gesellschaft immer wichtiger gewordenen Nebenfolgen ihrerseits wieder zuzurechnen und in die Handlungskalkulation aufzunehmen. Da aber eine wirkliche Zurechnung, wie Luhmann überzeugend gezeigt hat, an den Paradoxien des Zeitpunkts und an notwendig unzureichenden Informationen über die Zukunft scheitert, muss man die Rede von der Verantwortung eher als Ausdruck von Ratlosigkeit oder aber als Krisenphänomen ansehen (vgl. Heidbrink 2011).

Doch der Verantwortungsbegriff hat wie alle konsequentialistischen, also von den Folgen her argumentierenden Ethikkonzeptionen, seine Tücken. Wer die Folgen als entscheidendes Kriterium in den Vordergrund rückt, gerät in Gefahr, die Würde und die Interessen und das Wohlbefinden der jetzt Lebenden ihnen unterzuordnen, und damit einer unbestimmten Zukunft zu opfern. Es gehört zu den klassischen Vorstellungen einer biologistisch geprägten Generationenethik, dass jedes Opfer der jetzt Lebenden gerechtfertigt sei, damit unsere Kinder oder Enkel es einst besser haben. Die torfstechenden Siedler in den Hochmooren des Nordens kolportierten die Formel: „Der ersten Generation den Tod, der zweiten Generation die Not, der dritten Generation das Brot." In der Perspektive der heute vorherrschenden rationalen Entscheidungstheorie allerdings wird dies eher als heroisierende Überinterpretation einer einfachen Grundsituation angesehen werden müssen: Die Entscheidung, ins Moor zu ziehen oder irgendwo sonst im Inland oder Ausland einen neuen, riskanten Anfang zu wagen, muss nicht notwendigerweise aus dem Selbstaufopferungsmotiv erklärt werden. Es genügt, davon auszugehen, dass unmittelbare Not, Elend, Überbevölkerung und absehbare Chancenlosigkeit zu dem Wagnis gedrängt haben, so wie heute besonders mutige oder verzweifelte Afrikaner die lebensgefährliche Überfahrt nach Europa wagen, ohne im Augenblick der Entscheidung schon die mögliche Generationenfolge zu bedenken. Dann aber wäre es doch eine Entscheidung im ganz ureigenen Interesse. Die heroische Rhetorik würde nur die Tatsache überdecken, dass hier so etwas wie eine supererogatorische Leistung gemeint war: etwas, was man nicht einfordern kann, was als freiwillige Leistung aber Wertschätzung oder gar Bewunderung verdienen kann. Verlässt man also den Bereich der biologistisch-generationellen Rhetorik, dann schrumpft die Verantwortung für zukünftige Generationen zu einer Art freiwilliger oder gar nur als Nebenprodukt der eigenen Interessenverfolgung erbrachten Sonderleistung.

Der Mechanismus der stetigen Besserstellung und des Aufstiegs von Generation zu Generation hat sich seit dem Ende des zweiten Weltkriegs nicht nur verstetigt, sondern geradezu dynamisiert. Beinahe zuverlässig scheint es so zu sein, dass der Wohlstand der Nachfolgegeneration den der Eltern und Großeltern deutlich übertriff (vgl. Moore und Simon 2000). Die traditionelle ethische Rhetorik hat sich aber gehalten, weil sie zum unreflektierten Topos und Versatzstück von Politikerreden abgesunken ist. Beim Umbau der Sozialsysteme von einer durch die aktuellen Einkünfte gedeckten Rente zu einem kapitalgedeckten System wurde argumentiert, dass mindestens eine Generation, nämlich die aktuell arbeitende, „geopfert" werden müsse, indem diese einerseits deutlich niedrigere Renten beziehe, andererseits aber schon erhebliche Rücklagen für die eigene zukünftige Rente bilden müsse. Die Verantwortungsrhetorik kann sicherlich in vielen Bereichen einen berechtigten Platz haben – im Feld der Generationengerechtigkeit allerdings muss sie als unangemessen gelten.

2.12 Der Skandal als Ort politischer Ethik

Skandale haben etwas Wildwucherndes, Unkontrollierbares. Sie können eskalieren wie Scheidungskonflikte, denn sie sind gekennzeichnet durch die Außeralltäglichkeit der nichtroutinisierten Situation. Skandale sind immer neu und überraschend. Sie treffen daher am schlimmsten solche Politiker, die wenig Erfahrung mit derartigen Situationen haben. Skandalerfahrene Politiker wie Konrad Adenauer oder Franz-Josef Strauß dagegen wussten, dass Gelassenheit und die Souveränität eines gelegentlichen Rücktritts oder auch einer Absetzung vieles gleich in milderem Licht erscheinen lassen können. Bestimmte Typen von Skandalen, wie die Sexaffären Bill Clintons, haben seiner dauerhaften Popularität in einem Großteil der amerikanischen Bevölkerung kaum schaden können.

Aus der Sicht soziologischer Analyse gilt der Skandal als „der empirische Test auf die Macht der von vielen geteilten moralischen Gefühle" (Hondrich 2002, S. 155). Skandale treten häufig dann auf, wenn es zu Grenzüberschreitungen der Geldsphäre Wirtschaft oder der Machtsphäre Politik kommt, wenn das Geld Entscheidungen kauft oder die Macht in korrupter Weise zum eigenen Vorteil eingesetzt wird. „Die moderne Moral ist eine Moral der Grenzziehungen" (ebd., S. 157). So pointiert hat Karl-Otto Hondrich im Jahre 2002 die Grundthese aus meinen „Grenzgöttern der Moral" aus dem Jahre 1997 zusammengefasst (vgl. Reese-Schäfer 2013). Bemerkenswert ist dabei, dass Wellen moralischer Empörung einen Machtkampf gegen das Geld ohne weiteres gewinnen können, weil eine momentane, allgemeine gefühlsmäßige Übereinstimmung zu herrschen scheint, so dass schließlich alle unisono die berühmte „rückhaltlose Aufklärung" fordern. „Einmal im Machtrausch des Skandals, gibt die kollektive Moral nicht Ruhe, bevor sie nicht auch der politischen Macht im engeren Sinn gezeigt hat, wer Herr im Hause ist. Fällt auf politische Kompetenz der Schatten einer moralischen Verfehlung, dann entledigt sich die Gesellschaft eher ihrer fähigsten Politiker als ihrer moralischen Gefühle" (Hondrich 2002, S. 161). Dies alles ist meist nur vorübergehend, für den Augenblick des moralischen Gefühlsüberschwangs so. Hondrich charakterisiert die Skandale als Augenblicksmacht. Nach dem Zyklus springt die moralische Feder wieder in den Latenzzustand zurück, die Gefühle selbst verschwinden zwar nicht, wohl aber „ihre jeweilige punktuelle Konzentration und Erregung" (ebd.). Nach dem Skandal können sich neue Wege der Korruption etablieren.

Allerdings lohnt sich ein genauerer Blick, denn der Soziologe beschreibt die Skandale zu sehr von ihrem Resultat her. Aus der Perspektive der Politik gibt es im Skandalzyklus häufig eine Peripetie, einen Umschlagpunkt. Wenn der Skandal sich entfaltet, ist keineswegs immer ausgemacht, wer die Übeltäter sind, ja nicht einmal, ob überhaupt eine Übeltat vorliegt. Am Niedergang und Fall des Freiherrn zu Guttenberg im Jahre 2011 zeigt sich, dass eine Mehrheit der Politiker, an ihrer Spitze die Kanzlerin, wie der Bevölkerung zunächst von einer lässlichen Sünde ausging. In die ersten Talkshows waren Verteidiger wie Kritiker Guttenbergs eingeladen, nur verstummten die Verteidiger nach und nach unter den harten Angriffen und den deutlichen und empörten Stellungnahmen der akademischen Elite. Die Bild-Zeitung hat den Baron noch lange verteidigt, im Grunde, bis es überhaupt nicht mehr ging. In der ersten Reaktion auf eine Skandalinformation ist die Öffentlichkeit oftmals gespalten. In dieser Situation setzt ein Kampf um die Deutungshoheit ein, den die Universitäten als die einzige Instanz, die einen Doktortitel vergeben und entziehen kann, in diesem Fall nachdrücklich durchzusetzen vermochten. Ähnlich war der Verlauf im Fall der einstigen Bundesministerin für Bildung und Forschung Anette Schavan, während die Plagiatsaffäre um die Verteidigungsministerin Ursula von der Leyen zu deren Gunsten ausging, weil der Senat der Medizinischen Hochschule Hannover am 9. März 2016 zu dem Ergebnis kam, dass es sich um einen minderschweren Fall handele und sie ihren Doktortitel deshalb behalten dürfe. Auch hier hat die Universität formal die Entscheidungshoheit behalten, auch wenn von einem erheblichen politischen Druck ausgegangen werden muss.

Auch in der Barschel-Affäre des Jahres 1987 war lange unklar, ob die verdeckten Aktionen des Mitarbeiters Pfeiffer wirklich mit Uwe Barschels Wissen und seiner Autorisierung vorgenommen worden waren, zumal der windige Täter, der die Affäre der Presse gegenüber aufdeckte, später auch Zahlungen von der Gegenseite erhielt. Hier eroberte die kritische Hamburger Presse eine Deutungshoheit, die in der Öffentlichkeit überzeugend wirkte, nachdem man Barschel bei einem falschen „Ehrenwort" – auch so ein altfränkischer Moralbegriff – ertappt hatte. Die Annahme einer von Emile Durkheims Moraltheorie geprägten Soziologie, einhellige Empörungswellen, denen sich niemand entziehen könne, würden kurzfristig durchs Land schwappen und die Macht der Moral beweisen, ist vorpolitisch. Durchweg findet in der Entfaltungsphase des Skandals ein politischer Kampf um die Deutungshoheit statt, der häufig auch anders ausgehen könnte. Skandalisierungen sind nicht nur Grenzstein und Gegenmacht zur Welt der Politik oder Wirtschaft, sie sind immer auch Instrumente des Politischen selbst. Der Blattschuss auf einen Spitzenpolitiker der Regierungspartei ist immer auch ein Fest für die Opposition – sie darf nur nicht zu deutlich zeigen, wie sehr sie davon profitiert, weil die anmoralisierte Öffentlichkeit ihr sonst unlautere Motive unterstelle und ihren Verlautbarungen nicht mehr glauben wird. Sie ist auf die Presse, die Internetaktivisten und deren Recherchen angewiesen, die notfalls durch das Durchsickern von Informationen unterstützt werden. Die Presse ihrerseits profitiert durch Aufmerksamkeit und Auflagen; die erfolgreiche Aufdeckung eines Skandals eröffnet die Bahn zu den höchsten Weihen des Journalismus. Doch mit der folgenden These greift Karl-Otto Hondrich zu kurz: „Parteien und Presse haben also allen Anlass, die kollektiven Gefühle zu schüren. Sie können sie bedienen, aber machen können sie sie nicht" (ebd., S. 162). Skandale sind nicht einfach da, sie sind kein bloßes Faktum, sondern erst Interpretationen machen eindeutige Schuldzuweisungen möglich. Wenn Ehrenworte und Versicherungen gegeben werden, kommt es auf die Glaubwürdigkeit an. Manche scheinbar randständige Tatsachen werden überhaupt erst durch die Dynamik des Behauptens und Abstreitens relevant, weil sie die Glaubwürdigkeit bestätigen oder untergraben. Oft kann die moralisierende Entrüstung erst an solchen Sekundärfolgen einer Skandalisierung ansetzen. Juristisch trainierte Politiker streben daher in Skandalsituationen sehr gern die Einsetzung eines Untersuchungsausschusses an: nicht nur der Öffentlichkeitswirkung wegen, sondern vor allem deshalb, weil die Hoffnung besteht, einen Angeschuldigten vor dem Ausschuss zu einer fehlerhaften oder gar Falschaussage zu verleiten, womit dann auch bei einer zunächst eher lässlichen Ausgangsverfehlung ein harter Skandalisierungsgrund gegeben wäre. Hierzu besteht aufgrund der besonderen, von den Fairnessgeboten des Strafprozesses weit entfernten Rechtslage vor Untersuchungsausschüssen eine große Chance, denn eine Aussageverweigerung ist nicht vorgesehen.

Voll entfaltete Skandale sind voraussetzungsreiche politische Prozesse. Journalisten stoßen auf viele Dinge, die als Skandal angeprangert werden können, nur wenige davon werden veröffentlichungsreif, und bleiben dann oft, zum Erstaunen der Beteiligten, folgenlos. Interessierte Politiker spielen der Presse gern Informationen über die inner- oder außerparteiliche Konkurrenz zu, aus denen sich nur selten etwas entwickelt. Hondrich vermutet: „In neun von zehn Fällen, in denen eine hochrangige Verfehlung aufgedeckt und Skandal geschrien wird, bleibt der von den Interessenten erwartete Flächenbrand der Entrüstung aus" (ebd, S. 161). Ähnlich wie in der Konfliktforschung sollten auch einmal die zwar angeprangerten, aber nicht ausgebrochenen Skandale zum Gegenstand einer Untersuchung gemacht werden. Meist orientieren Forscher wie Journalisten sich nur an den Eisbergspitzen der Rücktritte oder Untersuchungsausschüsse und vergleichen diese miteinander. Aus der Sicht der politischen Ethik wäre es aber mindestens genauso interessant zu erforschen, ob die Vollentwicklung eines Skandals ausschließlich von der Marktmacht, den die Skandalisierung betreibenden Interessenten oder vielleicht, wie die durkheimsche Soziologie vermutet, von den ebenso willkürlichen wie irrationalen Empörungswellen abhängen, die aber doch, wie alle Kollektivreaktionen, nach bestimmten Gesetzmäßigkeiten nicht zur ablaufen, sondern auch wie Infektionen und Epidemien zum Ausbruch kommen müssten. Hier lässt uns der gegenwärtige Stand der Forschung im Stich, und wir sind, wie so oft im Feld der politischen Ethik, verwiesen auf einige normative Erwägungen.

Erstens: Es ist ein Grundirrtum naivmoralischer Betrachtungsweisen, die bei Skandalen auftretenden moralischen Empörungswellen schon an sich für gut zu halten. Die sich selbst für „gerecht" haltende Empörung ist dies nicht notwendigerweise. Sie kann instrumentalisiert werden, sie kann unverhältnismäßige und dadurch ungerechtfertigte Züge der Hysterie und Übertreibung annehmen, und sie kann künstlich oder geheuchelt sein. Eine externe Beobachterebene, die strukturell am ehesten in der Premiumpresse und in der Wissenschaft angesiedelt ist, muss dies im Verlauf und in der Nacharbeitung von Skandalen immer wieder prüfen. Dies, nicht die Empörungsreaktion selber, ist die Ebene, auf der die politische Ethik ihr Aufgabengebiet hat: sie ist die Reflexionsebene einer Moral, die fragwürdig, gefährlich und instrumentalisierbar ist. Selbstverständlich ist auch die politische Ethik nicht die reine oder höchste Instanz. Es geht vielmehr um ein Modell der *checks and balances*, der quasi gewaltenteiligen gegenseitigen Kontrolle durch die Einziehung unterschiedlicher, sich gegenseitig kommentierender Ebenen, die durchweg zugleich auch über typische institutionelle Verankerungen und professionelle Regeln verfügen, die ihnen die Orientierung in ihrem jeweiligen Feld einfacher machen.

Zweitens: Die volkstümliche Freude darüber, einen Oberen oder Hochgestellten zu Fall gebracht zu haben, ist ebenfalls nur von bedingter moralischer Qualität. Eliten tendieren zur Verfestigung ihrer Vormachtstellung, deshalb ist ein gewisses Ausmaß an skandalinduzierter Elitenzirkulation durchaus wünschenswert. Ein Austausch eines sehr großen Teils der politischen Klasse ist in demokratischen Gesellschaften aber nicht unproblematisch, weil hierdurch oftmals Demagogen und fragwürdige Gestalten rasch nach oben gespült werden. Ein Beispiel wäre das System Berlusconi, das auf den Zusammenbruch des bisherigen italienischen Parteiensystems folgte. Die aktuell sehr erfolgreiche Fünf-Sterne-Bewegung des Komikers Bepe Grillo ist in ihrer entschlossenen Unseriosität, ihrer Verbindung von basisdemokratischen Forderungen mit starker binnenautoritärer Strukturierung, die passende sozialmedienbasierte Nachfolgerin des einstigen Fernsehmoguls Berlusconi.

Drittens: Da nur aus der Minderzahl von Skandalisierungsversuchen wirkliche politische Skandale mit realen Folgen, also mindestens Rücktritten oder Teilrücktritten folgen, hängt viel davon ab, wie die Skandalbeteiligten reagieren. Harte und massive Zurückweisungen von Anschuldigungen wirken oft arrogant, denn demokratische Wahlbürger erwarten von ihren Eliten ein gewisses Maß an Demut. Gerade die Anfangserklärungen müssen wohlüberlegt, tatsachengetreu und damit gut beraten sein, denn oftmals entzünden sich an ihnen erst die weiteren Raketenstufen der Skandalisierung. Kaum ein Politiker ist von jedem Makel frei. Gerhard Schröder wäre schon lange vor seiner Kanzlerkandidatur beinahe über eine vom VW-Chef bezahlte Flugreise zum Wiener Opernball gestolpert.

Viertens: Wenn der Skandal sich entfaltet, ist öffentliche Reue im richtigen Moment – natürlich immer abhängig von der politischen Kultur eines Landes und von der Persönlichkeit der Beteiligten – ein hilfreiches Mittel. Bill Clinton hat dies in der Lewinski-Affäre erfolgreich praktiziert. Bußfertigkeit wird in stärker säkularen Gesellschaften andere Formen annehmen, sie darf aber niemals geheuchelt erscheinen. Die Rückzahlung von Geldern oder die Begleichung von Rechnungen kann, wenn sie nicht zu spät kommt, die Wogen der Empörung wieder glätten. Sie kann aber auch als Schuldeingeständnis wirken und erst recht die öffentliche Dynamik anheizen. Es ist eine Frage des richtigen Augenblicks, und dies beweist in der Perspektive einer politischen Ethik, wie willkürlich und selber moralisch in keiner Weise gerechtfertigt und rechtfertigbar solche Prozesse ablaufen. Könner und sogenannte Instinktpolitiker vermögen es auch, Empörungswellen bis zu einer gewissen Größenordnung elegant zu übersurfen. Weniger elegant kann man auch nach der Methode Donald Trump jeden Tritt in ein Fettnäpfchen durch einen noch größeren Tritt in ein anderes überlagern.

Fünftens: Nicht jeder Skandal ist einer. Ungerechtfertigte, strategisch eingesetzte und angestachelte Empörungsreaktionen wie z.B. die Proteste gegen einige dänische Mohammed-Karikaturen erfordern deutliche Gegenwehr. Dies gilt nicht nur gegenüber religiösen Fanatikern. Die Empörung über kritische, satirische oder abweichende Meinungen ist immer eine Gefahr für das fundamentale Grund- und Menschenrecht der Meinungsfreiheit. Abweichende, selbst falsche Meinungen dürfen Gegenstand der Kritik werden, niemals aber der Skandalisierung. Man könnte das auch so formulieren: Der wirkliche Skandal beginnt nicht mit der Satire, sondern mit dem Versuch, diese zu verbieten.

Sechstens: Sexskandale sind ein besonders beliebtes Feld von Skandalisierungen und durch die dort mögliche Mischung von Andeutungskommunikation und vielfältigen Formen von Diskretion besonders leicht inszenierbar. Ein Rückblick auf historische Fälle, auf den Eulenburg-Skandal im deutschen Kaiserreich, wo mit dem Vorwurf der Homosexualität eine politische Richtungsänderung durchgesetzt wurde, überhaupt auf die vielfältigen Diskriminierungen von Homosexualität oder von nichtehelichen Beziehungen, die man heute nur noch absurd findet, kann verstehen helfen, wie sehr moralische Maßstäbe, die scheinbar fest und schon dadurch gerecht oder gerechtfertigt erscheinen, in dynamischen Wandlungsprozessen begriffen sind. Wenn Heinrich Heine einst die Homosexualität August von Platens oder Maximilian Harden die von Philipp von Eulenburg skandalisierte, so fällt dies aus heutiger Sicht auf die Urheber zurück. Ihr Bild als kritische, aufklärerische Journalisten wird in Frage gestellt und sie erscheinen heute als Reproduzenten strafrechtlich relevanter sozialer Diskriminierungen. Wir dürfen uns nicht darauf zurückziehen, dass im 19. Jahrhundert einfach nur andere Maßstäbe galten. Eine politische Ethik hat immer auch einen Ausblick auf universelle Maßstäbe zu nehmen. Diese, man denke nur an die Hochschätzung homosexueller Beziehungen in der griechischen Antike, machten es schon damals unschwer erkennbar, dass haltlose und fragwürdige Gesetze am Werk waren. Wenn gesagt wird, dass Skandale der Durchsetzung guter Sitten förderlich seien, dann muss die politische Ethik jederzeit nach der Rechtfertigung solcher Sitten fragen.

2.13 Kernthema Korruption: Empörung

Der große Bereich der Korruption erregt seit Jahren Aufmerksamkeit, besonders nachdem belegt wurde, was alle schon vermuteten: nämlich dass die Vergabe der Fußballweltmeisterschaften durch die FIFA an bestimmte Länder auf Zahlungen an prominente Fußballoffizielle beruhte. In Deutschland und den USA sind Parteispendenskandale bis hin in die höchsten Parteispitzen ein immer wiederkehrendes Muster. Auch die EU-Kommission ist von Korruptionsvorwürfen nicht verschont geblieben. Das sind nur die spektakulärsten Fälle, die jedoch zu einigen Reflexionen Anlass geben. Macht es Sinn, Korruption unterbinden zu wollen? Und wenn ja, mit welchen Methoden? Im Bereich der politischen Ethik kommt es vor allen Dingen auf Regierungshandeln an, also auf die Regierungsethik *(government ethics)*. Der Weltfußballverband ist nur insofern von Interesse, als er in der Schweiz lange Zeit auf Grund des dortigen Vereinsgesetzes nicht nur in einem weitgehend steuerfreien, sondern offenbar auch in einem weitgehend rechtsfreien Raum agieren konnte.

Korruptionsskandale sind zwar nicht so populär wie Sexskandale, aber auch hier stellt sich das Problem der genauen Definition und Abgrenzung. Wenn Geldscheinbündel in Millionenhöhe in einem schwarzen Koffer heimlich in der Schweiz übergeben werden, dann ist schon die äußere Symbolik so deutlich, dass es nicht unbedingt einer tiefergehenden Analyse bedarf. Wie aber steht es mit der Kaffeekasse der Polizeiwache? Und es ist bis heute nicht geklärt, warum genau im Jahre 1999 die gesamte EU-Kommission unter Jacques Santer zurücktreten musste. Wegen Korruptionsvorwürfen, das ist klar – aber welche konkreten Akte der Korruption sind eigentlich vorgeworfen worden, mal abgesehen von denen, die schließlich nachgewiesen werden konnten?

Die französische Kommissarin Edith Cresson jedenfalls, gegen die sich die meisten Korruptionsvorwürfe richteten, weigerte sich, als Jacques Santer sie, um die Kommission zu retten, zum Rücktritt aufforderte, mit dem Argument, die ihr vorgeworfenen Praktiken seien in der französischen Verwaltung üblich. In Frankreich kann man sich darüber informieren, dass sie in der Tat dort vielfach üblich und verbreitet, aber keineswegs erlaubt sind.

Damit sind wir bei einem entscheidenden Punkt, auf dem die ganze weitere Argumentation aufbaut, und der die Begründung enthält, warum meiner Meinung nach die Neuentwicklung einer politikwissenschaftlichen Teildisziplin, die wir Regierungsethik nennen würden, notwendig ist: es gibt verschiedene Kulturen der Korruption. In unterschiedlichen Ländern sind unterschiedliche Regelungen üblich. Es gibt Länder mit einem hohen Grad an bürokratischer Ineffizienz und Korruption, und solche, in denen die Bürokratien recht geräuschlos funktionieren und strengen internen Kontrollen und Regulierungen unterliegen. Das hat Gründe in Traditionen und Gewohnheiten. Vor allem aber hat es Konsequenzen.

Denn mit der Auskunft, man müsse andersartige Kulturen in anderen Ländern respektieren, also auch andersartige Korruptionskulturen, können wir uns nicht mehr zufrieden geben, weil es hier ja um ein Feld nicht nur der Kooperation, sondern sogar der gemeinsamen Quasi-Regierung Europas geht. Der Erfolg und die öffentliche Legitimation der Europäischen Union ist davon abhängig, dass die Bevölkerungen in den traditionell korruptionsärmeren nordeuropäischen Ländern nicht rebellisch werden und etwa den Ausstieg aus einer als korrupt und bürokratisch ineffizient verschrienen gemeinsamen supranationalen Staatlichkeit verlangen. Das wird nicht anders möglich sein als durch Definition gemeinsamer Regeln und Standards, durch die Verwerfung unpraktikabler Überregulierungen und durch die Transparenz der Normen, die für alle gelten sollen.

Dann ergibt sich aber die Frage: Warum sollen die Nordeuropäer nicht die offenbar ja lockereren südeuropäischen Korruptionsstandards übernehmen? Einige unserer Politiker, die unter der Last schwerer Anschuldigungen zu leiden haben, wären bestimmt dafür. Nun, so einfach ist das nicht. Es gibt die These, dass Helmut Kohl, hätte man ihn nach dem neuen italienischen Parteiengesetz beurteilt, 4-5 Jahre ins Gefängnis gemusst hätte, während es in Deutschland beim Skandal ohne strafrechtliche Folgen blieb. Das unmittelbare Delikt der illegalen Parteienfinanzierung oder des Verstoßes gegen das Parteiengesetz scheint zwar öffentliche Empörung hervorzurufen und kann insofern Anlass zur Vertuschung und zu den genannten Sekundärtatbeständen geben, war aber als solches selten strafrechtlich fassbar. Oft werden es dann sekundäre Delikte, wie uneidliche und eidliche

Falschaussagen, die sich im Verlaufe der aufklärenden und abwiegelnden Diskussion ergaben.

Vor allem aber ergibt sich die Frage, was ist eigentlich besser? Strengere oder lockerere Regelungen? Warum soll man eigentlich für strikte Regelungen gegen Korruption sein? In der Politikwissenschaft vor allem der 60er Jahre war dieser Punkt nicht eindeutig beantwortet. In der damaligen funktionalistischen Schule haben einige Autoren, vor allem Samuel Huntington, die These vertreten, dass korrupte Praktiken vor allem in Entwicklungsländern zur Beschleunigung der Veränderungen und damit zum Fortschritt beitragen könnten. Sogenanntes „Speed money" könnte das ökonomische Wachstum beschleunigen. Unterbezahlte Regierungsangestellte könnten durch Bestechungsgelder ihr Gehalt aufbessern und würden dadurch härter und mehr arbeiten (vgl. Mauro 1995; Huntington 1968; Leff 1964). Diese Theorien dienten lange Zeit als Begründung dafür, dass in Exportländern wie Deutschland Bestechungsgelder für ausländische Potentaten und Bürokratien steuerlich absetzbar waren. In Deutschland war das bis 1999 der Fall, bis dies vor allem auf amerikanischen Druck revidiert werden musste. Der Magdeburger Korruptionsforscher Roland Roth hat dazu die Bemerkung gemacht: wenn die Wissenschaft nicht frei wäre, sondern zur Verantwortung gezogen werden könnte, dann müssten wohl auch einige Politikwissenschaftler wegen der Folgen ihrer Theorien hinter Gitter wandern. Er meinte damit die entwicklungsökonomisch-funktionalistische Schule der Korruptionsforschung (vgl. Heidenheimer et al. 2002).

Die Hauptannahme dieser in den 1960er Jahren prominenten Schule, dass Korruption die Modernisierung von Entwicklungsländern beschleunige, da sich mit Hilfe von Bestechungsgeldern schnellere und effizientere Entscheidungswege jenseits der teilweise nur rudimentären Bürokratien erschließen ließen, hatte sich in mehrfacher Hinsicht als hinfällig erwiesen: Zum einen konnten zahlreiche ökonomische Gegenbeweise für die Dysfunktionalität von Korruption vorgebracht werden. Zum anderen ließ sich mit dem funktionalistischen Ansatz weder erklären, warum das Korruptionsniveau verschiedener Entwicklungsländer so sehr variierte, noch warum es auch in entwickelten Ländern zu Korruption kam. In scharfer normativer und methodischer Abgrenzung zum funktionalistischen Ansatz wirkten politische Philosophen darauf hin, Korruption als Verstoß gegen Gerechtigkeitsprinzipien zu verstehen und somit ihre moralische Unhaltbarkeit zu beweisen (vgl. Etzioni 1995). Anknüpfend an Klassiker der politischen Philosophen wie Aristoteles, Machiavelli und Rousseau wurde Korruption als „Pathologie der Politik" etikettiert und als Zeichen des Staatszerfalls gewertet (vgl. Friedrich 1973; Dobel 1978). Vor allem wirtschaftswissenschaftliche Abhandlungen verfolgen das Ziel, den Verzerrungseffekt von Korruption für freie Märkte zu belegen (vgl. Mauro 1995; Rose-Ackerman 1999).

Speed Money kann geradezu zur Verzögerung führen, weil es nahe liegt, überhaupt erst künstliche bürokratische Genehmigungsverfahren aufzubauen und in die Länge zu ziehen, um das Bestechungsgeld abkassieren zu können. Ist das Zahlen von Bestechungsgeldern üblich, dann kann sich die Unsitte etablieren, alles künstlich hinauszuzögern, bis das Bestechungsgeld gezahlt ist. Beide Seiten der Korruption, Geben wie Nehmen, tragen gleichermaßen zum angerichteten Schaden bei. Sind dagegen Bestechungsgelder ausländischen Firmen prinzipiell untersagt, dann sind Kostenstrukturen transparenter und es wird häufiger zu Geschäften kommen.

Empirische Forschungen zeigen, dass ein Index der bürokratischen Effizienz eine hohe Übereinstimmung von guter bürokratischer Effizienz mit wirtschaftlichem Wohlstand oder schnellem Wachstum zeigt, während Länder mit der geringsten bürokratischen Effizienz auch zu den ärmsten gehören (Mauro 1995, S. 687). Die NGO *Transparency International* hat einen Korruptionsperzeptionsindex aufgestellt, an dem diese Beobachtung sich überprüfen lässt. Wohlgemerkt: in diesem Index geht es nur um die Wahrnehmung von Korruption im öffentlichen Sektor, also bei Beamten und Politikern, die in Expertenbefragungen ermittelt worden ist – die realen Verhältnisse mögen anders sein. Die Korruption in der Wirtschaft wird nur erfasst, insoweit sie auf den Staat übergreift. Möglicherweise kommt das neuere globale Korruptionsbarometer von Transparency International den realen Daten näher, weil hier repräsentativer und bereichsspezifischer gefragt wurde und auch das Geschäftsleben und religiöse Organisationen einbezogen wurden – allerdings entsprechend in weniger Ländern und in Abhängigkeit von den jeweils die Befragung in den Ländern durchführenden Agenturen. Darüber hinaus werden die Länder regional so gruppiert, dass die eklatanten Differenzen zwischen einzelnen Ländern keine Rolle mehr spielen. Deshalb haben wir auf den Korruptionsperzeptionsindex als die verhältnismäßig verlässlichste und umfassendste Quelle zurückgegriffen (Transparency International 2015). Grundsätzlich ist zu diesen Indizes festzuhalten, dass es sich naturgemäß nicht um harte Daten handeln kann, sondern nur um die Zusammenfassung von Experteneinschätzungen oder von subjektiven Urteilen der Befragten.

Schon ein oberflächlicher Blick zeigt, dass Wohlstand und Korruptionsvermeidung auf der einen Seite, Krieg und Korruption auf der anderen offenbar eng zusammenzuhängen scheinen, wenn man etwa von Ausreißern wie Italien absieht. Und auch dort betrifft die konkrete Korruptionserfahrung vor allem Süditalien, das verglichen mit dem reichen Norden ungewöhnlich rückständig ist und sehr viel weniger zum Bruttosozialprodukt als zum Spitzenplatz in der Transparency-Tabelle beiträgt. Das verdeckte Abzweigen von Geld macht das Wirtschaften offenbar weniger intensiv und weniger lukrativ. Preise bilden sich nicht offen, in der Konkurrenz, sondern durch undurchschaubare Beziehungen.

Hier liegt ein entscheidendes Argument gegen Korruption. In Ländern mit hoher Korruption wird es fast allen Bürgern schlechter gehen, als es von ihrer Leistungsfähigkeit her möglich wäre. Ihr Wohlstand kann sich nicht entfalten. Auch das ist nicht allein eine wirtschaftliche Frage und keine reine Frage des Einkommens. Es ist vielmehr eine Frage der Gerechtigkeit und des Vertrauens. Die dauerhafte Verletzung von Gerechtigkeitsprinzipien wird bei denjenigen Zorn und Wut erzeugen, die fleißig arbeiten und immer wieder erleben, dass andere sie mit unlauteren Mitteln überflügeln. Dies kann das gesellschaftliche Zusammenleben stören und zerstören. Das Vertrauen der Bürger untereinander und ihr sozialer Zusammenhalt werden gefährdet und damit verbunden ihr Gefühl der Zuverlässigkeit und Verlässlichkeit. Für funktionierende Gesellschaften gilt: Der Klempner kommt wirklich, ohne dass man komplizierte Bestechungsrituale einhalten und seine persönlichen Beziehungen spielen lassen muss. Nur so kann man sich in einer Gesellschaft auch wohlfühlen. Fehlt dieses Vertrauen und herrscht gegenseitiges Misstrauen, wird ganz unabhängig vom materiellen Wohlstandsniveau das alltägliche Leben in einer Gesellschaft unerfreulich. Die staatliche Politik kann dazu beitragen, wichtiger noch aber ist die Entwicklung der Zivilgesellschaft, und ebenso wichtig ist die persönliche Haltung der Staatsdiener und der vielen Angestellten, auf die der öffentliche Dienst wie die Firmen angewiesen sind. Vielleicht sollte man deshalb Gerechtigkeit und Vertrauen unter den allgemeineren und schön altmodisch klingenden Begriff der gesellschaftlichen *Wohlfahrt* einordnen. Korruption reduziert nicht nur den materiellen Wohlstand, sondern auch die Wohlfahrt der Bürger.

Die Politikwissenschaft hat sich besonders für den auffälligen Unterschied zwischen Norditalien, speziell der Gegend um Mailand, die in der EU- Statistik reicher ist als Frankfurt oder Hamburg, und Süditalien interessiert, wo man sich in einigen Regionen noch auf dem Stand eines Entwicklungslandes befindet (vgl. Putnam 1993). Die Antwort der Politikwissenschaft ist, dass im Norden Normen der Reziprozität und Netzwerke von Bürgerengagement bestanden hatten, z.B. in Zünften, Innungen, Gesellschaften zur gegenseitigen Hilfe, Kooperativen, Gewerkschaften, sogar Fußballklubs und literarischen Gesellschaften, während im Süden die sozialen und politischen Verhältnisse eher im Sinne von Thomas Hobbes vertikal, also von oben nach unten, strukturiert waren. Sowohl der Staat als auch der Markt funktionieren besser in Umgebungen, die bürgerschaftlich strukturiert sind. Die autoritäre Vertikalstruktur des Absolutismus produziert gegenseitiges Misstrauen und Im-Stich-Lassen, hierarchische Abhängigkeit und Ausbeutung, Isolation und soziale Unordnung, Kriminalität und Unterentwicklung. Verdacht und Korruption wurden als normal betrachtet, Gesetzlosigkeit wurde erwartet, die Menschen in diesen Gemeinden fühlten sich machtlos und ausgebeutet. Die Beteiligung an bürgerschaftlichen Aktivitäten war dürftig.

Bürgerschaftlich entwickelte Regionen dagegen waren gekennzeichnet von einem dichten Netzwerk lokaler Vereinigungen, egalitären Politikmustern, durch Vertrauen und Gesetzestreue (Putnam 1993, S. 181 f.). Die Befunde lassen eindeutig darauf schließen, dass auch positive Reformschritte im politischen System völlig unzureichende Ergebnisse hervorbringen können, wenn die zivilgesellschaftliche Grundlage nicht hinreichend entwickelt ist – abgesehen davon, dass auch die wirtschaftliche Entwicklung trotz aller staatlichen Anstrengungen und Subventionen dadurch gebremst bzw. verhindert wird. *Erfolgreiche Demokratien bedürfen einer politisch-kulturellen Grundlage.* Ihre Förderung, auch wenn sie im Bereich der selbstorganisierten Altenhilfe, der Gesangvereine oder Basketballclubs zunächst weitgehend unpolitisch erscheint, kann zur sozialen Selbstorganisationsfähigkeit der Gesellschaft beitragen (hierzu Schulze 1995, S. 189-209).

Korruption ist demnach keine reine wirtschaftliche Frage. Ich halte deshalb wenig davon, wirtschaftliche und politische Korruption voneinander zu trennen. Der Begriff hat immer eine doppelte Bedeutung, nämlich die klassische, wie man sie aus der Antike kennt, und die den allgemeinen Sittenverfall bezeichnet. Daneben gibt es den engeren der Bestechung und Bestechlichkeit. Korruption liegt dann vor, wenn eine verdeckte Seitenzahlung an einen Verfügungsberechtigten oder faktisch über eine Ware oder Leistung Verfügenden gezahlt wird, um diese billiger, leichter oder schneller zu bekommen. Gemeinhin handelt es sich dabei um einen im Verhältnis zum Waren- oder Leistungswert eher niedrigen Betrag, der allerdings demjenigen, der ihn entgegennimmt, hinreichend hoch erscheint. Korruption ist also ein Sonderfall des generellen Prinzipal-Agent-Problems, das darin liegt, dass im Zuge der Arbeitsteilung jemand gegen Gehalt im Auftrag und zum Nutzen eines anderen handelt und illegalerweise dazu neigt, sein Gehalt zum Schaden seines Arbeitgebers aufzubessern. Immer wieder kommt dies vor z.B. bei Mitarbeitern von Baubehörden, die Baugenehmigungen schnell und städtische Grundstücke billig an solche Bewerber abgeben, die wissen, wo und wie man die Schmiergeldzahlungen zu leisten hat.

Die Intransparenz dieser Zahlungen ist ein besonderes Problem – deshalb war das Verfahren zur öffentlichen Versteigerung von Mobilfunklizenzen keineswegs verkehrt, denn derartige Lizenzen waren bisher meist nach undurchsichtigen Regeln abgegeben worden.

Meine Definition von Korruption lautet also: „Korruption ist das Verhalten von Personen mit öffentlichen und privaten Aufgaben, die ihre Pflicht verletzen, um ungerechtfertigte Vorteile gleich welcher Art zu erhalten oder zu vergeben.“ Es handelt sich also um Amtsmissbrauch, wie bei Giorgio Orsoni, dem Bürgermeister von Venedig, der 2014 festgenommen und anschließend unter Hausarrest gestellt wurde, weil ihm vorgeworfen wurde, Hunderttausende Euro von einer

Baufirma bekommen zu haben für den Bauauftrag des großen Jahrhundertprojekts zum Hochwasserschutz. Um Tacitus und der republikanischen Tradition der Korruptionskritik entgegenzukommen, könnte man noch den alarmistischen Aspekt ergänzen: „Korruption ist ein Verhalten, das die Normen des politischen Ordnungssystems, die für unerlässlich für dessen Aufrechterhaltung gehalten werden, verletzt und unterminiert" (Noack 1998, S. 37).

Dazu gehören dann alle praktischen Formen wie Bestechung, Betrug, Unterschlagung, Bereicherung im Amt, Schmiergeld, Ämterkauf, Günstlings- und Vetternwirtschaft, d.h. Nepotismus. Korruption geht also über Bestechung und Bestechlichkeit im engeren Sinne hinaus. Sie hat ihre Wurzel darin, dass über öffentliche Gelder verfügt wird, die meist in hohem Umfang vorhanden sind und durch Steuern eingenommen werden, die also auf viele Köpfe verteilt sind. Der vielköpfige Geldgeber wird als Einzelperson in nur geringem Maße geschädigt. Es ist ja durchweg das Geld anderer Leute, das in der Politik verteilt wird, und mit diesem pflegen die Verfügungsberechtigten gemeinhin besonders freigebig umzugehen.

Wenn dann noch hinzukommt, dass viele solche Einzelpersonen ihrerseits bestimmte Vorteile empfangen, z.B. als Gruppenprivilegien (die sogenannte steuerliche Absetzbarkeit und deren Auslegungsbreite, die sehr viele Steuererklärungen in die Grenzzone zur Kriminalität rücken lässt, ist hierfür ein typisches Beispiel), dann neigen sie in besonderem Maße zur Toleranz. Um den Tatbestand der politischen Korruption von anderen Gefahren abzugrenzen, z.B. einem allgemeinen Sittenverfall, muss immer der Punkt der Vorteilsnahme bzw. Vorteilsgewährung, in der Politik aus öffentlichen Mitteln, in der Wirtschaft aus Mitteln des Prinzipals, hinzukommen. Um es noch einmal klar zu sagen: die Vergabe von öffentlichen Geldern an Freundinnen oder Geliebte gilt als korruptes Verhalten. Dagegen ist es keine Frage der Korruption, sondern der privaten Lebensführung, ob jemand, der oder die verheiratet ist, daneben noch Geliebte oder Freundinnen hat.

Die Einstellung derartiger Personen aus dem persönlichen Umfeld auf berufliche oder öffentliche Stellen ist korrupt. Dies ist zuletzt wieder an dem Skandal aus dem Jahr 2010 um die Verwendung der Abgeordnetenmittel im britischen Unterhaus oder dem Skandal von 2013 über die Beschäftigung von Familienmitgliedern bayrischer CSU-Abgeordneter deutlich geworden. Es gibt durchaus Rechtfertigungsargumente, weil viele Abgeordnete in ihrer unmittelbaren Nähe gerne solche Personen haben möchten, denen sie unbedingtes Vertrauen schenken können. Deshalb wird mitunter als zusätzliches Kriterium angefügt, dass eine derartige Einstellungspraxis nur dann verwerflich sei, wenn die eingestellte Person nicht über die entsprechende Qualifikation verfügt. Ist sie dagegen qualifiziert, würde nichts gegen die Einstellung sprechen. Dieser Punkt ist bis heute nicht ausdiskutiert. Ich neige eher der strikteren Definition zu, will aber keine allzu jakobinischen Regeln befürworten, weil diese ihrerseits nur wieder zu einem Tugendterror führen würden, der darauf hinausliefe, dass man Menschen, die man kennt und schätzt, überhaupt nicht mehr einstellen darf.

Es kommt übrigens bei einer *politischen* Definition von Korruption nicht darauf an, dass durch sie vorhandene Rechtsnormen verletzt werden. Das ist die *juristische* Definition. Sie ist zu eng. In der Politik ist es im Gegenteil so, dass nach ihren Maßstäben und Kriterien die Rechtsnormen verändert bzw. neue Rechtstatbestände geschaffen werden müssen, wenn bestimmte Verfahrensweisen einer Administration als korrupt oder zumindest als Einfallstor von Korruption erkannt werden, die vorher straffrei waren. Die politische und vor allem öffentliche Definition ist vor der juristischen Definition, was Juristen oftmals nur ungern einsehen mögen. Entscheidend ist aber, wer die Gesetze macht und gibt, und das ist immer noch das Parlament und keine Autokratie von Richtern.

2.14 Regierungsethik und Ethik-Codes

In Europa glaubt man – gegen alle Tatsachen und gegen alle Skandale – immer noch daran, dass bestimmte Regelungen der Regierungsethik sich sozusagen von selbst verstünden und deshalb nicht eigens kodifiziert werden müssten. Das ist typisch für eine erstarrte Gesellschaft von Hierarchien und Privilegien, in der zwar harte Normen gelten, die über Ausschluss oder Zugehörigkeit entscheiden, in denen man aber geneigt ist, diese Normen informell zu handhaben, d.h. nicht explizit mitzuteilen. Dadurch ergibt sich nämlich die Chance, diejenigen, die nicht dazu passen, aus heiterem Himmel auszuschließen, weil sie gegen irgendeine Regel verstoßen haben, ohne diese Regel selbst überprüfbar und rechtlich einklagbar zu machen. Andererseits kann man talentierte Aufsteiger, die die Normen und Regeln nicht beherrschen, dennoch je nach politischer Erforderlichkeit integrieren oder eben auch wieder stürzen.

In Einwanderergesellschaften wie den USA dagegen besteht die Neigung, die Regeln lieber klar und nachvollziehbar zu definieren. Jeder kann sie kennen, jeder Beamte liest sie bei seiner Einstellung durch und wird entlassen, wenn er dagegen verstößt, selbst wenn es für den Verstoß gute Gründe gegeben haben mag. Die Regeln werden dadurch formalistischer, aber eben auch der Willkür des Einzelfalls stärker entzogen. Das ist in einigen Fällen hart, in anderen Fällen aber durchaus gerechter. Deshalb sind die USA das Land der Ethik-Codes. Die Ausgangssituation ist das Bewusstsein, dass die Regeln für Regierung und Verwaltung eben nicht klar definiert sind, so dass Verstöße sich schon aus der Unklarheit über die geltenden Regeln ergeben müssen. Es kommt also darauf an, die Regeln für jedermann nachvollziehbar festzulegen und zu formulieren, damit hinterher keiner sagen kann, er habe es nicht gewusst.

Das ist ein durchaus kantisches Vorgehen, denn Kant verlangte von moralischen Normen, dass sie klar und verständlich sein müssten. Komplizierte Regelungen, die nur Experten richtig verstehen und auslegen können, oder Regeln des Herkommens, die eher rhetorisch nach der Durchsetzungskraft oder Lautstärke der Stimme bzw. der medialen Wirksamkeit Gültigkeit haben, gelten als konservativ. Liberal bzw. fortschrittlich sind solche Regeln, die aufgezeichnet, verständlich und nachvollziehbar sind, und zwar nicht bloß für Philosophen, Politikwissenschaftler, Juristen und andere Experten, sondern für den *common sense,* d.h. für jeden, der bei klarem Verstand ist, und auch für solche, die nicht in besonderer Weise intellektuell oder akademisch ausgebildet sind. Die Regeln müssen also klar und gegen spitzfindige, sophistische Auslegungen möglichst resistent sein.

Derartige Codes gibt es in den USA seit etwa 1924. 1961 hat Präsident Kennedy durch eine Regierungsanordnung die Bedeutung dieser Codes verstärkt. In der Folge des Watergate-Skandals kam es geradezu zu einer Welle von derartigen Codes. 1978 wurde ein „Ethics in Government Act" verabschiedet, der Regierungsethik als Aspekt öffentlicher Verwaltung ansah. Bis heute haben fast alle US-Staaten derartige Codes angenommen. Auf Bundesebene ist ein U.S. Office of Government Ethics eingerichtet worden. Umstritten ist bis heute, ob derartige Codes auf philosophischen Grundlagen, auf professioneller Verantwortlichkeit oder aber auf juristischen bzw. verfassungsrechtlichen Regeln beruhen sollten. Dazu kommt natürlich die Frage, ob derartige Codes eher allgemein gehalten oder sehr detailliert sein sollten. D. h., sollten generelle Ideale festgehalten werden, oder aber quasilegale klare Sanktionen angedroht werden für den Fall des Verstoßes? Die OECD hat vergleichbare Regeln für die öffentliche Verwaltung in ihren Mitgliedsländern entworfen.

In Europa sind ebenfalls klare Regelungen nötig. Und zwar zum doppelseitigen Schutz: Einerseits muss der Souverän, also der demokratische Bürger, vor denjenigen geschützt werden, die seine Steuergelder zu verschwenden geneigt sind und ihre privaten Interessen über seine Bedürfnisse und berechtigten Erwartungen stellen. Andererseits müssen diejenigen, die öffentliche Ämter übernehmen, aber auch davor geschützt werden, dass plötzlich und nachträglich, sozusagen aus heiterem Himmel, an sie Erwartungen formuliert und Skandale erzeugt werden, mit denen sie nicht notwendigerweise hätten rechnen müssen. Wenn es Regeln und Codes gibt, dann wäre ihnen nur der Verstoß gegen diese vorzuwerfen, aber nicht die Verletzung von Normen, insbesondere im sexualmoralischen Bereich, die in diesen Codes keine Rolle gespielt haben. Durch die öffentliche Formulierung dieser Normen, die natürlich nicht zu schwammig sein darf, wird zugleich gewährleistet, dass über die politisch Tätigen kein Tugendterror nach dem Modell des französischen Jakobinismus oder der iranischen Revolution hereinbricht. Ein Staat, in dem man für eine tatsächliche oder vermeintliche Liebesbeziehung zum Tode verurteilt werden kann, ist ein verbrecherischer Staat, und eine Gesellschaft, die eine derartige Norm befürwortet oder tolerieret, ist eine verbrecherische Gesellschaft.

Kodifizierte Regeln, die nachprüfbar sind, haben etwas elementar Demokratisches, denn jeder kann sich auf den Wortlaut berufen, während bei informellen und traditionellen Regeln kein klarer Wortlaut vorhanden ist und das Wort der Weisen gilt. Das ist übrigens auch einer der Gründe für die Illegitimität des derzeitigen deutschen Steuerrechts, das in den meisten Punkten nur in der Auslegung durch Gerichte bzw. juristische Fachleute gültig ist. Sobald das Recht eine Komplexität erlangt hat, die nur Experten zugänglich ist, ist der interessegeleiteten Auslegung durch die juristische Klasse Tür und Tor geöffnet und es verliert an Akzeptierbarkeit durch den Steuerbürger.

Die größte Sorge der Korruptionskontrolle aber ist die, dass sie die Regierungsarbeit ineffektiv machen könnte, dass sie so unrealistisch sei, dass sie die Regierenden so sehr mit den Aufgaben der Umgehung und des Verbergens von Aktivitäten belaste, dass sinnvolles Regieren kaum mehr möglich sei. In der EU wird das Grundproblem so gesehen, dass alle Behörden nach den bürokratischen Standards der französischen Kameralistik mit mehrfachen Kontrollen und Gegenzeichnungen gestaltet sind. Jede EU-Generaldirektion aber, die handeln will und etwas Effizientes zu Wege bringen will, muss diese umgehen und verletzen. Dadurch entwickelt sich eine Kultur der Korruption und Umgehung, die in Frankreich selbst noch durchaus unschädlich sein mag, weil jeder Verwaltungsbeamte an sie gewöhnt ist. Wo aber in der EU französische Verwaltungsdoktrin und protestantische Ethik aufeinanderstoßen, wie das im Falle der Auseinandersetzung zwischen Edith Cresson und jenem holländischen EU-Beamten Paul van Buitenen der Fall war, scheitert dieser Modus. Selbst in Frankreich hat er wohl nur zeitweise und durch Gewöhnung funktionieren können.

Korruptionskontrolle kann die Verwaltung so ineffektiv machen, dass diese, um überhaupt etwas zu leisten, Kulturen der Umgehung sowie komplementär dazu verschärfte Kontrollen entwickeln muss. Das Ziel der absoluten Integrität kann also durchaus in sein Gegenteil umschlagen, nämlich an die Gewöhnung an die berüchtigten „unbürokratischen Maßnahmen", die im Falle von Unglücken und Katastrophen ja auch immer angekündigt werden und bedeuten, dass das Geld ohne viel Prüfung an diejenigen gezahlt wird, die mit berechtigten oder unberechtigten Forderungen aufwarten. Wer am frechsten fordert, bekommt bei solchen

Gelegenheiten wohl auch am meisten. Die ehrlichen Opfer warten bis zuletzt. Man kennt das von den Erdbeben aus Italien, aber auch die Abwicklung der unbürokratischen Hilfe in Deutschland war nicht immer kritikfrei möglich (Anechiarico und Jacobs 1996).

Viele Kritikerinnen der EU-Kommission sagen inzwischen, dass die Gewöhnung an die Umgehung unpraktikabler kameralistischer Richtlinien eine der Hauptursachen der EU-Korruption gewesen ist. Das mag so sein. Entscheidend aber scheint mir, dass Korruption sich durch Kontrollen allein nicht wirksam bekämpfen lässt, auch wenn Kontrollen und Richtlinien unverzichtbar sind. Hinzukommen muss eine zivilgesellschaftliche Ablehnung von Korruption. Also eine Verankerung des Bewusstseins, dass Korruption schädlich ist und vor allem den unteren sozialen Schichten schadet. Korruption wirkt bekanntlich im Gegensatz zu einer progressiven Steuer, die mit höherem Einkommen ansteigt, als Regressivsteuer. D.h. die kleineren Einkommen und die kleinen Firmen werden am höchsten belastet, während Großfirmen die gezahlten Beträge leichter aufbringen können.

Wie ist mit Anschuldigungen der Veruntreuung von Geldern, des Abrechnungs- und Spesenbetrugs umzugehen? Hier sollte auch in der Politik die Regel gelten, dass bei unklaren Abgrenzungen zwischen privater und öffentlicher Nutzung, zwischen parteipolitischer und staatlicher Nutzung von Ressourcen im Zweifel für die Angeschuldigte gewertet werden sollte. Hierzu ist im Abschnitt über parlamentarische Untersuchungsausschüsse einiges mehr gesagt worden. Für die Angeschuldigten scheint umgekehrt als effektivster Ausweg aus einer Beschuldigungskrise angesichts der immer wieder neu erzeugten skandalisierenden Öffentlichkeitsstimmung eher das Gegenteil zu gelten: nichts abstreiten, alles zugeben und Reue zeigen. Die skandalsuchende Öffentlichkeit ist nun mal so etwas wie der ultimative Richter. Hier könnte vielleicht Nietzsches ironischer Hinweis an die frühen Christen hilfreich sein: „es ist besser, sich seine Schuld einzureden, als seine Unschuld, denn man weiss nicht genau, wie ein so mächtiger Richter gesinnt ist, – fürchten aber muss man, dass er lauter Schuldbewusste zu finden hofft! Bei seiner grossen Macht wird er leichter einen Schuldigen begnadigen, als zugestehen, dass einer vor ihm im Rechte sei" (1980, S. 72).

2.15 Die Berufung auf das Gewissen: Die Vier

Das Ypsilanti-Jahr 2008 in Hessen war ein Jahr des Gewissens und stellt geradezu ein Lehrstück dar, an dem die Politik des Gewissens diskutiert werden kann. Vor der Hessenwahl im Januar 2008 war die sozialdemokratische Standardantwort auf die Frage, ob eine Koalition mit der Linkspartei möglich sei, eine klare Ablehnung gewesen. Nach der Wahl strebte die maßgebliche Gruppe der hessischen Parteiführung entschlossen diese Koalition an. Zunächst stellte sich eine einzelne SPD-Abgeordnete dagegen, Dagmar Metzger. Sie wurde unter massiven Druck gesetzt und in der tribunalartigen Atmosphäre einer Parteiversammlung zur Rede gestellt. Sie blieb aber bei ihrer Position, bei einer Ministerpräsidentenwahl nicht für ihre Spitzenkandidatin Andrea Ypsilanti stimmen zu wollen, wenn diese auf die Stimmen der Linkspartei angewiesen sei. Dagmar Metzger sah dies als Gewissensfrage an.

Dabei kam es zu interessanten Debatten darüber, ob Gewissensfragen nicht auf bestimmte besonders herausgehobene ethische Probleme, wie z.B. Abstimmungen über die Abtreibungsfrage, die Sterbehilfe oder vergleichbare, oftmals religiös aufgeladene Fragen beschränkt werden müssten oder sogar immer schon beschränkt gewesen seien. In solchen Frage herrschte oft ein Konsens der Parteiführungen, den sogenannten Fraktionszwang aufzuheben und den Abgeordneten die Abstimmung freizustellen. Bei einer normalen Ministerpräsidentenwahl aber könne und dürfe das Gewissen keine Rolle spielen. Der Wortlaut des Grundgesetzes und der hessischen Verfassung lautet aber anders, denn jede Frage kann zur Gewissensfrage werden, wenn sie nur in die entsprechende Zuspitzung gebracht wird. In diesem Fall war sie mit einem fundamentalen moralischen Akt, nämlich mit einem Versprechen verbunden. Dagmar Metzger hatte im Wahlkampf ein ausdrückliches und vielfach besiegeltes Versprechen abgegeben. Sie wurde hierbei durch ihre Lebensgeschichte und ihr familiäres Umfeld doppelt bestärkt. Aufgewachsen in Berlin, hatte sie die Teilung hautnah erlebt, auch als Teilung ihrer eigenen Familie. In Darmstadt schließlich war ihr Schwiegervater der ehemalige Oberbürgermeister Günther Metzger, jahrelang Organisator des Seeheimer Kreises in der SPD und aktiver Vertreter einer antitotalitären Tradition in dieser Partei. Sie verstand sich mit ihm so hervorragend, dass er sie bei ihrem von Tür zu Tür geführten Wahlkampf gelegentlich begleitete und mit seiner immer noch gegebenen lokalen Prominenz für sie warb. Hinzu kam, dass sie als Abgeordnete nicht über die Landesliste in den Landtag eingerückt, sondern direkt gewählt worden war, die Wahl also zu einem erheblichen Teil auf ihr persönliches Engagement zurückführen konnte. Sie hatte gegen die amtierende hessische Kultusministerin Karin Wolff gewonnen.

Die empirische Politikwissenschaft weist immer wieder darauf hin, dass auf Bestimmungen wie im Artikel 38 des Grundgesetzes nur selten von Abgeordneten zurückgegriffen wird. Prozentual falle dies kaum ins Gewicht. Dennoch enthält die permanente Möglichkeit, sich auf den Satz „Sie sind Vertreter des ganzen Volkes, an Aufträge und Weisungen nicht gebunden und nur ihrem Gewissen unterworfen" zu berufen, eine massive Stärkung der Position der Abgeordneten. Die Formulierung im Grundgesetz ist die prägnanteste. Die hessische Verfassung ist in diesem Punkt etwas zurückhaltender und sichert in Art. 76 zu, dass jeder Abgeordnete das Recht hat, „sein Mandat ungehindert und ohne Nachteil auszuüben." Art. 77 setzt hinzu, dass die Abgeordneten Vertreter des ganzen Volkes sind. Viele vertraten die Position, Dagmar Metzger hätte zwar ihrem Gewissen folgen dürfen oder sollen, hätte dann aber ihr Mandat niederlegen müssen. Dies schloss sie ausdrücklich aus, denn ihr Versprechen bezog sich ja nicht nur auf ihr persönliches Abstimmungsverhalten, sondern auf den Kurs der SPD. Wenn sie den Weg freigemacht hätte für einen Nachrücker, der für eine Linkskoalition war, hätte sie ja durch ihr Handeln genau das herbeigeführt, was sie durch ihr öffentliches Auftreten verhindern wollte.

Die Situation Dagmar Metzgers kann als die paradigmatische Gewissenssituation angesehen werden: Eine einzelne Person steht auf gegen eine überwältigende Mehrheit, innerhalb derer, wie sich herausgestellt hat, auch einige schwankten, deren Aktivisten und Sprecher aber auf das heftigste verbal auf die Abweichlerin einschlugen. Die Parteiratssitzung am Morgen des 8. März 2008 wurde zu einem Tribunal, im Vergleich zu dem die Behandlung Martin Luthers auf dem Wormser Reichstag geradezu fair war, wenn wir der Schilderung eines Journalisten trauen dürfen, der dabei war. Die atmosphärischen Elemente einer Gewissenserforschung erscheinen mir außerordentlich relevant, weil sie klarmachen, dass die Berufung auf das Gewissen in der Politik kein Abstraktum ist, sondern zum konkreten Ort der Qualen werden kann: „Die Sitzung begann mit frenetischem Applaus für Andrea Ypsilanti, die den Saal mit ihrer Entourage erst betrat, als alle anderen schon da waren. Dann wechselte der Gefühlsstrom Farbe und Richtung und ergoss sich als endloser Schwall von Vorwürfen und Beschimpfungen über Metzger. Sauerei! Verrat! Parteischädigung! Sumpf! Schickimicki-Tante! Fährt in den Skiurlaub! Eine Abgeordnete verlangte, Metzger solle ihre Telefonverbindungs-Nachweise offen legen, damit man alle ausfindig machen könne, die mit ihr gesprochen hatten. Die Verräter! (...) Als fünfte oder sechste Rednerin bekam Dagmar Metzger Gelegenheit zur Stellungnahme, wurde aber laufend von Zwischenrufen unterbrochen. (...) Zaghaft zu ihren Gunsten sprachen Everts und Faeser, allerdings nur in einem allgemeinen Sinn, nämlich im Blick auf die Freiheit des Mandats. Das erforderte schon Mut. (...) Die Atmosphäre war hasserfüllt, beängstigend. Die hundert Personen in dem allzu engen Saal bildeten einen aufgewühlten Mob. (...) Es war eine Hetzjagd auf Abtrünnige" (Zastrow 2009, S. 320 ff.).

Im Laufe des Jahres 2008 schlossen sich noch drei weitere SPD-Abgeordnete dem Vorgehen von Dagmar Metzger an, so dass es sich insgesamt um vier Abweichler handelte. Da Andrea Ypsilanti mit der Linkspartei und den Grünen ursprünglich auf zwei Stimmen Vorsprung hätte rechnen können, also auf die eine Stimme Dagmar Metzgers nicht notwendig angewiesen war, wurde nunmehr klar, dass es nicht gehen würde. Wäre zu den Vieren eine weitere Abgeordnete hinzugekommen, hätte die Abweichlergruppe eine eigene Fraktion bilden, möglicherweise mit der CDU koalieren und dadurch Neuwahlen verhindern können. Entsprechende Sondierungen führten aber zu nichts. Ein Bündnis mit der CDU, das in der Vorbereitung der ja spätestens innerhalb von fünf Jahren folgenden Landtagswahl auch die Gründung einer eigenen Partei als Abspaltung von der SPD hätte nach sich ziehen müssen, wäre auch mit den gewissensmäßig begründeten Positionen einiger der Beteiligten nicht vereinbar gewesen. Die öffentliche Berufung auf das Gewissen enthält eben auch eine Selbstfesselung der eigenen Handlungsoptionen. Je mehr man sich auf das Gewissen beruft, um so gefährdeter ist die eigene Glaubwürdigkeit, wenn im praktischen politischen Prozess dann unvermeidlicherweise doch wieder taktiert und finassiert werden muss. Es könnte sogar sein, dass eine so nachdrückliche und spektakuläre Berufung auf das eigene Gewissen nicht allein wegen der Rache der Mehrheit innerhalb der Partei, die diese Abgeordneten nicht wieder nominieren wird, sondern auch aus eigenen inneren Gründen in eine relative Politikunfähigkeit führt.

Welcher praktische Rat ist aus dieser Konstellation zu entwickeln? Die Meinungen der Praktiker hierzu sind geteilt. Hans-Jochen Vogel, der SPD-Altvorsitzende, war der Auffassung, eine solche Entscheidung müsse auf jeden Fall offen und öffentlich diskutiert werden. Hans Apel, ein ebenso langjähriger Praktiker, hielt das Gegenteil für richtig: „Wieso? Die sind verrückt, wenn sie das offen machen" (ebd., S. 404). Es hat Präzedenzfälle gegeben, was die Stimmverweigerung eines Parteimitglieds bei einer entscheidenden Ministerpräsidentenwahl angeht: In Niedersachsen, als der designierte SPD-Kandidat Helmut Kasimier nicht gewählt wurde, was zu einer langjährigen CDU-Herrschaft unter Ernst Albrecht führte, und in Schleswig-Holstein, als am 17. März 2005 in vier Wahlgängen ein hartnäckiger Stimmverweigerer die Ambitionen von Heide Simonis scheitern ließ. In beiden Fällen ist der Täter bis heute nicht bekannt. Nicht die Gewissensberufung, sondern die geheime Wahl war hier das Prinzip. In Hessen hatte man sich in der Vorbereitung der Ministerpräsidentenwahl vielerlei spekulative Gedanken gemacht, wie durch eine – illegale – Markierung der Stimmzettel sichergestellt werden könne, dass man mögliche Abweichler über die Person Dagmar Metzgers hinaus auf jeden Fall erkennen und zur Rechenschaft ziehen könne. Üblicherweise wird den Verdächtigen nahegelegt, eine besondere Tinte zu verwenden oder ein unauffälliges Zusatzzeichen auf dem Stimmzettel anzubringen, das dann von dem Parteimitglied im Präsidium oder der Zählkommission überprüft werden kann. Bald gab es auch den Vorschlag, die Abgeordneten könnten ja in der Wahlkabine durch ein Handyfoto belegen, dass sie „richtig" abgestimmt hätten und auf diese Weise das Wahlgeheimnis brechen. Das Landtagspräsidium hatte sich entsprechende

Gegenmaßnahmen überlegt. Zu jenem Zeitpunkt waren die Fingerabdrücke und die DNA-Spuren noch nicht auf unseren Ausweisen gespeichert. Zukünftige Diskussionen werden voraussichtlich auch noch um diese Variante bereichert werden.

Die Konsequenz der verdeckten Abweichung war ähnlich wie bei der öffentlichen: Abweichler werden auf das Heftigste beschimpft. Ralf Stegner, der Hauptverdächtige im Fall Simonis, sprach von „ehrloser Schweinerei" und nannte die Abweichung in einem Brief „feige", „schäbig" und „charakterlos". In der Ypsilanti-Affäre 3 Jahre später haben die Medien ihn bevorzugt als Experten befragt. Er fand wieder die heftigsten Worte: „Ein solches Verhalten kann in keiner Partei geduldet werden" und fügte die Wertung „charakterlos und völlig niederträchtig" hinzu (Zastrow, S. 103). Die von vielen professionellen Politikern empfohlene Möglichkeit, vom Wahlgeheimnis Gebrauch zu machen und die eigene Entscheidung nicht öffentlich zu machen, ist allerdings nicht in jedem Fall gangbar, insbesondere dann nicht, wenn der Abstimmung lange Diskussionen und Auseinandersetzungen vorangegangen sind, aus denen man vermuten oder gar schließen kann, wer der oder die Abweichler gewesen sein müssen. Dies gab im hessischen Fall den Ausschlag für die öffentliche Behandlung der Gewissensfrage nicht nur bei Dagmar Metzger, sondern auch bei Jürgen Walter, denn diesem wurde seit seiner Niederlage gegen Andrea Ypsilanti in der Parteiabstimmung über die Spitzenkandidatur für die Landtagswahl nachgesagt, er sinne auf Revanche. So war klar, dass bei jeder undeklarierten weiteren Gegenstimme gegen Ypsilanti unterstellt werden würde, diese könne nur von Jürgen Walter oder aus seinem engeren Kreis kommen.

Wie sieht eine Bewertung dieses spektakulären Falles aus der Perspektive politischer Ethik aus? Es ist nicht so einfach, wie es scheint. Das Wahlgeheimnis, sowohl für Abgeordnete als auch für den Normalwähler, hat aus gutem Grund Verfassungsrang, denn nur so kann eine unbeeinflusste Stimmabgabe garantiert werden. Ohne dieses Geheimnis hätten wir ein imperatives Mandat. Die Abgeordneten wären sonst nur Marionetten ihrer Partei. Das Wahlgeheimnis ist ein hohes Gut, denn auch wenn behauptet wird, jeder könne in unserer freien Gesellschaft jederzeit frei seine Meinung sagen, zeigt die Alltagserfahrung, aber auch gerade dieser Fall, wie schwierig es sein kann und mit wie schweren persönlichen Konsequenzen es verbunden sein kann, in einer Entscheidungssituation, in der es auf jede Stimme ankommt, nachhaltige Bedenken zu äußern und Einwendungen zu machen. Alexis de Tocqueville hat bei seiner USA-Reise von 1831/32 sehr genau beobachtet, dass in dieser demokratischen Gesellschaft der Konformitätsdruck deutlich höher und bedrängender war als in Frankreich. Gegen diesen Konformitätsdruck sind Sicherungsmechanismen nötig, damit Minderheiten nicht rücksichtslos übergangen werden können. Der Meinungsdruck hat in der hessischen Affäre zum Teil sogar die Form von Mobbing und Psychoterror angenommen, so in der Äußerung der SPD-Aktivistin Ulli Nissen, im Mittelalter seien solche Leute „geteert, gefedert und gevierteilt" worden (ebd., S. 65). Frau Nissen bezeichnete eine der Abweichlerinnen, Carmen Everts, als Lügnerin und fügte hinzu, wenn Lügen kurze Beine hätten, dann mussten ihr „die Beine abfaulen" (ebd., S. 81). Solche unkontrollierten Äußerungen sind verbale Aggressionen, die gerne als Ausbruch besonders gefühlsseliger oder gar offenherziger Personen verharmlost werden, aber in zugespitzten Situationen vor allem als wirkungsvolles Druckmittel zur Unterdrückung abweichender Meinungen dienen. Ulli Nissen führte ihre eigene unkontrollierte und (hass)gefühlvolle Sprechweise immer wieder als Beispiel dafür an, dass die freie Meinungsäußerung innerhalb der hessischen SPD doch jederzeit möglich sei, und dass sie es nicht verstünde, wenn drei der vier Abweichler sich so lange zurückgehalten hätten und nicht sofort mit ihrer abweichenden Meinung hervorgetreten seien. Doch diese Rednerin schwamm mit der Mehrheit und erhöhte durch ihre Exaltation noch den Konformitätsdruck, während vorsichtig abwägende Äußerungen auf Murren, Ablehnung und Zwischenrufe stießen. Es ist schwer, einer solchen Atmosphäre mental standzuhalten.

Ein Plädoyer für Mut und Zivilcourage ist gegenüber solchen institutionellen Sicherungen unabdingbar, ist aber ohne institutionelle Sicherungen zu schwach. John F. Kennedy hat einen Band mit Porträts von Helden der Zivilcourage herausgebracht, um durch diese Vorbilder zu mehr Mut im öffentlichen Disput anzuregen (Kennedy 1983). Die Betonung der Heldenhaftigkeit ist aber ein deutlicher Hinweis auf die Schwäche dieses Konzepts. Nur die wenigsten Menschen sind Helden. Die hessischen Abweichler haben es immer wieder von sich gewiesen, in eine Heldenrolle gedrängt zu werden. Dazu passt auch, dass drei der Abweichler sich nach langem Zögern erst sehr spät zum Widerspruch entschieden und öffentlich erklärt haben. In der Diskussion wurde ihnen dieses immer wieder vorgeworfen: Eine Gewissensentscheidung müsse man sofort treffen und nicht erst nach langem Hin und Her. Doch gerade die quälend lange Dauer der Entscheidungsfindung kann ein Hinweis auf tatsächliche Gewissensqualen sein. Zur öffentlichen Berufung auf das eigene Gewissen wird man sich angesichts solchen öffentlichen Drucks erst dann nötigen lassen, wenn man in die Enge getrieben worden ist, wenn es gar nicht anders mehr geht.

Hieraus folgt, dass es keine moralische Verpflichtung geben kann, in solchen oder ähnlichen Fällen seine Position offenzulegen. Aber ist damit nicht das Demokratieprinzip verletzt? Hat der Wähler nicht Anspruch darauf, dass ihm gegenüber öffentlich Rechenschaft über das Stimmverhalten abgelegt wird? Ist das Wahlgeheimnis für Abgeordnete nicht auch eine Chance des verdeckten Stimmenkaufs, wie im Falle des konstruktiven Misstrauensvotums im Deutschen Bundestag gegen Willy Brandt im Jahre 1972, als ein CDU-Abgeordneter, wie sich später herausstellte, von der Stasi gekauft worden war? Der Abgeordnete Steiner jedenfalls, der damals für Brandt und gegen Barzel stimmte, hätte sein Verhalten nicht sehr überzeugend begründen können. Hier zeigt sich der Ambivalenzgrad politischer Ethik. Weder Strukturen noch Situationen sind immer so eindeutig, dass klare, moralisch richtungsweisende Antworten möglich wären. Es bleibt eine Abwägungsfrage, die allerdings in der Gesamtbeurteilung gerade wegen der Gefahr einer zentralisierten Konformitätssteuerung von Abgeordneten durch ihre Fraktionsspitzen zugunsten des freien Mandats ausgeht. Davon unberührt ist, dass das Verhalten des Abgeordneten Steiner sowohl strafrechtlich (zum Zeitpunkt der Entdeckung allerdings war diese Tat verjährt) wie moralisch verwerflich ist, und dass hierüber relativ leicht Einigkeit zu erzielen ist.

Eine politisch-ethische Bewertung des Verhaltens der hessischen Abweichler ist demgegenüber schwieriger. Die entschiedene, aktive Berufung auf das eigene Gewissen, das durch das Wählerversprechen gebunden war, spielte vor allem bei Dagmar Metzger eine tragende Rolle. Ihre antitotalitären politischen Grundüberzeugungen verlangten von ihr ein Abstimmungsverhalten der eindeutigen Ablehnung der Linkspartei. Aber auch hier bleibt die Frage nach dem *respice finem*, nach den zu erwartenden Konsequenzen. Wenn aus dieser Gewissensbindung nicht das Ausscheiden aus der Politik folgen soll – und das wäre ja widersinnig, weil dann genau das eintreten würde, was Dagmar Metzger verhindern wollte, nämlich die Beteiligung der SED-Nachfolgepartei an der Regierungsmacht in Hessen, dann wäre, wenn eine Große Koalition aus dem Bereich des Möglichen gerückt war, nur die Abspaltung von der SPD und in der Folge die Gründung einer eigenen Partei der Weg gewesen. Eine Grundsatzentscheidung, die vor den Konsequenzen der eigenen Entscheidung Halt macht, ist nur eine halbe Sache. Wenn dies nicht gewollt wird, bleibt im Grunde nur der Rückzug aus der Politik und das Eingeständnis der Scheiterns, verbunden mit der ebenso faden wie fragwürdigen Genugtuung, dass in diesem Fall ja auch die andere Seite, nämlich die Führungsgruppe der SPD um Andrea Ypsilanti, gescheitert ist.

Politische Ethik hat als Verantwortungsethik immer nach solchen Konsequenzen zu fragen. Wir sind in der Politik immer auch für die – von uns möglicherweise durchaus ungewollten – Folgen und Nebenfolgen unseres Handelns verantwortlich und sind dazu verpflichtet, diese zu bedenken, insbesondere wenn dies in längerdauernden Entscheidungsprozessen auch technisch und zeitlich möglich ist.

Doch werfen wir einen Blick auf die andere Seite, auf den Wortbruch Andrea Ypsilantis, die ja vor der Wahl ebenso wie Dagmar Metzger erklärt hatte, ein Bündnis mit der Linkspartei zur Erlangung der Regierungsmacht komme auf keinen Fall in Frage. Die Wahlforscher stimmen darin überein, dass ihr unerwartet hohes Stimmenergebnis unter anderem auch auf diese deutliche Festlegung zurückzuführen gewesen sei. Nach der Wahl stellte sich die Situation anders dar. Eine große Koalition, allerdings unter der knappen Führung der CDU wäre möglich gewesen. Da man aber einen Wahlkampf vor allem gegen den CDU-Ministerpräsidenten Roland Koch gemacht hatte, kam aus der Sicht der hessischen SPD-Führung nur eine Ablösung Kochs, und damit eine Anti-Koch-Koalition in Frage. Die Option einer großen Koalition ohne Koch, die, wie aus CDU-Kreisen nachträglich angedeutet wurde, durchaus im Rahmen des Möglichen gelegen hätte, wurde nicht sondiert. Die FDP hatte durch ihre klare Koalitionsaussage zugunsten der CDU ein Anti-Koch-Bündnis ohne die Linkspartei ausgeschlossen. Hier kamen also mehrere Festlegungen und Gegenzüge in das Spiel, die nach einer Flexibilisierung und Auflösung, also einer wirklich talentierten politischen Führung verlangten. Stattdessen legte sich die SPD-Führung auf das Bündnis mit Linken und Grünen fest, trotz der Unklarheit über die Verlässlichkeit der Linksfraktion und trotz der bekannten Widerstände in der eigenen Partei, die letztlich den Ausschlag für das Scheitern gaben.

Unter dem Gesichtspunkt politischer Ethik ist der Bruch einer vor der Wahl gegebenen Zusage, jedenfalls wenn es sich um eine unter mehreren handelt, die, wie sich hinterher herausstellt, sich gegenseitig ausschließen, keineswegs von vornherein zu verurteilen. Andrea Ypsilanti wies darauf hin, sie habe die Ablösung der Regierung Roland Koch als Hauptparole im Wahlkampf vertreten und hätte schon deshalb nicht eine Koalitionsregierung unter dessen Führung ernsthaft in Erwägung ziehen können. Wenn die Erfüllung dieses Wahlversprechens nunmehr nur unter Bruch des anderen Versprechens, nicht mit der Linkspartei zusammenzugehen, möglich war, dann hätte dies eben in Kauf genommen werden müssen. Darüber hinaus war an eine Regierungsbeteiligung der Linkspartei nicht gedacht, sondern nur an ein Tolerierungsabkommen, das ermöglicht hätte, die Ministerinnenposten allein zwischen SPD und Grünen aufzuteilen.

In ähnlicher Weise hatte auch die Bundes-SPD im Wahlkampf 2005 gegen die von der CDU geplante Mehrwertsteuererhöhung um 2 Prozentpunkte als „Merkelsteuer“ polemisiert, nach der Wahl aber um des höheren Ziels der Haushaltskonsolidierung und der Sozialpolitik willen sogar einer Erhöhung um 3 Prozentpunkte zugestimmt. Solche Brüche sind, wenn sie überzeugend erklärt werden können, nicht verwerflich, wenn die äußeren Bedingungen sich ändern und unerwartete Lösungen erfordern. Das war bei dieser Wahl, bei der auf eine CDU/FDP – Koalition gesetzt worden war, durchaus der Fall. Öffentlichkeit und Wähler sind oftmals bereit, dies als notwendige gegenseitige Zugeständnisse hinzunehmen, weil sie sich bewusst sind, dass Kompromisse zu einer erfolgreichen demokratischen Kooperation dazugehören.

Die Berufung auf ein Gewissen, das dieses nicht zulassen würde, bringt dagegen die Gefahr, genau dieses ausgleichende Kernelement der parlamentarischen Demokratie unter Bedingungen des Verhältniswahlrechts zu gefährden. Die Gewissensanrufung ist, wie Niklas Luhmann sagen würde, im Kern polemogen, also streiterzeugend. Wenn man sich erst einmal zu einer quälenden Gewissensentscheidung durchgerungen hat, sind keine Kompromisse mehr möglich. Wenn ein Teilnehmer des politischen Spiels eine Frage als Gewissensfrage deklariert, ist damit impliziert, dass er unabhängig von den Veränderungen äußerer Konstellationen auf jeden Fall an seiner Position festhalten muss, wenn er oder sie glaubwürdig bleiben will. Das Gewissen kann dann von einem minoritätsschützenden und Offenheit garantierenden Element der Verfassung zu einem vordemokratischen Moment des absoluten Richtigkeitsanspruchs werden. Das Festhalten daran macht die nötigen Adjustierungen, die immer mit Kompromissen verbunden sind, schwierig bis unmöglich, und schafft im Grunde eine vorbürgerkriegsartige Situation. Wenn vorhin die Schärfe der konsenserzwingenden Polemik kritisiert wurde, dann ist aus dieser neuen Perspektive nunmehr die Inflexibilität der Gewissensposition zu kritisieren. Wir sollten nicht vergessen: auf Luthers großes Gewissenswort folgten mehrere Religionskriege, die schließlich im Dreißigjährigen Krieg gipfelten. Die theologischen Differenzen, um die es gegangen war, erscheinen dem Außenstehenden müßig, jedenfalls den unbedingten Vernichtungswillen dieser Auseinandersetzungen nicht wert. Die Historiker betonen deshalb auch immer die Interferenz machtpolitischer Erwägungen. Dabei sollte nicht übersehen werden, dass die Grausamkeit und unerbittliche Härte dieser Auseinandersetzungen, auch ihre Unlösbarkeit, bis nicht die völlige Erschöpfung der Gegner erreicht war, doch wesentlich durch die religiöse Grundierung des Konflikts verursacht wurde. Dort, wo die Berufung auf das Gewissen nicht mehr Schutzklausel und Schutzmechanismus, sondern Kampfparole wird, kann sie sich zur menschengefährdenden Massenvernichtungswaffe entwickeln.

Die politische Ethik in der Demokratie ist deshalb wesentlich eine Ethik des Kompromisses. Der beißende, scheinbar überlegene Spott, den Kurt Tucholsky in der Weimarer Republik über deren Kompromisssucht ausgegossen hat, hat sicherlich seinen Teil zur Delegitimierung dieser Republik bei den linken Intellektuellen beigetragen. Kompromissunfähigkeit kann zur tödlichen Gefahr für die Demokratie werden. Gebietsabkommen können nicht abgeschlossen werden, wenn jeder Zentimeter als „heiliger Boden" erklärt wird, wie dies im Nahostkonflikt der Fall ist. Dann bleibt nur der durch Waffenstillstände bloß vorübergehend aufgehaltene und unterbrochene Kampf bis zur Entscheidung.

Das Gewissen erscheint in dieser Perspektive dann als ein vordemokratischer, religiöser Überhang. Es gibt, angeregt durch zwei kluge Schriften Carl Schmitts, eine umfangreiche Diskussion über die Frage, ob wesentliche politische Grundbegriffe nicht auf säkularisierte Theologeme zurückzuführen seien (1985 u. 2010). Hier haben wir es mit einer umgekehrten Situation zu tun. Der Gewissensbegriff ist bis heute in seiner praktisch-politischen Verwendung nicht konsequent säkularisiert. Das wurde z.B. deutlich, als nach der Einführung der Kriegsdienstverweigerung aus Gewissensgründen dafür eine tribunalartige Gewissensprüfung für erforderlich gehalten wurde und dabei vor allem religiöse Gründe auf fraglose Anerkennung zählen konnten, während konsequent säkular argumentierende Verweigerer mit Ablehnung zu rechnen hatten. Die Spruchpraxis wurde immer mehr verfeinert und der sich weiter säkularisierenden Gesellschaft zunehmend angepasst, im Grunde hat aber erst die Abschaffung der als peinlich empfundenen Gewissensprüfung und deren Ersetzung durch eine einfache Erklärung des Wehrpflichtigen hier Abhilfe geschaffen.

Betrachten wir die Abstimmungen des Deutschen Bundestages, bei denen die Fraktionen nach Art. 38 die Abstimmung ausdrücklich vom „Fraktionszwang" befreit hatten, lassen sich hier ähnliche Feststellungen machen. Zunächst waren es vor allem die religiös motivierte Abtreibungsfrage und ähnliche Entscheidungen, bei denen klar war, dass die Fraktionsführungen sich nicht über die religiöse Bindung der Abgeordneten hätten hinwegsetzen können. Später allerdings wurden auch ganz praktische Abstimmungen, wie die über die Verlegung der Hauptstadtfunktion von Bonn nach Berlin „freigegeben", die mit herkömmlichen Gewissensfragen nichts mehr zu tun hatten.

An dieser Stelle ist noch einmal ein genauerer Blick auf den Wortlaut des Art. 38 GG angebracht, denn die bisherige Diskussion könnte den Anschein erwecken, als sei das Recht eines Abgeordneten, von der vorgegebenen Partei- oder Fraktionslinie abzuweichen, daran gebunden, dass er Gewissensgründe hierfür geltend machen kann. Das ist zwar bei der Kriegsdienstverweigerung nach Art. 12a in der Tat der Fall gewesen, nicht aber in Art. 38, denn dort heißt es lediglich, Abgeordnete seien an Aufträge und Weisungen nicht gebunden. Sie können also ihre Entscheidungen nach den Kriterien treffen, die ihnen gut dünken. Wenn es weiter heißt, sie seien „nur ihrem Gewissen unterworfen", ist damit ganz offensichtlich nicht gemeint, dass ihre Entscheidungen auf Gewissensgründen basieren müssten. Sie können durchaus auf pragmatischen Rücksichten, auf Gewohnheit oder was auch immer gründen. Es wird lediglich verlangt, dass sie ihrem Gewissen nicht zuwider handeln, d.h. nichts tun, was sie vor ihrem Gewissen nicht vertreten können. Das Gewissen ist nicht die leitende Instanz, sondern vielmehr ein letztes, individuelles und von außen nicht überprüfbares Kontrollinstrument der praktischen Entscheidung. Die meisten politischen Entscheidungen, die ein Abgeordneter zu treffen hat, werden sein Gewissen nicht berühren. Es könnte allerdings dann berührt sein, wenn er sich in einer ansonsten belanglosen Entscheidung durch Interessenten kaufen ließe, was darüber hinaus inzwischen auch strafrechtlich sanktioniert werden kann. Die Erinnerung an das Gewissen ist zu lesen als eine Ermahnung an die Abgeordneten, von ihrer Unabhängigkeit und Entscheidungsfreiheit, also ihrer Freiheit, von den Vorgaben ihrer politischen Organisationen abzuweichen, in verantwortungsvoller Weise Gebrauch zu machen. Die Formulierung, sie seien „nur" ihrem Gewissen unterworfen, impliziert auch, dass sie im Ernstfall eine Entscheidung durchaus allein mit sich selbst und mit niemandem anders ausmachen können.

Im Artikel 12a über die Kriegsdienstverweigerung liegen die Dinge anders. Hier ist in der Tat eine Verweigerung nur aus Gewissensgründen, also nicht aus pragmatischen Gründen möglich. Im Unterschied zu früher brauchten diese Gründe allerdings nicht mehr vor einem Ausschuss glaubhaft gemacht zu werden. Dieser Punkt wirft ein weiteres Licht auf das Gewissen: es ist von außen nur schwer bis gar nicht überprüfbar. Es wirkt im finsteren Inneren des Selbst, also im Sinne einer Art von Black Box. Da darüber hinaus jede Entscheidung, wenn sie nur hinreichend zugespitzt wird, zu einer Gewissensfrage werden kann, ist diese Black Box mit beliebigen Inhalten füllbar.

Die hessische Affäre ist so vielschichtig, dass sie uns Gelegenheit gibt, noch einen weiteren wichtigen Aspekt zu erörtern. Die letztlich vier sozialdemokratischen Abgeordneten, die nicht bereit waren zur Wahl einer von der Linkspartei unterstützten Ministerpräsidentin, waren innerhalb der hessischen SPD eindeutig eine Minderheit. Doch es wäre eine zu starke Vereinfachung, dies nur unter dem Aspekt des Minderheitenschutzes zu diskutieren, denn sie stießen offenbar sowohl bei der Mehrheit der Wähler als auch bei einer großen Zahl von Journalisten auf z.T. begeisterte Zustimmung. Formulierungen wie „die vier Aufrechten" oder „die phantastischen Vier" geisterten durch die Blätter und Online-Redaktionen, die „Welt" sprach von einer „Sternstunde der Demokratie" (gesammelt bei Zastrow 2009, S. 92). Der Grund hierfür: die Mehrheit innerhalb der hessischen SPD-Funktionäre und die Mehrheit der eigenen Wähler waren auseinandergedriftet. Die hessische SPD führte einen Sonderdiskurs, der sie von den Wählern zunehmend isolierte, was sich in einem nachhaltigen Rückgang der Stimmenzahlen zeigte, der durch die besonderen Umstände der Ypsilanti-Wahl und die Abnutzungserscheinungen der Regierung Roland Kochs nur unterbrochen worden war. Einige Beobachter führen das auf den nachhaltigen Einfluss der Generationskohorte der Nach-68er zurück, die eine Distanz zur Arbeitswelt der Handwerker, Arbeiter und Kleinbürger sowie eine unbedingte Empathie mit den Empfängern staatlicher Leistungen an den Tag gelegt hätten.

Die SPD, einst die politische wie wirtschaftliche Führungspartei in Hessen, entwickelte daraus die Tendenz, sich aus der Gesellschaft zurückzuziehen und den Kontakt auf die Gesinnungsgenossen innerhalb des eigenen Sympathisantenumfeldes zu beschränken (ebd., S. 68 f.). Innerhalb der Partei führte dies zu Entwicklungen, welche die Minderheitsposition, in die die Abweichler geraten waren, recht überzeugend erklären: Zwar gingen die Stimmenzahlen der SPD zurück, die für die Niederlage Verantwortlichen aber wurden dadurch nur gestärkt, denn nach dem Prinzip der Listenwahlen kamen vor allen die vorderen Plätze, und damit die Repräsentanten der innerparteilichen Mehrheit zum Zuge. Mögliche wirtschaftsfreundliche und stärker wählerzugewandte andere wurden auf die hinteren Plätze verbannt und hatten bei zurückgehenden Stimmenzahlen nur die Chance, als Direktkandidaten in den Landtag einzuziehen, wie das im Falle von Dagmar Metzger und Silke Tesch der Fall war. Die Listen werden von der engeren Parteiführung festgelegt und dem Parteitag vorgeschlagen. Wer auf dem Parteitag eine Kampfkandidatur gegen einen Listenvorschlag wagte, erklärt sich von vornherein als Gegner der Führung und als jemand, der nicht mitspielt und nicht bereit ist, „sich hinten anzustellen", wie die Funktionärsformel lautet. Die spezielle Situation in der hessischen SPD hat Volker Zastrow so zusammengefasst: „Der Aderlass begünstige die Vorherrschaft der Linken. Wenn in einer Partei ein Flügel übermächtig wird, stärken ihn deren Niederlagen bei allgemeinen Wahlen" (ebd., S. 73). Die Parteienforschung sagt voraus, dass dies auf mittlere und längere Sicht den Niedergang der Partei durch Entfremdung vom Wähler beschleunigen wird. Der Mobilisierungseffekt gegen die CDU Roland Kochs und das zunächst überzeugend wirkende „neue Gesicht" Andrea Ypsilantis hatten das im Januar 2008 noch durch einen beachtlichen Zustimmungserfolg etwas überdeckt, obwohl schon hier warnende Stimmen darauf aufmerksam machten, dass die 36,7% der SPD ihr bis dahin zweitschlechtestes Ergebnis in Hessen überhaupt gewesen waren. Ein weiterer Punkt kam hinzu: Wenn man nach der inneren Selbstgruppierung der sozialdemokratischen Landtagsabgeordneten die linke „Vorwärts" und die eher pragmatisch orientierte „Aufwärts"-Gruppe nachzählt, dann waren 22 Parteilinke, auf den hinteren Plätzen bzw. über Direktwahl immerhin noch 20 sogenannte Parteirechte in den Landtag gekommen. Für die Stimmung entscheidend war der Aufschwung gegenüber dem Desaster der vorangegangenen Wahl von 2003 mit 29,1% und der erhebliche Stimmenverlust Roland Kochs, der als Sieg über die CDU gefeiert werden konnte.

Damit haben wir einen doppelten Befund: die innerparteiliche Minderheit steht in einem intensiveren Kontakt zur gesellschaftlichen Außenwelt als die von den Wählern entfremdete Mehrheit. Die innerparteiliche Schließung der Diskussion ist vom weiteren politischen Niedergang begleitet: In der vorgezogenen Landtagswahl 2009 setzte sich der Niedergang der SPD fort. Sie erreichte mit 23,7% einen erneuten Minusrekord, nachdem die Umfragen schon während des ganzen Jahres 2008 in den 25%-Bereich zurückgegangen waren. Immerhin hat die SPD 2013 in Hessen wieder 30,7% erreicht, so dass der Niedergang nicht unumkehrbar schien. Unter dem Gesichtspunkt der politischen Ethik stehen hier zwei Regeln im Widerstreit: die innerparteiliche Solidaritätsregel, welche es gebietet, innere Differenzen nicht nach außen zu tragen, sondern in der Öffentlichkeit geschlossen aufzutreten auf der einen Seite, auf der anderen die Regel der Offenheit und des Eingehens auf andere Meinungen, weil nur so grobe Führungsfehler und die Abkapselung von der Gesellschaft vermieden werden kann. Diskussionsoffenheit ist ja nicht nur eine empfehlenswerte Tugendregel für eine politische Führungsgruppe, sondern eine Überlebensregel, wenn sie politisch mittelfristig erfolgreich sein will. In Hessen hat sich die erste Regel durchgesetzt. Volker Zastrow hat eine Hypothese darüber aufgestellt, warum dies so war: „Dass eine Partei sich so verkapseln kann, liegt letztlich an den Wahllisten. Diese Listen bestimmen nämlich, wer auch bei schlechten Ergebnissen in den Landtag oder Bundestag gelangt. Wer vorn auf der Liste steht, kommt immer ins Parlament – solange nur die Partei die Fünf-Prozent-Grenze durchbricht. Die SPD könnte ruhig noch weiter in der Wählergunst absinken, sagen wir auf 13 Prozent. Die ersten zehn Kandidaten auf ihrer Landesliste würden dennoch unweigerlich in den Landtag kommen. Von einem Wahlergebnis, das ihnen persönlich Sorge machen müsste, sind sie also ziemlich weit entfernt" (Zastrow 2009, S. 69 f.). Wenn diese Hypothese zutrifft, ist die Aufstellung der Landeslisten ein Mechanismus der innerparteilichen Schließung, der umso stärker wirkt, je kleiner die Partei ist, denn bei relativ großen Parteien haben überzeugende Kandidaten von den hinteren Plätzen immer noch eine Chance, auch direkt gewählt zu werden. Eine Änderung der Aufstellungsmodalitäten der Kandidaten könnte also eine größere Bürgernähe der Parteien bewirken. Aber wie sollte eine stärkere öffentliche Beteiligung am Aufstellungsprozess der Kandidatinnen aussehen? Könnten dann nicht z.B. auch Anhänger der Konkurrenzparteien dabei sein, die vielleicht für die weniger attraktiven, weniger aussichtsreichen Kandidaten eintreten, um die Chancen der eigenen Partei zu erhöhen? Solche Tricks werden aus einigen der Vorwahlkämpfe in den USA berichtet.

Mit einer anderen Möglichkeit wird seit längerem in Deutschland experimentiert: der Wählerin werden mehrere Stimmen, zum Beispiel fünf, gegeben, die sie durch Kumulieren (mehrere Stimme für eine Person) und Panaschieren (das Verteilen dieser Stimmen auf mehrere, auch aus unterschiedlichen Parteien) beliebig vergeben kann. Dies sind zum Teil recht komplexe und anspruchsvolle Formen, mittels derer die einzelnen Wähler nicht nur ihre Parteipräferenz, sondern auch die Gewichtung ihrer Stimme für einzelne Kandidaten deutlich machen können. Dies ist bei Kommunalwahlen in einer Reihe von Bundesländern, auch in Hessen, möglich, nicht jedoch bei Landtagswahlen. Schon die Direktwahl der Bürgermeister in mittlerweile allen Kommunen hat einen anderen, eher öffentlichkeitsorientierten, eher populären Politikertypus gefördert, welcher sicherlich zur Lebendigkeit unserer kommunalen Selbstverwaltung beiträgt.

Im Ergebnis zeigt sich: die Zuspitzung dieses Konflikts auf einige wenige Abweichler und letztlich auf eine Gewissensfrage hängt auch damit zusammen, dass die institutionellen Mechanismen im Vorwege eine Entfremdung, eine Einkapselung, einen parteiinternen Sonderdiskurs hervorgebracht haben, der z.T. sogar sektenhafte Züge angenommen hat. Hier ist eine innerparteiliche Diskussion schon über einen länger zurückreichenden Zeitraum aus dem Ruder gelaufen. Die Berufung auf das Gewissen stand hier nicht am Anfang des Prozesses (das war bei Luther und der Reformation übrigens ganz ähnlich), sondern war das Ergebnis eines Prozesses, das allerdings an den meisten Peripetien dieser Entwicklung durch kluges politisches Handeln noch hätte abgewendet werden können. Der Analyse- und Unterhaltungswert dieser hessischen Ereignisse hatte zweifellos seinen Grund in ihren tragischen Zügen, denn beide Seiten steuerten mit recht unerbittlicher Konsequenz auf die gemeinsame Katastrophe zu.

Die differenzierte Diskussion der Gewissensfragen in der Politik führt damit letztlich doch zu einigen bemerkenswert eindeutigen Regeln für Praktikerinnen und Praktiker:

1. Auf das Gewissen sollte man sich nur im äußersten Notfall berufen, weil dann Kompromisse, das Lebenselement der Demokratie, erschwert werden.
2. Bei Art. 38 des Grundgesetzes handelt es sich um eine Regel zur Stärkung der Stellung des Abgeordneten gegenüber Fraktionsführung und Partei. Der Gewissensbegriff spielt dort keine tragende, sondern nur eine den Abgeordneten ermahnende Rolle, davon verantwortungsvoll Gebrauch zu machen.
3. Es ist immer hochriskant, die eigene Gewissensentscheidung nach außen zu kehren.
4. Umgekehrt können Formen von Gewissenskontrolle durch Tribunalisierung und insistierende Befragung politisch wie menschlich zerstörerisch wirken.
5. Es ist ratsam, das Wahlgeheimnis in jedem Fall zu wahren und zu schützen. Es handelt sich um ein so hochrangiges Recht, dass gelegentlicher Missbrauch in Kauf genommen werden muss.
6. Es ist unklug, eine praktisch-politische Entscheidung so zuzuspitzen, dass einer Minderheit nur der Rückzug auf das eigene Gewissen bleibt.
7. Das Gewissen ist eher für das Binnenverhältnis der Person als für das Außenverhalten des Politikers eine geeignete Appellationsinstanz.

2.16 Risikobewertung

Mathematisch-statistische Risikoberechnungen sind in Misskredit geraten, weil sie jahrzehntelang dazu gedient haben, die Restrisiken von Kernkraftwerken so klein zu rechnen, dass sie den Entscheidungsträgern als hinnehmbar erschienen. So haben die Studien der Gesellschaft für Anlagen- und Reaktorsicherheit ihre Grundannahmen so gewählt, dass die Unfallwahrscheinlichkeit 4 : 1 000 000 pro Reaktorjahr betragen sollte, also nur alle 250 000 Jahre pro Kernkraftwerk mit einem Umfall zu rechnen wäre (vgl. Kauermann und Küchenhoff 2011). Diese Kalkulationen sind politisch entscheidungsrelevant gewesen, basieren aber auf hypothetischen Annahmen, die offenbar die Risiken nicht zureichend einkalkuliert hatten.

Eine Risikoberechnung dagegen, die ausgesagt hätte, dass in einem Zeitraum von 1979 bis 2011, also innerhalb von 32 Jahren, drei schwere Kraftwerksunfälle, zwei davon mit massivem Austritt von Radioaktivität in die Umwelt, sowie eine Reihe von leichteren Betriebsstörungen auftreten würden, hat es nicht gegeben. Im Gegenteil, die Wahrscheinlichkeit solcher Umfälle wurde als vernachlässigenswert gering dargestellt. Die Berechnungen waren fehlerhaft, weil sie auf willkürlich eingeschätzten Basisdaten beruhten. Es hilft nichts, wenn Statistiker nun apologetisch erklären, ihre Berechnungen seien zwar richtig, aber es könne durchaus sein, dass diese wenigen zu erwartenden Ereignisse relativ eng innerhalb eines kurzen Zeitraums zusammenfallen und dadurch den Eindruck einer höheren Wahrscheinlichkeit erwecken. Das ist Spiegelfechterei, die über das Basisdatenproblem hinwegtäuscht, über das Statistiker nur ungern reden.

Da die drei Unfälle aus unterschiedlichen Ursachen und in unterschiedlich konstruierten Kraftwerkmodellen aufgetreten sind, zudem in kulturell wie strukturell radikal unterschiedlichen Gesellschaften, haben wir hier einen durchaus charakteristischen Querschnitt und können auf dieser Basis weiterrechnen. Dies haben die beiden Statistiker Göran Kauermann und Helmut Küchenhoff getan, wobei sie den Unfall in Harrisburg nicht eingerechnet haben, weil die Schutzhülle trotz Zerstörung des Reaktorkerns intakt geblieben war. Wenn man also zwei Unfälle auf dreißig Jahre annimmt und dies durch die in den vergangenen Jahren weitgehend konstant gebliebene Zahl von weltweit 442 Kernkraftwerken teilt, ergibt sich eine Wahrscheinlichkeit von 1,5 : 10 000, und das ist eine um den Faktor 40 größere Unfallwahrscheinlichkeit als von der Gesellschaft für Reaktorsicherheit angegeben. „Vernachlässigt man den Unfall aus Tschernobyl und schließt nur die 325 westlichen Kernreaktoren in die Analyse ein, so verändert sich die berechnete Wahrscheinlichkeit auf einen Unfall je 10 000 Jahre. Das hört sich wenig an, heißt aber für Deutschland, dass wir in den kommenden zehn

Jahren bei den 17 deutschen Reaktoren mit fast zwei Prozent Wahrscheinlichkeit einen Unfall erleben werden" (ebd.). Diese Schätzung beruht auf den beobachteten Daten, unterliegt wegen der extrem kleinen Datenbasis allerdings einer hohen Schwankungsbreite und ist damit sehr ungenau. Kauermann und Küchenhoff nehmen eine Schwankungsbreite von minimal 4 : 100 000 und maximal von 5,5 : 10 000 an. Erschreckend dabei ist, dass die Zahl der Gesellschaft für Reaktorsicherheit von 4 : 1 000 000 außerhalb beider berechneter Konfidenzintervalle liegt, so dass erhebliche Zweifel an der wissenschaftlichen Validität dieser offiziösen Zahl angemeldet werden müssen.

Darüber hinaus ist das besonders Erschreckende an den Kernschmelzen im japanischen Fukushima erstens, dass ein seit langem an der japanischen Pazifikküste erwartetes Ereignis, nämlich ein besonders schweres Erdbeben mit Tsunami, eingetreten ist. Aufgrund der Plattenverschiebung werden schwere Erdbeben im Raum von Tokio etwa alle 70 Jahre erwartet. Da das letzte 1923 stattfand, war das jetzige überfällig und schon aus mechanischen Gründen der stärkeren Verschiebung entsprechend nachhaltiger. Die Kollegen von der Tokyo University hatten uns schon seit Jahren, wenn sie uns vom Flughafen abholten, mit Diskursen über das zu erwartende Erdbeben unterhalten. Zweitens ist erschreckend, dass der Kühlungsausfall bei Kernkraftwerken und Lagerbecken ja auch aus beliebigen anderen Gründen auftreten kann und allein schon ausreicht, eine schwere Explosion zu verursachen. Die Rede vom besonders unwahrscheinlichen Zusammentreffen extrem unwahrscheinlicher Ereignisse, mit denen die Statistiker vor uns brilliert hatten, ist in diesem Fall also völlig unangemessen gewesen. Ein Stromausfall im Zusammenwirken mit einem Ausfall der Notstromaggregate ist nun wirklich kein undenkbares Ereignis und kann auch auf ganz andere Weise als durch ein Erdbeben verursacht werden, sei es durch Hochwasser oder die überraschenden Auswirkungen eines besonders extremen Winters.

Die Risikoberechnungen waren also nicht belastbar, was sich auch daran zeigt, dass keine Versicherung oder Rückversicherung das Risiko eines Atomkraftwerksunfalls zu übernehmen bereit war. Die Kraftwerke können allein deshalb betrieben werden, weil die jeweiligen Staaten, also ihre Steuerzahler, das Risiko übernehmen. Eine rein ökonomische Kostenkalkulation hätte den Betrieb nicht begründen können. Das Atomkraftproblem ist nach den Kriegsrisiken eines der gefahrenträchtigsten Gegenwartsprobleme, ist aber risikostrukturell so eindeutig, dass hierzu nicht mehr viel gesagt werden muss.

Statistiken können eine ungeheure Plausibilitätswirkung erzeugen und haben dann und nur dann in der politischen Rhetorik eine enorme Durchschlagskraft, wenn sich die Aussage auf einige wenige Punkte beschränkt. Reiht man Statistik an Statistik, werden die Abweichungen auffallen, die man mit unterschiedlichen

Berechnungsmethoden und unterschiedlichen Basisdaten erklären muss, bis niemand mehr zuhört. Zum Beispiel werden die oben angegebenen stark schwankenden Konfidenzintervalle viele Leser schon zum raschen Weiterblättern veranlasst haben. Aus kurzen und knappen Ausführungen zu statistischen Ergebnissen jedoch werden wenige Botschaften mitgenommen und für „bewiesen" gehalten. Darauf basieren dann – auch und gerade in Fragen von Leben und Tod, also in der Medizin – weitreichende Kosten- und Grundsatzentscheidungen. Wenn durch eine Vorsorgeuntersuchung z.B. in einem Fall auf Tausend untersuchte Patienten ein Krebsfall diagnostiziert werden kann, wird diese empfohlen werden, obwohl es sein kann, dass bei mindestens einem weiteren Patienten eine Fehldiagnose gestellt wird, die dann zu einer unnötigen und gefährlichen Behandlung führt, sowie bei weiteren Patienten zur Beunruhigung und Verängstigung. Der Nutzen kostspieliger Vorsorgeuntersuchungen wird überschätzt. So sterben von 1000 Frauen, die eine Brustkrebsvorsorgeuntersuchung gemacht haben, vier an Krebs, von 1000 Frauen, die keine gemacht haben, fünf (Le Ker 2009). „Dänische Wissenschaftler um Peter Götzsche und Margarethe Nielsen hatten Untersuchungen ausgewertet, an denen mehr als eine halbe Million Frauen in Nordamerika und Europa teilgenommen haben. Sie belegten, dass die Erfolge der Mammografie eher enttäuschend sind: Wenn 2000 Frauen zehn Jahre regelmäßig am Brustkrebs-Screening teilnehmen, stirbt am Ende eine Frau weniger an Brustkrebs. Dieses Ergebnis allerdings wird mit vielen Fehlalarmen bezahlt. Die Auswertung der dänischen Wissenschaftler ergab: 10 von den 2000 regelmäßig mammografierten Frauen erhalten eine Brustkrebsbehandlung, obwohl sie gar keinen Brustkrebs haben. Und bei 200 der 2000 Frauen gibt es im Lauf von zehn Jahren mindestens einen Fehlalarm. Andere Studien kommen zu ähnlichen Ergebnissen" (Spiegel Online Wissenschaft, 2009).

Die Todesrate bei Prostatakrebsuntersuchungen, bei denen der sogenannte PSA-Wert erhoben wird, unterscheidet sich zwischen der untersuchten und der nicht untersuchten Gruppe nur insignifikant. Daraus folgt, dass derartige Untersuchungen nicht sinnvoll sind, insbesondere wenn man das Risiko der Fehldiagnose und aus ihr folgender Operationen oder aber das Risiko vorzeitiger und unnötiger Operationen mit berücksichtigt. Die Ausgaben für Vorsorgeuntersuchungen liegen im Milliardenbereich, ein positiver Effekt ist kaum messbar. Dennoch glauben die meisten der Patienten und die Mehrzahl der Ärzte (die es besser wissen müsste) an den Nutzen dieser Untersuchungen.

Aus der Sicht einer politischen Ethik ist festzuhalten: Statistische Rhetorik ist ein erprobtes Mittel, falsche Beruhigungen, aber auch, wie im Fall vieler Krebsvorsorgeprogramme, falsche Ängste und Erwartungen, auf jeden Fall aber immer Milliardenausgaben zu produzieren. Statistik wirkt offenbar auch auf diejenigen, die vorgeben, nicht an sie zu glauben. Eine oberflächliche, populistische Abwehrhaltung gegen Zahlen immunisiert nicht gegen deren subtilere Wirkungen. Da echte oder scheinbare zahlenfundierte Aussagen für politische wie für Alltagsfragen durchschlagen, scheint es unvermeidbar, auf Programme statistischer Aufklärung zu setzen, wie sie von Statistikern wie Walter Krämer, Gerd Gigerenzer und anderen versucht werden (Krämer 1992 u. 1992a; Gigerenzer 2009, Beck-Bornhold 2003). Nur wer Größenordnungen einschätzen kann, nur wer weiß, wann es durchaus sinnvoll sein kann, den Blick auch mal auf die absoluten Zahlen zu richten, wird den rhetorisch-demagogischen Strategien der Interessierten etwas weniger ausgeliefert sein.

2.17 Was ist Zivilcourage?

Eine tiefergehende Erforschung zivilcouragierten Handelns kommt zu ganz anderen Ergebnissen als die meist mit Aufrufen verbundene Diskussion in den Medien. Es scheint nämlich, dass Zivilcourage weniger in der altruistischen Tugend guter Bürger besteht, die sich aufopferungsvoll für andere einsetzen, sondern vielmehr in einer Grundhaltung, einem Habitus. Man ist zivilcouragiert, weil man so ist und so empfindet, weil man es für sich selbst und das eigene Selbstbild tut. Man protestiert, man widerspricht, aber im Grunde der Motivation nicht als Einsatz für andere, sondern, um mit sich selbst identisch zu sein. Die gründlichste Studie zu diesem Thema ist von Wolfgang Heuer vorgelegt worden (2002).

Ihm gelingt es, den Begriff „Zivilcourage" neu zu bestimmen. Heuer bezeichnet Zivilcourage als „Mut des Sprechens und Handelns", als „den Mut des Einzelnen, der sich in einer Minderheitenposition befindet" und der „mit den jeweiligen Ansichten und Verhaltensweisen" anderer in Konflikt gerät. Der Umfang der Zivilcourage ist laut Heuer dort besonders groß, wo ein hohes Maß an Abhängigkeit vorliegt oder der Konsens der Mehrheit besonders geschlossen wirkt. Zivilcourage zeichnet sich durch eine „humane Orientierung" aus, sie ist Ausdruck einer „zivilisierten Haltung" und unterscheidet sich dadurch von sportlichem oder militärischem Wagemut sowie von der Motivation, zum Beispiel terroristische Anschläge zu begehen (ebd., S. 10 f.).

Er hat in einer ostdeutschen Stadt fünfunddreißig narrative Interviews mit Menschen geführt, die er selbst als oppositionell und eigensinnig charakterisiert. Mit sechs dieser Interviewten hat er zwei Jahre später je ein weiteres Gespräch sowie eine Gruppendiskussion verwirklicht. Sein Ziel war es dabei, die „jeweiligen habituellen Eigenarten der Beteiligten" zu untersuchen.

Heuers leitende These lautet, Zivilcourage sei – entgegen gängigen Auffassungen – nicht (notwendig) mit altruistischem Verhalten verknüpft bzw. altruistisch motiviert und es sei ein Fehler, Zivilcourage mit Altruismus gleichzusetzen. Weiter und umfassender kritisiert Heuer die geläufige Annahme, „moralische Gründe als Ursachen für couragiertes Handeln" anzunehmen (ebd., S. 13). Schließlich meint er drittens, Veröffentlichungen über Zivilcourage seien zumeist von dem Anliegen geleitet, „ein theoretisches, normatives Konstrukt" (ebd., S. 300) vorzulegen, das couragiertes Handeln lehr- und lernbar macht. Damit würde von vornherein der Untersuchungsgegenstand unzulässig beschränkt und im Grunde zu einer Art von staatsbürgerkundlichem Projekt umfunktioniert.

Alle drei Thesen Heuers haben einiges für sich: ja, es muss begrifflich (möglichst) präzise zwischen Zivilcourage und Altruismus, aber auch zwischen Zivilcourage und bürgerschaftlichem Engagement, zwischen Zivilcourage und gesellschaftlicher Verantwortung unterschieden werden. Weiter hat Heuer recht, dass es sinnvoll sein könnte, zu untersuchen, ob couragiertes Handeln durch moralische Gründe oder auf andere Weise motiviert ist.

Wolfgang Heuer fasst Zivilcourage als Haltung oder als Habitus und stützt sich dabei im Wesentlichen auf den Habitus-Begriff von Pierre Bourdieu. Die Besonderheit couragierten Handelns liegt nach Heuer weder in seiner Seltenheit oder in der Aktivität (gegenüber einem passiven Verhalten), noch darin, dass es den Menschen um ihre persönliche Wahrheit geht. Alles drei kann ihm zufolge auch auf nicht couragiertes Alltagshandeln zutreffen. „Was hier allerdings die couragiert von den nicht couragiert Handelnden unterschiedet, ist der Grad der öffentlichen Verteidigung oder Behauptung der eigenen Wahrheit", was „zu seiner Verwirklichung des Mutes bedarf" (ebd., S. 295).

Indem Heuer couragiertes Handeln als Habitus darstellt, beschreibt er es als „nicht nur nicht voraussetzungslos, sondern auch nur schwer zu beeinflussen und zu verändern" (ebd., S. 297), couragiertes Handeln sei nicht erlernbar, zumindest weder kurzfristig noch mithilfe theoretischer Ansätze. Allein spezifische Umstände einer Lebenswelt ließen das langsame Erwerben eines entsprechenden Habitus oder eine Habitusveränderung zu.

In seinem Fazit betont Heuer erneut, dass es sich bei dem Habitus couragierten Handelns nicht um Altruismus handle, sondern dass „die habituelle Entwicklung überwiegend in der Beziehung des Einzelnen zur vielfältigen Umwelt entsteht und dadurch geprägt wird". Damit eröffnet er einen Gegensatz zwischen einem gesellschaftlich geprägten Habitus und einem innerlich bestimmten Altruismus. Heuer betont das situative Element (im Unterschied zum zeitlich projektiven) couragierten Handelns und beschreibt es als ein Initiieren von Beziehungen zu anderen Menschen. „Zivilcourage als Mut des Sprechens und Handelns tritt in der direkten Beziehung zwischen Menschen zutage“ schreibt Wolfgang Heuer (ebd., S. 296).

Damit konterkariert er Theorieansätze, welche die Zivilcourage heroisieren und sie auf Mut, Gemeinsinn und Orientierungsvermögen beruhen lassen (Dietz 1996, S. 150 ff.). Ihnen setzt er die Ergebnisse seiner Gespräche mit faktisch zivilcouragiert handelnden Personen entgegen, die weder über besonderes Urteilsvermögen, besonderen Gemeinsinn noch z.T. auch Mut verfügten. Heuer vermag zu zeigen, dass das ausschlaggebende Motiv eher habituell ist. In einem Fall war dies so zugespitzt worden, dass ein Proband erklärte, er habe in den jeweiligen Situationen gar nicht anders handeln können. Das Handeln ist dann weder durchdacht noch auf seine Folgen hin berechnet. Es erfolgt nicht aus moralischen Erwägungen, sondern aus der Persönlichkeit heraus. Die „eigene Wahrheit“, also Authentizität, erscheint wesentlich wichtiger als komplexe theoretische oder moralische Motivationsstrukturen. Den Reichtum der jeweiligen Erzählungen setzt er der Armut der entsprechenden Begriffe entgegen. Es gelingt ihm, anschaulich zu machen, dass seine Befragungsmethode ertragreicher und vielgestaltiger ist als eine bloße normative Reflexion aus der guten Absicht heraus. Heuer kritisiert, dass der Begriff der Zivilcourage sich sozusagen verselbständigt habe und nur noch ein abstraktes, normatives Konstrukt darstelle, das schließlich sogar in technokratischer Weise als lehrbar und lernbar angesehen werde. An der einschlägigen Literatur zeigt er, wie sehr die hohe Moral der Akteure, ihre Werte und Tugenden als Vorbild und Ansporn herausgestellt werden und die Welt in Anpasser und zivilcouragierte Retter aufgeteilt wird. Die behutsame Empirie seiner Befragungen zeigt demgegenüber, dass die zivilcouragierten Menschen keineswegs ein ideales Gegenbild zu den anderen, weniger couragierten Menschen darstellen. Sie leiden nicht nur unter Härte, Einsamkeit und Entbehrungen, sie fühlen sich nicht nur oftmals ausgeschlossen, sondern geraten vor allem auch immer wieder in Konfrontationen, deren Folgen sie nicht abschätzen können. Ihre „eigene Wahrheit“ muss ja nicht richtig oder zutreffend sein. Im Grunde ist in allen analysierten Fällen das zivilcouragierte Handeln als arational anzusehen. Nicht zweckgerichtetes, sondern sozusagen ursprüngliches, existentielles Handeln ist die Ausdrucksform. Es ist darüber hinaus auf durchaus amoralische Erwägungen gestützt und zielt eher auf die Verteidigung der eigenen inneren Würde und der inneren Balance (Heuer 2002, S. 293). Es wäre ein methodischer Fehler, ein solches durchaus „schwaches“ Handeln mit starken normativistischen Theorien zu überfrachten und künstliche Wertungen zu entwickeln, die den realen Verhaltensmustern nicht entsprechen und diese überfordern. Zu kritisieren sind vor allem die Verselbständigung und Instrumentalisierung der Begrifflichkeit zu einem technischen Wissen. Es kommt Heuer demgegenüber darauf an, Zivilcourage zu entmystifizieren und in seiner Hermeneutik die Lebendigkeit und Subjekthaftigkeit der Akteure aufrechtzuerhalten.

Zivilcourage ist wünschenswert. Es wäre jedoch ein Fehlschluss, daraus die Schlussfolgerung zu ziehen, ein solches Verhalten könne in sinnvoller Weise zum Bestandteil des staatsbürgerkundlichen Lehrplans werden. Man kann Zivilcourage empfehlen, ermutigen und unterstützen, wird aber berücksichtigen müssen, dass Menschen sich von innen heraus, nicht unbedingt aus Altruismus, sondern aus Gründen ihres Selbstwertgefühls und ihrer Identität couragiert verhalten.

2.18 Ist Ungleichheit ein moralisches Problem?

Immanuel Kant bezeichnete die Ungleichheit unter Menschen „als reiche Quelle so vieles Bösen, aber auch alles Guten" (1973, S. 60). Hier ist nicht die Gleichheit vor dem Gesetz oder das gleiche Stimmrecht in der Demokratie gemeint, sondern die soziale Gleichheit. In der politischen Philosophie galt es Jahrtausende lang, seit Aristoteles, als ausgemacht, dass Ungleichheit auf natürliche Unterschiede der Menschen zurückzuführen und daher nicht zu beanstanden sei. Erst Jean-Jacques Rousseau hat im Jahre 1754 eine bündige und massive Kritik jeglicher Ungleichheit vorgetragen und nicht mehr die Anlage, sondern das Eigentumsrecht für diese verantwortlich gemacht, also etwas künstlich Konstruiertes (1983). Das Naturrecht des 18. Jahrhunderts hielt alle Menschen für gleich – damit wurde, ganz unabhängig von keineswegs geleugneten natürlichen Unterschieden, im Grunde jede Art sozialer Hierarchie in Frage gestellt. Bei genauerem Hinsehen zeigt sich, dass es vier Formen der Ungleichheit gibt, zwei davon mit einer Wertung und Rangordnung verbunden, zwei andere dagegen eher wertfrei und nebeneinander ordnend (vgl. Dahrendorf 1986, S. 355):

Weniger wertend, eher deskriptiv nebeneinanderordnend	**Mit oftmals starken Wertungen verbunden**
Natürliche Verschiedenheit des Aussehens, Charakters, der Interessen.	Natürliche Verschiedenheit der Intelligenz, der Talente, Kräfte und Willensenergie.
Soziale Differenzierung prinzipiell gleichwertiger Positionen im Sinne von Kooperation oder Arbeitsteilung.	Soziale Schichtung nach Ansehen und Reichtum als Randordnung des sozialen Status.

Das Eigentum gilt seit Locke, Rousseau und Marx als der entscheidende Grund für soziale Ungleichheit. Es hat sich aber seither in den Sozialexperimenten mit Gesellschaften ohne Eigentum herausgestellt, dass auch sich selbst dort deutliche Rangordnungen des Ansehens und der sozialen Geltung ergeben, die oft auch mit immateriellen oder sogar materiellen Privilegien ausgestattet worden sind. Ralf

Dahrendorf hat sich deshalb vor 50 Jahren, nach den Erfahrungen der Gleichheitsgesellschaften, um eine schlichte soziologische Antwort bemüht, die darin besteht, dass jede Gesellschaft gewisse Verhaltensnormen formaler wie informeller Art aufstellt und diese mit Sanktionen verbindet. In der Rangordnung oben stehen diejenigen auf Dauer (gewisse Einschränkungen müssen gemacht werden, da Oberschichten einer vergangenen Epoche wie Adel oder Bürgertum ihre begünstigte Schichtposition noch eine Zeitlang erhalten können), die sich diesen Regeln konform verhalten. Wer von ihnen aus welchen Gründen auch immer abweicht, wird eine schlechtere Position einnehmen. In dieser Antwort sind für Dahrendorf zwei geschichtsphilosophische Konsequenzen impliziert: die Geschichte wird weitergehen, denn die weniger gut weggekommenen Gruppen in einer Gesellschaft werden sich um Regeländerung bemühen. Sie werden versuchen, ein Normensystem durchzusetzen, das ihnen einen ansehnlicheren Rang verspricht. Und zweitens: eine grundsätzliche Überwindung der Ungleichheit ist ausgeschlossen, weil jede, auch eine neue entstehende Schichtung die Explosivität der Unzufriedenheit der weniger gut Weggekommenen enthält (ebd., S. 376-379).

Diese Antwort muss deshalb als schlicht gelten, weil die Korrelation von Normenkonformismus und guter Position unzulänglich ist. Nicht jede Innovation muss auch zugleich eine sozialschichtungsbeeinflussende Regeländerung sein. Innovatives Denken enthält aber immer ein gewisses Maß an Abweichung. Die Ökonomie der Aufmerksamkeit innerhalb einer Gesellschaft belohnt ebenfalls bestimmte Formen und Arten von Abweichungen. Die Strukturierungen sind wesentlich komplexer – was Dahrendorf vermutlich auch nicht bestritten hätte, denn er hat für den Zweck seiner damaligen Antrittsvorlesungen einen bislang unterschätzten Aspekt pointiert hervorheben wollen. Ein weiterer Punkt ist einschränkend anzumerken: nicht jede Regeländerung, welche neue Positionsvorteile ermöglicht, muss ein Moment der Freiheit und der gesellschaftlichen Dynamik sein. Es kann sich auch um *rent-seeking* handeln, um das Streben nach einem durch politischen Druck, aber nicht durch irgendeine Leistung bewirktes anstrengungsarmes Einkommen. Regeländerungen sind typischerweise Ergebnisse sozialen Umdenkens oder politischer Maßnahmen. Soziale Gruppen, auch recht kleine, wenn sie nur schlagkräftig genug auftreten, können durchaus den öffentlichen Moraldiskurs oder den politischen Entscheidungsprozess so beeinflussen, dass sie auf diese Weise Sondervorteile auf Kosten der übrigen für sich durchsetzen: „Wer Gleichheit fordert, will Privilegien" (Bolz 2009, S. 29). Vielleicht wäre Dahrendorfs Antwort etwas komplexer ausgefallen, wenn er sich mit seiner These der Regeländerung zugunsten der B-Elite nicht heimlich, sondern offen auf Vilfredo Paretos Theorie der Elitenzirkulation gestützt hätte.

Das Lob der Ungleichheit, wie Kant und Dahrendorf es formulieren, hat einen bewusst paradoxalen Zug. Keiner dieser liberalen Theoretiker verlangt, sich mit ihr abzufinden. Im Gegenteil, die Ungleichheit soll ein Stachel bleiben, ein Moment des Antriebs und damit der Freiheit. Ein Stachel aber kann sie nur dann sein, wenn sie nicht akzeptiert wird. Eine Gesellschaft, die Gleichheit erzwingen wollte, würde nach Dahrendorf der Perfektion entweder des Terrors oder der absoluten Langeweile unterliegen, d.h. die erreichte Egalität wäre nicht nur unmöglich, sondern vor allem auch schreckenerregend. Der amerikanische Schriftsteller Kurt Vonnegut hat diese schwarze Utopie ein wenig ausgemalt: „Man schrieb das Jahr 2081, und jedermann war endlich gleich. Die Menschen waren nicht nur vor Gott und dem Gesetz gleich. Sie waren in jeder Hinsicht gleich. Niemand sah besser aus als der andere. Niemand war stärker oder schneller als der andere. (…) George, dessen Verstand weit überdurchschnittlich war, trug einen kleinen geistigen Störsender im Ohr. Er war gesetzlich verpflichtet, ihn ständig zu tragen. Der Apparat war mit einem Regierungssender gleichgeschaltet. Ungefähr alle zwanzig Sekunden sandte der Sender ein scharfes Geräusch ab, um Leute wie George davon abzuhalten, dass sie aus ihren Geistesgaben unfairen Nutzen zogen" (Vonnegut 1974, S. 10).

Von der Position einer entschieden rechtsliberalen Bürgerlichkeit aus hat Norbert Bolz dieses Denken der Ungleichheit weiter zugespitzt, indem er es auf die Gleichheitsimplikationen des Begriffs der sozialen Gerechtigkeit übertragen hat. Genauer gesagt wirft er einem großen Teil des gegenwärtigen Diskurses über soziale Gerechtigkeit vor, Ungerechtigkeit mit Ungleichheit zu verwechseln. Im Sinne von Kant und Dahrendorf schreibt er: „Ungerecht ist nämlich nicht die Ungleichheit, sondern das, was motivierte Menschen am Aufstieg hindert" (Bolz 2009, S. 11). „Armut und Unglück sind in der Regel keine Ungerechtigkeiten, sondern Übel" (ebd., S. 12). „Der vorsorgende Sozialstaat operiert mit drei Kurzfehlschlüssen: er schließt von Ungleichheit auf Benachteiligung, von Benachteiligung auf soziale Ursachen und von sozialen Ursachen auf paternalistische Maßnahmen" (ebd., S. 17). Der etwas aufgeregte Tonfall dieser Bolzschen Sozialphilosophie sollte nicht darüber hinwegtäuschen, dass er ein klassisches, nämlich ein Problem Alexis de Tocquevilles berührt: die Gefährdung der Freiheit im Zeitalter der Gleichheit: „Wir können das gute Leben, das uns die moderne Gesellschaft ermöglicht, nicht leben, solange wir noch an Rousseau glauben" (ebd., S. 171).

Hinter den scheinbaren Gerechtigkeitsfragen im sozialen Bereich verbirgt sich sehr häufig ein implizites Gleichheitspostulat. Das ist selbst in der Theorie der Gerechtigkeit von John Rawls so, dessen ingeniöses Differenzprinzip, demzufolge soziale Ungleichheiten dann gerechtfertigt sind, wenn sie im Prinzip allen zugutekommen, damit die Forderung der Gleichheit als begründungslose Selbstverständlichkeit einfach voraussetzt. Rawls setzt immerhin, der Argumente Tocquevilles und anderer eingedenk, die Freiheit als das erste seiner beiden Gerechtigkeitsprinzipien vor dieses Differenzprinzip, so dass er durchaus als liberaler Theoretiker angesehen werden kann, insofern als er rechtliche und politische Gleichheit mit einer Rechtfertigung sozialer Ungleichheit verknüpft.

Thomas Piketty hat in seiner vielbeachteten wirtschaftshistorischen Studie „Das Kapital im 21. Jahrhundert" die These mit vielfältigen, wenn auch nicht ganz unbestrittenen Daten empirisch untermauert, dass trotz eines Gegentrends in den sogenannten Goldenen Jahren des Sozialstaats zwischen 1950 und 1970 im Großen und Ganzen die Konzentration von Vermögen eher zugenommen hat. Wenn Vermögen sich tatsächlich immer mehr konzentrieren, ergibt sich darauf die Gefahr einer Verfestigung oligarchischer Strukturen. Die Oligarchiegefahr durch Vermögenskonzentration schätzt er als potentiell demokratiegefährdend ein, weil er die seinen Datenreihen die Annahme hinzufügt, dass großes Vermögen sich direkt in politische Macht umsetzt. Das muss aber als eine hochspekulative Vermutung angesehen werden. Durch Pikettys umfassende empirische Forschungen ist nur belegt, dass es im 19. Jahrhundert sowie in der Zeit seit circa 1980 hohe Vermögenskonzentrationen gab. Die Begleitthese von der Oligarchisierung der Politik beruht dagegen nicht auf diesen empirischen Forschungen (Piketty 2014). Zutreffend dagegen ist Pikettys These, dass man sich vor jedem ökonomischen Determinismus hüten muss und dass es keinen Grund zu der in den fünfziger Jahren des 20. Jahrhunderts basierend auf dem Datenmaterial von damals vertretenen Annahme gibt, dass Wachstum aus sich heraus Ungleichheiten ausgleichen würde (ebd., S. 32 u. 39). Empirische Forschungsergebnisse sind eben nur dann als nichtkontingent anzusehen, wenn sie durch eine entsprechende gehärtete Theorie erklärt werden können.

2.19 Respekt als archaische Formel

Die Kategorie des Respekts ist in der politischen Philosophie vor allem durch den israelischen Philosophen Avishai Margalit und in der politischen Soziologie durch Richard Sennett in die Argumentation eingebracht worden (Margalit 1997; Sennett 2004). Respekt wird in unseren Gesellschaften meist als symmetrische Kategorie der gegenseitigen Anerkennung missverstanden. Es handelt sich aber eher um einen archaischen Begriff, der die Anerkennung des Höhergestellten verlangt, und zwar normalerweise in Situationen, in denen dies durch einen sozialen Wandel oder schlicht durch einen Fehler desjenigen, der auf den nötigen Respekt hingewiesen wird, nicht als selbstverständlich vorausgesetzt werden kann. So ist es kein

Zufall, dass Respekt heute vor allem von älteren Brüdern in Migrantenfamilien eingefordert wird, die in einer modernen Gesellschaft, in der Frauen und Jüngere die gleichen Rechte haben, auf ihren patriarchalischen Privilegien und Führungsansprüchen beharren. Im Hintergrund der Forderung nach Respekt steht deshalb normalerweise eine latente oder auch manifeste Gewaltdrohung, die im Extremfall in den spektakulären „Ehrenmorden" gipfeln kann, mit denen unsere Justiz es gelegentlich zu tun bekommt. Wer Respekt einfordert, will illegitime Herrschaft ausüben. Der Begriff ist herabgesunken in das Milieu von Straßengangs.

„Respektspersonen" haben in unserer Gesellschaft der Gleichen ihre Rolle verloren. Auch Pfarrern und Bankiers sieht man heute auf die Finger, während früher die Respektabilität es gebot, die Verstöße mit dem Deckmantel der Verschwiegenheit zu verhüllen. Eine Standesehre und Standesethik, auch eine Ethik des „Ehrenworts" diente dazu, Unrechtmäßigkeiten zu verhüllen. Das „Ehrenwort" Uwe Barschels hat niemand mehr ernst genommen, das Ehrenwort Helmut Kohls in der Parteispendenaffäre war nur noch eine Formel, um seine mangelnde Aussagebereitschaft zum Ausdruck zu bringen. Die Forderung nach Respekt weist in eine bizarre, überholte Sozialstruktur zurück, in der es üblich war, Verfehlungen der Oberen zu decken.

Wenn in der Politik heute vom Respekt vor der Würde eines Amtes gesprochen wird, dann ist dies normalerweise mit einem Rücktritt oder einer Rücktrittsforderung verbunden. Hier gilt, schon moderner, schon bürokratischer, das durch Wahl oder Ernennung erworbene Amt als höherrangig gegenüber der immer fehlbaren Person, die es auszufüllen versucht. Hier mag ein Residuum des alten Respektsbegriffs noch eine gewisse Rolle spielen. Der Respektbegriff ist in der heutigen politischen Ethik fast vollständig durch die Idee der wechselseitigen Anerkennung ersetzt worden. Respekt dagegen, im Sinne einseitiger Anerkennung, ist abgesunken in die Sprachformen gewaltbereiter Unterschichtjugendlicher, die mit der Faust „Respekt" einfordern.

2.20 Das kleinere Übel und seine Abgründe in der Terrorismusdiskussion

Das Argument des kleineren Übels ist eine häufig unvermeidliche Entscheidungshilfe, denn typische politische Situationen nötigen zur Entscheidung zwischen unerwünschten Alternativen. Wir haben zwar von Luhmann gelernt, dass auch das fanatische Streben nach dem Guten sehr ungut sein kann, aber die Risiken des kleineren Übels sind anders geartet. Sie liegen darin, dass zunächst einmal jeder zustimmen wird, dass bei der Wahl zwischen zwei Übeln selbstverständlich das jeweils kleinere gewählt werden müsste. Doch dabei ergibt sich ein Problem, das ich aufzeigen möchte an dem Versuch des kanadischen Politiktheoretikers und praktischen Politikers Michael Ignatieff, eine politische Moral in Zeiten des Terrors zu entwickeln. Seine Ausgangsfrage ist: „Wenn Demokratien den Terrorismus bekämpfen, verteidigen sie die These, dass ihr politisches Leben frei von Gewalt sein sollte. Doch ein Sieg über den Terror erfordert Gewalt. Er mag auch Zwang nötig machen, Täuschung, Geheimhaltung und die Verletzung von Rechten. Wie können Demokratien zu diesen Mitteln greifen, ohne die Werte zu zerstören, für die sie stehen? Können sie zu dem kleineren Übel greifen, ohne sich dem größeren zu beugen?" (Ignatieff 2005, S. 7) Rein logisch gesehen, und das ist die Tücke dieser Fragestellung, kann eine Position des kleineren Übels Schritt für Schritt auch die Diktatur legitimieren. Wer im Zweifel immer das kleinere Übel wählt, kann nach und nach in die Tyrannis hineinrutschen. Aus diesem Grund bedarf diese Denkfigur einiger Einschränkungen und Spezifikationen. Dafür gibt Ignatieff drei Kriterien an: Ausnahmen zerstören die Regeln nicht, sondern retten sie unter der Bedingung, dass sie a) vorübergehend sind, b) öffentlich gerechtfertigt werden und c) nur als letztes Mittel eingesetzt werden (ebd., S. 9).

Dies ist im Folgenden zu explizieren. Demokratische Verfassungen erlauben für Notstandssituationen generell eine Aufhebung von Rechten in jeweils unterschiedlich bestimmten Grenzen. Oft ist eben schnelles Handeln in Notfällen geboten. Grundsätzlich unterliegen solche Maßnahmen aber immer der Notwendigkeit öffentlicher Rechtfertigung, also der nachträglichen Kritik, sowie, selbst wenn sie vom Parlament gebilligt worden sind, einer verfassungsgerichtlichen Nachprüfung. Wie lässt sich ein terroristischer Notstand definieren, der eine Grundrechtseinschränkung rechtfertigen könnte? Michael Ignatieff bietet folgende Option an: „Ein terroristischer Notstand ist genau der Fall, bei dem ein lebenswichtiges Interesse der Mehrheit durch individuelle Freiheit bedroht werden kann – die Freiheit zu planen, sich zu verschwören, sich der Entdeckung zu entziehen. Eine Demokratie hat keinen wichtigeren Zweck als den Schutz ihrer Mitglieder, und Rechte sind dazu da, diesen Zweck zu sichern" (ebd., S. 19). Die damit verbundene Gefahr, dass der Schutzanspruch der Mehrheit zu einer Tyrannei der Mehrheit missbraucht wird, kann nur durch einen demokratischen Prozess der kritischen Rechtfertigung in Grenzen gehalten werden. Ignatieff betont, dass Demokratie keine Verpflichtung zum eigenen Untergang aus Prinzipientreue beinhaltet. Die Moral des kleineren Übels, die er vertritt, beruht auf dem skeptischen Bewusstsein, dass politische Führer immer wieder in Situationen geraten, in denen sie auf der Basis unvollständiger und ungenauer Informationen dennoch weitreichende Entscheidungen treffen müssen; es handelt sich also um eine Moral der situativen Abwägung. Dieses Recht gilt selbstverständlich auch für die demokratische Öffentlichkeit. Und es gibt wohl eine Art Recht der

Regierenden, sich aus Vorsicht zu irren. Wenn die berühmte Aschewolke des Vulkans sich als nicht messbar erweist, dann war man eben dennoch aus Gründen der Vorsicht genötigt, von ihr auszugehen und den Flugverkehr vorsorglich zu stoppen. Durch einen vorsichtigen, grundwerteorientierten Konservatismus sollen allzu tief greifende Eingriffe in Grundrechte vermieden werden. Wenn man bedenkt, dass konservative Politiker normalerweise härteres Durchgreifen zu fordern pflegen, versucht Ignatieff diesem Begriff einen etwas verschobenen Sinn zu geben, eher wohl im Sinne dessen, was Ärzte als schonende, konservative Therapie bezeichnen.

Einschränkend vermerkt Ignatieff zugleich, dass eine derartige wertgebundene Zurückhaltung möglicherweise dann aufgegeben werden muss, wenn die Demokratien sich Terroristen gegenüber sehen, die über Massenvernichtungswaffen verfügen: Dann, aber auch schon nach einem neuen Terroranschlag mit zahlreichen Opfern, „würde mit harten Bandagen gekämpft werden" (ebd., S. 29). Ganz nachvollziehbar ist diese Position nicht, denn die eben errichteten Grenzen werden durch die Konstatierung einer neuen und veränderten Qualität von Nuklearterrorismus sogleich wieder verwischt. Richtig daran ist allerdings die Erwägung, dass demokratische Öffentlichkeiten angesichts einer derartigen Situation nur wenig Geduld haben dürften, anwaltlichen Sophismen Gehör zu schenken. Würden diese dennoch die Grundlagen der Politik bestimmen, bestünde dann in der Tat die Gefahr, dass der Ruf nach einem starken Mann (oder einer starken Frau) sowie nach der Außerkraftsetzung institutioneller Schranken auf breite Zustimmung stieße: eine echte und tatsächliche Gefährdung der Demokratie.

Damit ergibt sich die Frage: Wenn öffentliche Kontrolle erforderlich ist, wie steht es mit der Frage der Geheimoperationen und der Geheimhaltung? Hier schlägt Ignatieff vor, die generelle Entscheidung für Geheimhaltungsmaßnahmen in bestimmten Bereichen selbst nicht als geheim anzusehen, wohl aber die Einzelaktionen. Seine Grenzziehung: „Es ist nie gerechtfertigt, einen Ausländer oder Staatsbürger in Geheimverfahren einzusperren oder auszuweisen" (ebd., S. 20). Ansonsten aber konstatiert der Menschenrechtstheoretiker kühl: „Entweder wir bekämpfen das Böse mit dem Bösen oder wir unterliegen" (ebd., S. 39). Kämpfe zwischen Terroristen und dem Staat sind für ihn immer auch Kämpfe um die Meinungsführerschaft. Selbst wenn auch auf der Seite des Staates – wie man wohl nicht ausschließen kann – Zyniker tätig sind, so ist doch entscheidend, bestimmte Standards zu akzeptieren, um die Loyalität der eigenen Bevölkerung zu erhalten. Auch hier sind Grenzlinien zu beachten, die Ignatieff funktionalistisch zieht: „Öffentliche Desinformation, deren alleiniger Zweck darin besteht, den Feind zu täuschen, kann gerechtfertigt sein, doch die bewusste Irreführung einer demokratischen Wählerschaft mit der Absicht, Risiken zu übertreiben oder als minimal erscheinen zu lassen, darf niemals sein" (ebd., S. 41).

Die Moral des Notstands kennt eine weitere Grenze: „Ein Terroranschlag kann die Einschränkung von Freiheit nur dann rechtfertigen, wenn die Aufhebung von Freiheitsrechten die Sicherheit tatsächlich erhöht. Wenn dies der Fall ist, sollte es auch rechtens sein, Verdächtige einzusperren und sie ohne Prozess in Haft zu halten, bis die Natur des Risikos, das sie darstellen, bestimmt werden kann. Zudem müssen Häftlinge das Recht auf Verteidigung und eine gerichtliche Überprüfung ihrer Haft behalten" (ebd., S. 52). Auch hier geht es also um die Einführung von Fristen.

In der amerikanischen Verfassung sind nach Art. 1, Abs. 9 Grundrechtseinschränkungen im Falle von Krieg und Bürgerkrieg möglich. In europäischen Verfassungen sind die Notstandsregelungen normalerweise sehr viel ausführlicher formuliert. Nach dem Art. 15 der europäischen Menschenrechtskonvention könnten Staaten die Menschenrechtsgarantien aussetzen, wenn sie sich „einem Krieg oder einem anderen öffentlichen Notstand gegenübersehen, der das Leben der Nation bedroht." In dieser Formulierung liegt ein erheblicher Spielraum. Allerdings muss eine Rechtfertigung vor dem obersten Gericht erfolgen. Außerdem erlaubt die Konvention es nicht, einige „absolute" Rechte einzuschränken, wozu das Recht auf Freiheit von Folter, außergerichtlicher Tötung, Sklaverei, Zwangsarbeit und Bestrafung ohne ordentliches Gerichtsverfahren gehören.

Die Menschenrechte werden damit eindeutig in eine Hierarchie gebracht: Es gibt fundamentale und nachrangige. Damit wird die Position der Wiener Erklärung von 1993, der zufolge die Rechte unteilbar und allgemeingültig seien, in Frage gestellt. Menschenrechte sind in der praktisch justiziablen Form der europäischen Konvention eben doch nicht jene vollkommen gleichrangigen Rechte der gängigen Menschenrechtsrhetorik (vgl. Reese-Schäfer 2007).

Lässt man derartige Einschränkungen prinzipiell zu, dann betrachtet man die Menschenrechte als eine Größe in der politischen Auseinandersetzung unter anderen. Gleichrangig treten Erwägungen der Sicherheit oder aber des Siegs und der Niederlage hinzu. Eine absolute Geltung der Menschenrechtsposition müsste ja konsequenterweise implizieren, dass man auch dann an ihr festhält, wenn sie den eigenen Untergang oder den Tod von sehr vielen Menschen zur Folge hätte. Im in absehbarer Zeit zu erwartenden Fall von Nuklearterrorismus z.B. hätte man, wenn man streng und ausschließlich auf rechtsstaatliche Mittel setzt, unter Umständen abzuwarten, bis es zur Explosion gekommen ist, weil nur so der tatsächliche Nachweis einer entsprechenden Absicht zu erbringen ist. Der Furor anwaltlicher Menschenrechtsrhetorik ist in Gefahr, sich bis zu dieser Position zu versteigen: sollen die Staatsorgane doch zusehen, wie sie mit der Bedrohung fertig werden. Michael Ignatieff bescheidet sich mit der schlichten Feststellung: „Wir könnten auch verlieren" (2005, S. 210).

Doch auch hier gelten, wie in allen strategischen Situationen, die Abwägungen: Wie könnte der mögliche Gegner aussehen? Welche Ressourcen hat er zur Verfügung? Welche Gegenmittel und welche eigenen Ressourcen können mobilisiert werden? Man sollte sich jedoch nicht von einer Rhetorik der größten Gefahr verführen lassen, wie das m.E. Michael Ignatieff und Benjamin Netanjahu in ihrer Behandlung der Gefahr eines Nuklearterrorismus tun (ebd., S. 199 ff.; Netanjahu 1995, S. 147-156). Netanjahus Argumentation zeigt, dass schon vor dem Anschlag vom 11. September 2001 alle einschlägigen Argumente genannt worden sind. Das spektakuläre Ereignis hat kurzfristig die Bereitschaft zu Gegenmaßnahmen verstärkt.

Es stimmt nicht, dass die Menschenrechtseinschränkungen umso massiver sein dürfen, je größer die Bedrohung ist. Ausnahmen müssen auch dann spezifisch, d.h. geeignet sein, genau die bevorstehende und zu erwartende Bedrohung zu reduzieren oder zu verhindern. Auch die größte Gefahr kann keine Blankovollmacht geben. Das gilt auch für den Fall der nuklearen Bedrohung. Man sollte bedenken, dass der Kalte Krieg unter permanenter nuklearer Bedrohung in keinem europäischen Land und schon gar nicht in den USA je zu einem Ausnahmezustand geführt hat und dennoch gewonnen werden konnte. Die schiere Größe der Gefahr rechtfertigt noch gar nichts. Sinnvoll sind allein Maßnahmen mit klar definierbaren Effekten. Die akute und unmittelbar bevorstehende Androhung eines Angriffs kann durchaus die Unterbrechung jeglicher Kommunikation durch die Behörden rechtfertigen. Eine latente, jahrelange Bedrohung dagegen kann nur allgemeine polizeiliche Überwachungs- und Abhörmaßnahmen zur Gefahrenabwehr legitimieren. Und auch hier gilt, dass die Möglichkeit einer kritischen Überprüfung offen gehalten werden muss. Andernfalls würden wir Nordkorea ähnlich, wo es weder Internet noch Mobiltelefone gibt.

Um Einschränkungen von Grundrechten in den Demokratien politisch wirksam aussprechen zu können, bedurfte es in den dreißiger und vierziger Jahren des Schocks der Tyrannis. Mit dem Verblassen der Erinnerung daran ist die öffentliche Diskussion bei uns wieder hinter diesen Erkenntnisstand zurückgefallen. Der klassisch liberale Grundrechteabsolutismus, der den Staat nicht im Sinne zivilgesellschaftlicher *Human-Security-Ideen* als Ermöglichungsinstrument individueller Freiheit, sondern als strukturellen Hauptfeind der Freiheit ansieht, hat die öffentliche Debatte in Europa noch bis vor kurzem wieder bestimmten können. Der Terrorismus hat trotz der inzwischen auch in vielen europäischen Ländern verübten Großanschläge erst sehr langsam dieses unmittelbare Schockpotential entfalten können. Trotz aller Globalisierung und Europäisierung: ein Attentat in New York, London oder Madrid wird in Deutschland, Dänemark oder Schweden keineswegs als unmittelbare, handlungsauslösende Bedrohung wahrgenommen.

Die Unterdrückung der Meinungs- und Veröffentlichungsfreiheit von Karikaturisten scheint sogar einige Mitglieder der religiösen Rechten wie der multikulturalistischen Linken mit klammheimlicher Zustimmung zu erfüllen. Nicht das Attentat auf die Redaktion vom Januar 2015 wurde in Frankreich mit dem Ausnahmezustand beantwortet, sondern erst die Anschläge auf das Fußball-Länderspiel im November desselben Jahres. Nach dem Attentat von Nizza im Juli 2016 wurde dieser um sechs Monate verlängert.

Diskussionen über die Vereinbarkeit von nachhaltigen Abwehrmaßnahmen mit den Grundrechten haben uns die ganzen siebziger und achtziger Jahre hindurch begleitet, als wir es mit dem hausgemachten Terrorismus kleiner Gruppen zu tun hatten, welche die marxistisch inspirierten Parolen der Studentenbewegung von 1968 gewaltsam in die Tat umzusetzen versuchten. Unter heftigen Diskussionen und großen Mühen wurde damals der Paragraph eingeführt, der allein schon die Zugehörigkeit zu einer terroristischen Vereinigung strafbar machte, sowie eine Kronzeugenregelung, die Aussagewilligkeit honorierte und es dadurch ermöglichte, den Zusammenhalt und das Schweigegebot innerhalb dieser Gruppen teilweise aufzubrechen. Die Kronzeugenregelung lief 1999 aus und wurde 2009 durch die Große Koalition erneut eingeführt. Die Strafbarkeit der Zugehörigkeit wurde erst jetzt, im Zusammenhang mit dem islamistischen Terror, auch auf ausländische Terrororganisationen ausgedehnt. Dies hatte man in den siebziger Jahren vermieden. Das Argument lautete damals, man könne im Ausland nicht zwischen berechtigten Befreiungsbewegungen und terroristischen Gruppen unterscheiden, weil die jeweiligen Regierungen, insbesondere diktatorische Regimes, ohnehin jeden Widerstand als terroristisch diffamieren würden.

In den klassischen Demokratien hat sich gezeigt, dass Einschränkungen von Grundrechten nach dem Abklingen der Gefahr rasch wieder aufgehoben worden sind, weil der demokratische Kern intakt geblieben war. Die diktatorischen Vollmachten, über die Churchill und Roosevelt im Zweiten Weltkrieg verfügten, wurden nach dem Krieg unverzüglich wieder abgebaut, Churchill wurde sogar unmittelbar nach Kriegsende abgewählt. Im Umgang mit dem marxistisch motivierten Terrorismus der siebziger und achtziger Jahre hat sich in Deutschland, Frankreich und Italien gezeigt, dass ein vollständiger Sieg möglich ist, ohne die verfassungsmäßige Ordnung auszuhebeln. Die Horrorbilder, die zu jener Zeit aus anwaltlicher Perspektive über den Weg in den Überwachungsstaat und aus linker Perspektive über die Gefahr eines autoritären Genscherfaschismus (Hans-Dietrich Genscher war damals Innenminister) gezeichnet wurden, sind dann doch nicht Wirklichkeit geworden.

Schon der damalige Typus des Terrors war international organisiert und schaffte es vorübergehend sogar, neue Anhänger durch den Hinweis auf eine zu harte

Behandlung der schon verhafteten Terroristen zu rekrutieren. Hier zeigt sich übrigens auch, dass die liberalen politischen Systeme stärker sind, als sie sich selbst wahrnehmen (Ignatieff 2005, S. 10). Ein Sieg über eine terroristische Bewegung ist also durchaus schon bei nur marginalen Einschränkungen von Rechten im Rahmen der Verfassung und ohne Aufgabe der fundamentalen Menschenrechtsordnung möglich.

Die neue terroristische Gefahr seit den Anschlägen vom September 2001 hat sich erst sehr langsam im europäischen Bewusstsein zu verankern begonnen. Die erste Reaktion, den NATO-Bündnisfall zu erklären, hat sich mehr als Strohfeuer erwiesen. Obwohl die Bedrohung durch Anschläge nicht nachgelassen hat, die Gefahr also weiterhin klar und gegenwärtig ist, hat sich in Europa die Position durchgesetzt, weniger die militärischen Mittel der Kriegführung, sondern vielmehr die polizeilichen Mittel des Rechtsstaats einzusetzen. Das Kriegsrecht erlaubt es, Gefangene bis zum Kriegsende festzuhalten, der Rechtsstaat dagegen verlangt, dass es nach angemessener Zeit zu einer gerichtlichen Überprüfung der Inhaftierung kommen muss. Richtig an der europäischen Position ist, dass ein lang andauernder Kriegszustand die unbegrenzte Aussetzung von Menschenrechten für einige Verdächtige ermöglichen würde. Die amerikanische Regierung hatte schon im September 2001 erklärt, dass der Krieg gegen den Terror voraussichtlich sehr lange dauern würde. Damit aber entfällt das Argument einer vorübergehenden und zeitlich begrenzten Ausnahmeregelung zur Einschränkung von Rechten. Eine Argumentation, die sich realistischer Weise auf eine zu erwartende lange Kriegsdauer stützt, steht in direktem Widerspruch zur Rechtfertigung der Aussetzung von Menschenrechten durch zeitlich begrenzte Dauer. Die Ausnahme würde zur Regel. Deshalb ist die europäische Position in dieser Frage in sich schlüssig und konsequent.

Ein lang anhaltender Krieg, der weitgehend an den Rändern der Zivilisation geführt wird, ist ein wesentlich schwächeres Rechtfertigungsargument als eine Krise im Kern des eigenen Verfassungssystems, also z.B. der Wahlerfolg einer verfassungsfeindlichen Partei. Bemerkenswert ist, dass die Bereitschaft, Grundfreiheiten aus Sicherheitsgründen zurückzustellen, durchaus auch so verstanden wird, dass sogar Teile der Zivilgesellschaft selbst zur Selbsteinschränkung der eigenen Freiheiten bereit sind, um so möglicherweise vor terroristischen Reaktionen geschützt zu sein. Die öffentliche Diskussion nach den dänischen Mohammed-Karikaturen hat gezeigt, dass die eigene Meinungs- und Pressefreiheit als nachrangiges Gut betrachtet wird, für die das Eingehen eines Risikos oder der Kampf sich nicht lohnen. Gesellschaftliche Unterdrückung durch lautstarke Minderheiten wird mit einer bemerkenswerten Bereitwilligkeit hingenommen, die nur wenigen kritischen Beobachtern aufgefallen ist. Henryk M. Broder hat in seinem Pamphlet „Hurra, wir kapitulieren! Von der Lust am Einknicken“ gezeigt, eine wie breite Anhängerschaft dieses Verhalten in Europa inzwischen gefunden hat. Er beklagt insbesondere, in welchem Maße die sich sonst als „kritisch“ oder „mutig“ präsentierenden Größen des Kulturbetriebs wie Peter Zadek, Günter Grass oder John le Carré die Anpassung und Unterwerfung unter die Drohung mit moslemischen Gewaltakten empfehlen: „In der Politik wird noch beraten, wie man sich ohne allzu viel Gesichtsverlust informell ergeben könnte, in der Kultur wurden die Kapitulationserklärungen schon unterschrieben“ (Broder 2006, S. 137). Selbst die akademische Freiheit wird aufgegeben: „Die Rektoren der holländischen Universitäten (mit Ausnahme der Rijksuniversiteit Groningen und der Vrije Universiteit Amsterdam) einigen sich (…) darauf, die akademische Freiheit zu begrenzen, um kritische Äußerungen über den Islam zu unterbinden“ (ebd., S. 116). Die Nachrangigkeit auch der eigenen Freiheit im öffentlichen Bewusstsein gegenüber der Hoffnung auf Sicherheit ist ein klassisches Thema der politischen Ideengeschichte.

Die Gefahr für unsere Menschenrechte, für unsere Freiheit wird also keineswegs nur von einigen allzu energischen Bekämpfungsmaßnahmen des Staates gegenüber Terroristen hervorgerufen, sondern ebenso sehr von einer Nachgiebigkeit und Anpassungsbereitschaft der Zivilgesellschaft gegenüber Gewaltdrohungen. Und es kann durchaus geschehen, dass ein fürsorglicher Staat, wie es der bayerische Ministerpräsident schon gefordert hat, seine Gesetze gegen Religionskritik so verschärft, dass er sich selber zum ausführenden Organ fundamentalistischer Gewalttätigkeit macht. Michael Ignatieff stellt dazu etwas schroff fest: „Wo terroristische Gräueltaten Unterstützung oder passive Komplizenschaft auslösen, werden sie gefährlich“ (2005, S. 124).

Als letzte Möglichkeit der Abwehr von Grundrechtsverstößen bleiben in liberalen Demokratien immer der zivile Widerstand und der zivile Ungehorsam. Dieser hängt allein vom Willen der Menschen, sowohl der politischen Eliten, der Polizeikräfte wie vor allem der Allgemeinbürger ab, im Ernstfall für die Demokratie auch zu kämpfen. Dieser Widerstandswille hat sich gegenüber dem islamistischen Terror bislang noch nicht wirklich entwickelt. Davon wird es aber abhängen, ob die Demokratien überleben können. Michael Ignatieff verweist auf die früheren Erfolge: „Selbst in Italien mit seinen relativ schwachen Koalitionsregierungen und einer Bürokratie, die nicht gerade für ihre Effizienz bekannt ist, haben sich Polizei und Militär in den 1970er Jahren beim Kampf gegen den Terrorismus der Roten Brigaden als höchst energisch erwiesen. (….) Theoretiker, die davon ausgehen, dass die liberale Demokratie durch den kapitalistischen Individualismus geschwächt worden sei, unfähig, den Bürgerwillen zum Zusammenstehen zu mobilisieren, sollten sich terroristische Notstandssituationen ansehen und ihren Standpunkt überdenken“ (ebd., S. 109). Dort, wo die Zivilgesellschaft intakt ist, können Demokratien notfalls auch mit Beharrlichkeit und äußerster Härte reagieren, ohne ihre Identität aufs Spiel zu setzen. Dort aber, wo sie sich in einer Identitätskrise befinden, ist ein Reflexionsprozess nötig, der zu einer Wiedergewinnung der eigenen Grundlagen und eines demokratischen Selbstverständnisses führen muss.

Die politische Gesellschaft selbst steht also auf dem Spiel und ist das Gegenbild zu einer Welt des Terrors. Sie ist auf wirkungsvolle Abwehrreaktionen gegen das Eindringen terroristischer Gewalt angewiesen und darf dies keineswegs allein den Spezialisten und Sondereinheiten von Polizei und Militär überlassen, wie das in Algerien der Fall ist, während die verschüchterten Bürger am Spielfeldrand als Zuschauer verharren und selbst das Jubeln und lautstarke Demonstrieren eher den Freunden und Komplizen des Terrors überlassen.

Für die relativ einfache Situation des antikolonialen Befreiungskampfes oder den Widerstand gegen eine Besatzung ist eine politische Ethik auf der sicheren Seite, die fordert, „dass den Unterdrückten immer friedliche politische Mittel zur Besserung ihrer Lage zur Verfügung stehen. Wo ihnen solche Mittel verweigert werden, wird es unvermeidlich zur Gewalt kommen" (ebd., S. 11). Das deckt sich mit den Prämissen der UN-Charta. Wenn aber die „Unterdrückten" keine sind, sondern, wie die islamistischen Organisationen, selber neue Formen der Unterdrückung, z.B. gegenüber der Meinungsfreiheit, in unsere Gesellschaft einführen wollen, oder, wie die internationalen Terrorbewegungen der 70er Jahre, eine Zwangsgesellschaft etablieren möchten, wenn es sich um relativ kleine Minderheiten handelt, die der übrigen Gesellschaft, und zwar keineswegs nur der Mehrheit, sondern nicht zuletzt auch den übrigen Minderheiten ihre Vorstellungen und Obsessionen aufzwingen wollen, dann gehen Unterdrückung und Gewalt nicht so sehr vom „System" aus, sondern von den vorgeblichen Befreiungskämpfern. Möglicherweise wäre es schon ein bedeutender Schritt, wenn dies in der Zivilgesellschaft wahrgenommen und verstanden würde.

Institutionenethisch gesehen ist die Frage der erlaubten und verbotenen Methoden der Terrorismusbekämpfung seit den siebziger Jahren des 20. Jahrhunderts recht überzeugend geklärt. Die damals gemachten Erfahrungen können heute weiter genutzt werden. Einzig bei Flugzeugentführungen war eine Modifikation notwendig. Galt bis 2001 die Regel, dass sich Besatzungen und Fluggäste allen Wünschen der Entführer bereitwillig zu unterwerfen hätten, so ist heute die aktive Gegenwehr wieder eine Option. Die Absicherung allerdings der in der politischen Klasse mittlerweile Allgemeingut gewordenen Grundpositionen in der Zivilgesellschaft bildet eine legitimatorische Lücke. Die Zivilgesellschaft neigt zu Unterwürfigkeit und Ängstlichkeit gegenüber Forderungen, die mit Gewaltdrohung vorgetragen werden. Ein unmittelbarer, elementarer Widerstandswille gegen Zumutungen, wie Henryk M. Broder ihn einfordert, scheint weitgehend zu fehlen, wenn selbst dänische Zeitungen ihren Karikaturisten aus Ängstlichkeit („aus Sicherheitsgründen") lieber feuern als ihn weiterzubeschäftigen. Denn es stimmt nicht, dass eine Grundhaltung der Unterwürfigkeit und Ängstlichkeit gegenüber Gewaltdrohungen einen friedlichen Lösungsansatz fördert. Sie wirkt nämlich auch als Katalysator auf die Gewaltspirale, die dann wegen der wachsenden Erfolge von der anderen Seite umso heftiger in Bewegung gehalten wird. Institutionenethische Lösungen haben eine eindrucksvolle argumentative Kraft, sie sind aber nicht durchhaltbar ohne einen stabilen Rückhalt im öffentlichen Moralempfinden der Zivilgesellschaft. Das war der Grund, warum Thomas Hobbes als den entscheidenden Begründungsschritt seiner Vertragstheorie auf die Angst der Bürger vor dem Kampf jeder gegen jeden gesetzt hat. Wenn die Angst aber nicht zum Vertrag der Gleichen auf gegenseitigen Gewaltverzicht, sondern schlicht zur Unterwerfung unter den nicht unbedingt Stärkeren, aber Lautstärkeren und Gewaltbereiteren führt, dann erfüllt sie nicht den von Hobbes erhofften rationalen Zweck. Stattdessen schwächt sie die liberaldemokratische Gesellschaft gegenüber den Zumutungen radikalisierter Minderheiten.

2.21 Lehren aus Weimar: Militant Democracy

Welche Abwehrmöglichkeiten haben die Demokratien, wenn die Freiheitsspielräume, die sie gewähren, zu ihrer Zerstörung ausgenutzt werden? Blicken wir auf ein zentrales Ereignis zurück. Zu den vielen Schwierigkeiten, die die Weimarer Republik als erste deutsche Demokratie hatte, gehörte auch die Tatsache, dass selbst ihre Anhänger eine massive und entschlossene Gegenwehr gegen ihre Feinde in rechtsstaatlicher Hinsicht für bedenklich hielten. Dies führte bei einigen Politikwissenschaftlern in der Emigration zu der Überlegung, ob nicht die Demokratie in die Lage versetzt werden müsste, härtere und entschlossenere Gegenwehr zu leisten. Die *democratia militans*, die kämpferische Demokratie wurde konzeptuell entwickelt.

Es handelt sich also um eine Reaktion auf die totalitären Massenbewegungen der Zwischenkriegszeit. Der Begriff *„militant democracy"* ist von dem deutschen Politikwissenschaftler Karl Loewenstein geprägt worden, der als Emigrant am Amherst College lehrte und diesen Begriff 1937 in zwei aufeinander folgenden Artikeln im *American Political Science Review* entwickelt hat (Loewenstein 1937). Heute übersetzt man ihn etwas harmloser auch mit abwehrbereiter oder *wehrhafter Demokratie*. Diese Gedanken lagen im Grunde in der Luft und liefen darauf hinaus, dass die vom Faschismus bedrohten Demokratien das Recht bekommen müssten, Grundrechte aufzuheben und unter bestimmten Umständen nichtdemokratische Parteien oder paramilitärische Verbände zu verbieten. Ebenfalls 1937 fand eine internationale Juristenkonferenz in Paris statt, die sich in ihrer Resolution zu dem Prinzip „Demokratie nur für Demokraten“ bekannte.

Loewenstein hebt als wesentliches Merkmal des Faschismus seine Techniken der Massenmobilisierung, öffentlichen Militanz und die Nutzung moderner Massenkommunikationsmittel hervor. An diesem Punkt soll die Gegenwehr ansetzen: Diese Methoden konnten nur unter den außergewöhnlichen Bedingungen wirksam werden, die demokratische Institutionen bieten. Der Mobilisierungserfolg des Faschismus vor seinem Sieg basiert darauf, dass dieser in perfekter Weise an die Handlungsspielräume und Freiheiten von Demokratien angepasst war. Nur dort konnte er sich entfalten. Demokratie und demokratische Toleranz wurden so zu ihrer eigenen Zerstörung benutzt. Die liberalen Demokratien der Zwischenkriegszeit waren nicht in der Lage, den Feinden ihrer eigenen Existenz den Gebrauch demokratischer Institutionen zu verbieten. Loewenstein spricht von einem demokratischen Fundamentalismus und einer legalistischen Blindheit, die nicht bereit gewesen seien zu erkennen, dass der Mechanismus der Demokratie selbst das trojanische Pferd ist, mit dem der Feind in die Stadt gelangt. Man könnte auch von einem Virus sprechen, der sich überhaupt nur unter demokratischen Bedingungen entfalten kann.

Loewensteins Gegenrezept: die Demokratie muss militant werden und ihren Feinden die demokratischen Rechte entziehen. Nur so wird sie überleben können. Der übertriebene Formalismus rechtsstaatlicher Herrschaft, wie Loewenstein seinerseits etwas militant formuliert, darf nicht dazu führen, dass der Rechtsstaat selbst abgeschafft werden kann. Politische Bewegungen, die sich wie militärische Kräfte organisieren – gemeint sind die SA und vergleichbare Organisationen in der Weimarer Republik und anderen Ländern – verunsichern die Bürger und schaffen ein Klima der Feindseligkeit gegenüber der Ordnung, die die emotionalisierende Politik benutzen kann.

Faschistische Bewegungen können sich nicht im Verborgenen entfalten – sie brauchen die Propaganda, die Massenagitation, die Öffentlichkeit. Nur so können die Erregungspotentiale ausgespielt werden. Dieser revolutionäre Emotionalismus konnte mit den herkömmlichen rechtsstaatlichen Mitteln nicht wirksam bekämpft werden. Die Weimarer Republik verfügte über zu wenig Widerstandskraft, zu wenig Militanz gegen subversive Bewegungen.

Einen demokratischen Emotionalismus als Gegenbewegung hält Loewenstein für unwahrscheinlich. Eine emotionale Gegenattacke der Demokraten kann es nicht geben, weil eine verfassungsmäßige Regierung allein an die Vernunft appellieren kann. Aber für die Vernunft ist kaum jemand zu sterben bereit. Als relativ rationales System kann die Demokratie ihre Überlegenheit allein durch ihre Errungenschaften beweisen.

Es kommt also auf eine Gesetzgebung an, die direkt auf die faschistischen Techniken der Massenemotionalisierung zielt. Bloße Bürgermobilisierung gegen die Faschisten reicht nicht aus. Ideenmäßige Auseinandersetzung ist nicht genug, weil der Faschismus gar nicht auf Ideen basiert, sondern auf einer Herrschafts- und Machteroberungstechnik. Legalistische Selbstzufriedenheit führt zu einer suizidalen Lethargie der Demokratien. Deshalb muss ein anspruchsvolles Paket antifaschistischer Gesetzgebung entwickelt werden, wie Loewenstein das in der Tat für die meisten Länder nachweisen kann, die sich gegen derartige Bewegungen zu wehren hatten. Die Demokratien seien im Krieg, obwohl es sich um einen Untergrundkrieg an der inneren Front handele. Er warnt deshalb davor, allzu viele verfassungsmäßige Skrupel zu hegen und endlich die demokratischen Grundsätze zu beschränken, mit dem Ziel, sie überhaupt erhalten zu können. 1937 sah Loewenstein die Demokratien im Belagerungszustand.

Solche Gedanken standen Pate bei der Formulierung der entsprechenden Passagen im Grundgesetz. Die Verfassungsväter übernahmen weitgehend die Annahme, die Abwehrkräfte der Demokratie bedürften einer nachhaltigen Stärkung. Carlo Schmid, der herausragendste unter den sozialdemokratischen Mitautoren des Grundgesetzes, erklärte 1946, die Meinungsfreiheit, die Versammlungsfreiheit und die Vereinigungsfreiheit seien Grundrechte, welche von Antidemokraten missbraucht werden könnten. „Wir wollen uns nicht wieder dadurch lächerlich machen, dass wir uns von Leuten, die politisch kein anderes Ziel hatten, als die Freiheit auszulöschen, grinsend vorhalten lassen: Wenn ihr uns daran hindert, dann verstoßt ihr gegen das Prinzip der Freiheit!" (am 28. Mai 1946 vor der vorläufigen Volksvertretung für Württemberg-Baden, zit. nach Niclauß 1998, S. 204). Dies war eine entscheidende Lehre aus der Erfahrung der Endphase der Weimarer Republik, wie die Verfassungsväter sie sahen. An diesem Punkt stehen wir heute, wie Hans Magnus Enzensberger konstatiert, erneut: „Mit der Miene der gekränkten Unschuld fordern Hassprediger die Meinungsfreiheit ein, die abzuschaffen ihr erklärtes Ziel ist." (Enzensberger 2006, S. 42)

Die wehrhafte Demokratie hat immer wieder die Kontroverse provoziert, ob sie nicht in sich paradoxal sei, weil sie die Verfestigung der Demokratie auch gegen den Willen des Volkes, sogar gegen den Mehrheitswillen ermögliche. Das liegt an einer gewissen Asymmetrie demokratischer Regierungsformen: Innerhalb ihrer kann man für eine Vielfalt von Zielen eintreten. Sind sie aber einmal abgeschafft, dann ist gerade und auch ein Eintreten für Demokratie selbst erschwert oder sogar unmöglich gemacht. Einmal abgeschafft ist dann Demokratie nur sehr schwer wiederherzustellen. Vorübergehende Beschränkungen dagegen lassen sich nach Beruhigung der Situation wieder abbauen.

Der antitotalitäre Konsens der Väter des Grundgesetzes, die im gegenstrebigen Zusammenspiel der Nationalsozialisten und Kommunisten die Hauptursache des Untergangs der Weimarer Republik sahen, ist seit den späten 60er Jahren in der Folge einer in einigen Punkten zutreffenden, in anderen Punkten aber undurchdachten Ideologiekritik an der Totalitarismustheorie zusammengebrochen. Heute werden von Islamexperten wie Bassam Tibi und anderen gerade die Züge eines reaktionären Antimodernismus des politischen Islamismus (im Unterschied zum Islam als traditioneller Religion) hervorgehoben (Tibi 2004). Ein entsprechender antitotalitärer Konsens muss jedoch intellektuell wie praktisch überhaupt erst wieder aufgebaut werden, weil eine ganze Generation von Sozialwissenschaftlern wie journalistischen Meinungsmachern aus der Kritik an der Totalitarismustheorie den Fehlschluss gezogen haben, dann dürfe man diesen auch nicht mehr bekämpfen.

Gern wird in solchen Diskussionen Hitlers Ermächtigungsgesetz von 1933 als Fall angeführt. Allerdings ging es bei diesem Gesetz um das genaue Gegenteil: nicht Schutz der Republik durch vorübergehende Einschränkung von Rechten, sondern die Machtübertragung an die Feinde der Republik. Die Mechanismen, welche die Weimarer Republik zu ihrem Schutz gegen Verfassungsfeinde zur Verfügung hatten, waren im „Gesetz zum Schutz der Republik“ vom Juli 1922 festgelegt, das fünf Jahre galt und 1927 für weitere zwei Jahre verlängert wurde. Es verfehlte 1929 die notwendige Zweidrittelmehrheit im Reichstag. Von nun an wollte man gegen antidemokratische Kräfte auf der Basis des Art. 48 der Reichsverfassung vorgehen. Damit hing die abwehrbereite Demokratie vom guten Willen des Reichspräsidenten ab (Niclauß 203). So wurde das Verbot von SS und SA im gesamten Reichsgebiet, das im April 1932 erlassen worden war, unter der Kanzlerschaft Papens kurzerhand wieder aufgehoben.

2.22 Rassismus: Das antiethische Prinzip

Rassistisch sind immer die anderen. Eine der beunruhigendsten Studien zur Welt des kritischen Antirassismus ist deshalb Nora Räthzels und Annita Kalpakas Text „Die Schwierigkeit, nicht rassistisch zu sein“ (1990). Rassismus wird hier nicht als böse Absicht, sondern als Lebensform beschrieben, die sich keineswegs auf rechtsextreme Gruppen beschränkt. Die beiden Autorinnen entdecken diese Lebensform auch bei verständnisvollen, engagierten Linken (ebd., S. 9). Der Begriff „Rassismus“ erscheint ihnen besser als „Ausländerfeindlichkeit“ geeignet, um das Phänomen zu beschreiben, denn die Ablehnung richtet sich offensichtlich nicht gegen Engländer, Spanier oder Japaner, sondern gegen Afrikaner, Türken oder Araber. Wer die Gesellschaft in Schwarze und Weiße einteilt und die prinzipielle

Ablehnung alles Weißen verkündet, mag die eigene Agitation als „antirassistisch" deklarieren, praktiziert aber in Wirklichkeit nur eine andere Spielart derselben diskriminierenden Einteilung von Menschen nach äußerlich zugeschriebenen Gruppenidentitäten.

Der Rassismus des 19. Jahrhunderts hatte seinen Ausgangspunkt in Arthur de Gobineaus vierbändigem „Versuch über die Ungleichheit der Menschenrassen" aus den Jahren 1853 bis 1855. Gobineau ist auf der Suche nach Naturgesetzen, die die soziale Welt regieren. Insbesondere geht es ihm um die Erklärung für den Verfall von Gesellschaften. Sein Schlüsselbegriff hierfür ist „Dekadenz", eines der prägenden Schlagworte des damaligen Feuilletons und durch das Werk Charles Baudelaires zu beeindruckender Prominenz gelangt. Da ihm selbst als Privatgelehrter die mangelnde wissenschaftliche Absicherung seines Projekts sehr bewusst war, argumentiert er *ex negativo*, indem er zu zeigen versucht, dass der Verfall und Untergang von Gesellschaften keineswegs in Fanatismus, Luxus, schlechten Sitten oder Rückgang der Religiosität begründet ist, auch nicht in der Qualität von Regierungen. So bleibt für ihn nur ein einziger Grund: In den Gesellschaften mischen sich Rassenanteile. Je intensiver die Mischung, so die rassistische These, desto geringer die Leistungsfähigkeit und desto näher der Untergang. Rassenunterschiede sind für Gobineau dauerhafte Differenzen, die nordische Rasse ist älter und ursprünglicher als die anderen und hat vor ihnen den Vorrang. Den relativen Wert einer Rasse kann man nach dieser Lehre ablesen an der Qualität der Sprache, welche diese entwickelt hat. Bei Gobineau verbindet sich das rassistische Denken mit einem Herabblicken auf die unteren Schichten der französischen Gesellschaft: diese seien die Nachkommen der Kelten und Galloromanen, die französische Aristokratie dagegen sei germanisch (1939). Die Vermischung von Rassen führt seiner Auffassung nach zu einer Qualitätseinbuße. Bei Gobineau finden sich schon die wesentlichen Grundgedanken des Rassismus im 19. Jahrhundert, es fehlt bei ihm allerdings noch der Antisemitismus, der dann von Richard Wagner und Houston Stewart Chamberlain ins Spiel gebracht wurde (Wagner 1975; Chamberlain 1904). Detlev Claussen nennt diesen Ansatz in seiner vergleichenden Bewertung rassistischer Theorien deshalb noch etwas wohlwollend einen aristokratischen Rassismus im Unterschied zu den plebejischen Formen, welche jener im 20. Jahrhundert angenommen hat (Claussen 1994, S. 43; hierzu auch Cassirer 1985, S. 289-321).

Die rassistischen Lehren haben wegen ihrer pseudonaturwissenschaftlichen Begründung im 19. Jahrhundert großes Aufsehen erregt, obwohl weder Gobineau noch Chamberlain in irgendeiner Weise eine ernsthafte wissenschaftliche Ausbildung aufweisen konnten. Chamberlain selbst war das vollkommen bewusst, er betont es in seinem selbst vom Kaiser Wilhelm II. verschlungenen Bestseller „Grundlagen des 19. Jahrhunderts" ausdrücklich. Das hat diese Lehre in der öffentlichen Wahrnehmung und in der politischen Diskussion aber nicht davor geschützt, als eine Art neuester wissenschaftlicher Erkenntnisstand wahrgenommen zu werden, weil sie parallel lief zum Aufschwung von Naturwissenschaften und Technik, zum Siegeszug der darwinschen Biologie und zur kolonialistischen Begegnung mit immer neuen Stammesvölkern. Bei Houston Stewart Chamberlain zeigt sich, wie Argumentationsweisen, die entfernt analog zu damals aktuellen Wissenschaftsentwicklungen auftraten, trotz der Beteuerungen des Autors, er sei wissenschaftlicher Laie, von einer geneigten und prominenten Öffentlichkeit als ernsthafte Beweisführungen akzeptiert werden konnten: Eine Warnung für die Gegenwart.

Ein aristokratischer Rassismus versucht eine Abgrenzung von oben gegenüber aufstrebenden und nachdrängenden gesellschaftlichen Gruppen. Wildeste Spekulationen über angebliche nordische Ursprünge der Herrenmenschen und über unterlegene Südvölker wurden hier ausgebreitet. Es gibt aber ebenso einen Rassismus von unten, von Menschen, die sich unterdrückt und benachteiligt fühlen. Dieses Gefühl der Benachteiligung durch den Westen, durch die Niederlage im ersten Weltkrieg, durch den Vertrag von Versailles war ein wesentliches mobilisierendes Element innerhalb der nationalsozialistischen Bewegung.

Die Postulierung und Mobilisierung der eigenen Rassenidentität als Schwarze gegen die Weißen hat in den späten 60er und frühen 70er Jahre die amerikanischen *Black Panther* angetrieben, auch wenn von europäischen Wissenschaftlern vielfältige Versuche gemacht worden sind, allein die soziale Seite dieser Protestbewegung sehen zu wollen. Aber die Black Panther hatten schlicht den weißen Rassismus gegen die nach dem Ende der Sklaverei herausgebildete schwarze Unterschicht und die vielen institutionalisierten Formen der Rassensegregation aktiv umgekehrt und zur Integration der Bewegung genutzt (vgl. Newton 2000). In den Befreiungsbewegungen in Afrika hat der Rassismus, wie von Frantz Fanon sehr deutlich ausgesprochen, ebenso eine tragende Rolle gespielt. Im Zimbabwe hat dies, nach anfänglicher Kooperation mit weißen Farmern, zu einer tragischen Gegeneinanderentwicklung geführt, die über den ökonomischen Ruin des Landes hinaus auch alle menschlichen Beziehungsformen zwischen Personen unterschiedlicher Hautfarben nachhaltig zerstört hat (Grill und Vogel 2001).

Doch der Ursprung und die Wurzel der Rassenideologien, ja des Rassenwahns war, wie Hannah Arendt in ihrer bahnbrechenden Studie „Elemente und Ursprünge totaler Herrschaft" gründlich herausgearbeitet hat, der Imperialismus des 19. Jahrhunderts. Hier „verlor die Idee der Menschheit und des gemeinsamen Ursprungs des Menschengeschlechts, wie die christlich-jüdische Tradition des Abendlands sie lehrt, zum ersten Mal ihre zwingende Überzeugungskraft" (Arendt 1986, S. 308). Hier, in dieser Welt, insbesondere im Kolonisationsprozess des südlichen Afrika, haben sich auch zuerst Konzeptionen des Verwaltungsmassenmords, wie ihn später die Nationalsozialisten aus der Rassenideologie ableiteten, entwickelt. Der kontinentale Imperialismus in Europa hat sich von vornherein an Rassenbegriffen orientiert, insbesondere in der Form der ethnisch ausgerichteten Pan-Bewegungen, die in komplexen gemischt besiedelten Gebieten Mittel- und Osteuropas den Versuch machten, Staaten nach ethnischen Kriterien zu bilden. Der jeweils stärkere ethnische Nationalismus nutzte dies aus, die übrigen Gruppen zu vertreiben. Der heutige Begriff für diese radikal antiethische Form der Politik lautet „ethnische Säuberung". Er bezeichnet recht gut einen Diskurs, der seine Propaganda mit Reinheits- und Hygienebegriffen aufgeladen hat. In 19. und frühen 20. Jahrhundert war der Oberbegriff der des „völkischen Nationalismus". Sogar die politisch-menschenrechtliche Rede von der Selbstbestimmung wurde nun völkisch gewendet und als kollektive Selbstbestimmung einer Gruppe, nicht mehr als Emanzipation jedes einzelnen verstanden. Der politische Kollektivismus verdrängte den bürgerlichen Individualismus, der sich seitdem als überholte liberale oder neoliberale Ideologie beschimpfen lassen muss (hierzu Holmes 1995). Hannah Arendt kommentiert: „Es steht außer Frage, dass die Anziehungskraft der Pan-Bewegungen auf ihrer offen ausgesprochenen Verachtung für die sogenannte liberale Weltanschauung und das liberale Vokabular beruhte (…). Dass eine Bewegung gerade durch Uniformierung und massenhafte Zusammenfassung von Menschen eine Art Ersatz für gesellschaftliche Heimat und Sicherheitsgefühl zu geben vermag, haben die totalitären Bewegungen bei den Panbewegungen bequem lernen können" (Arendt 1986, S. 378). Damit ist zugleich auch angesprochen, dass wir es hier mit Reaktionsbewegungen auf Modernisierungsprozesse zu tun haben, in denen die erhöhte Mobilität von Menschen, der Zusammenbruch alter Strukturen und der mit ihnen verbundenen Gewissheiten durch ein Gemeinschaftsgefühl kompensiert werden soll, das seinen Identifikationskern am erfolgreichsten in Vorstellungen einer rassischen Überlegenheit der eigenen Gruppe gegenüber anderen fand. Schon in der Burengesellschaft Südafrikas war zu beobachten, dass gerade die weißen *underdogs*, die einfachen weißen Arbeiter der Diamantminen, die nicht besser bezahlt wurden als die schwarzen Minenarbeiter, in der Entwicklung eines rassistischen Bewusstseins eine ideelle Kompensation hierfür suchten. Abfällig wird deshalb bei der Diagnose von weißem Rassismus häufig vom „white trash" als dessen Trägergruppe gesprochen. Es sollte aber immer bewusst bleiben (um nun nicht in einem Rassismus gegen weiße Unterschichten zu verfallen), dass nichtweiße benachteiligte Gruppen in ähnlicher Weise zu diesem mentalen Mittel greifen können und gegriffen haben.

Hervorzuheben an den rassistischen Ideologien ist, dass sie historisch häufig im Zusammenhang mit nationalistischen Bewegungen auftreten, aber weder gedanklich noch tatsächlich an diese gebunden sind. Arthur Graf Gobineau war weder Nationalist, noch war er ein französischer Patriot. Er verachtete die einfachen Franzosen und hielt sie in seiner rassistischen Sicht für Abkömmlinge der Kelten, während die adlige Herrenrasse arischer bzw. germanischer Herkunft sein wollte (Gobineau 1939, S. 41-65; vgl. Cassirer 289-321). Auch die arischen Rassevorstellungen der deutschen Nationalsozialisten zielten auf eine gesamteuropäische germanische (also u.a. antislawische) Herrenrasse, auf eine „Nation Europa", wie eine ihrer Zeitschriften hieß.

Der antiethische Kern rassistischen Denkens besteht in der grundsätzlichen Leugnung der politisch-rechtlichen Gleichheit aller Menschen. Die eigene, wie immer willkürlich definierte Gruppe wird mit Höherwertigkeitsillusionen ausgestattet, die in Verfolgung, Unterdrückung, Vertreibung und Ermordung münden können.

2.23 Vergangenheitspolitik und Politik der Erinnerung

Es ist durchaus sinnvoll und eine Sache des Alltagsverständnisses, vor Gedanken und Handlungen, die schon einmal zu katastrophalen Konsequenzen geführt haben, aufs heftigste zu warnen. Rassismus, religiöser Fanatismus, Kommunismus und andere totalitäre Ideologien haben einen wesentlichen Beitrag zur Geschichte der Massenmorde geleistet. Normalerweise werden sich geschichtliche Abläufe nicht exakt so wiederholen, wie sie einst abliefen, aber es ist einsehbar, dass diejenigen, die politische Vorschläge machen, welche an gescheiterte Ideen der Vergangenheit erinnern, unter einen Argumentationsdruck geraten, der sie zumindest zwingt, sich und anderen klarzumachen, was denn nun die spezifische Differenz ihres Ansatzes gegenüber den gescheiterten Versuchen ist. Diese Differenz müsste schon hinreichend groß sein, um einen Ansatz nicht als abzulehnenden Wiederbelebungsversuch alter Fehler anzusehen. Der entsprechende Vorwurf kann jedoch durchaus, gerade weil das Argument so plausibel ist und nur ein wenig Empörungsaufwand erfordert, zur billigen Massenware in der politischen Alltagsargumentation werden. Er erstarrt dann zum Dogma, wenn schon das Stichwort reicht und nicht mehr im Einzelnen ausgeführt werden muss, worin denn nun genau der Vorwurf, worin genau die Übereinstimmung einer aktuell vertretenen Idee mit den historisch diskreditierten Versuchen besteht.

Die Denkmale unserer Zeit erinnern nicht mehr an große Männer, sondern an Verbrechen und Katastrophen. Der Kampf geht darum, an welche Opfer und an welche Verbrechen erinnert werden soll: Ausschließlich an die jüdischen Opfer, oder auch an Homosexuelle, Sinti und Roma, vielleicht auch an ganz normale

Strafgefangene wie Einbrecher und Diebe, die in den Konzentrationslagern in groteskem Unverhältnis zur Schwere ihrer Taten gefoltert und ermordet wurden? Es geht also um die Ethik kollektiver Erinnerung, wie Avishai Margalit das genannt hat. Margalit spricht von der Willkür der geteilten Erinnerung, die nicht lediglich auf Anteilnahme beruhen darf, denn „Moral brauchen wir genau dort, wo wir *keinen* Anteil nehmen" (Margalit 2000, S. 22). An die Stelle einer Gedächtnispolitik der Kriegerdenkmäler ist eine Gedächtnispolitik der Erinnerung an die Opfer getreten.

Wie lange dauert eine solche Vergangenheit? Muss irgendwann einmal Schluss sein mit der Erinnerung an bestimmte historische Verbrechen? Ralph Giordano hat dazu als Zeitzeuge eine hochsignifikante Beobachtung beigetragen. Er berichtet, schon im Hamburg des Jahres 1945 solche Äußerungen wiederholt gehört zu haben, dass man doch endlich einmal vergessen, dass endlich einmal Schluss sein sollte (Giordano 1987, S. 36). Faktisch ist es so, dass es keine zeitliche Grenze gibt. In der Perspektivik der Späteren können vergangene Taten und Ereignisse durchaus sogar eine wachsende Bedeutung bekommen, insbesondere dann, wenn sie religiös oder quasi religiös überhöht und erfolgreich ritualisiert werden. Jürgen Habermas sieht in den politisch-ethischen Diskursen über den Holocaust und andere im Namen der eigenen Regierung begangene Massenverbrechen ziviltheologische Grundelemente: die Gedächtnispolitik zeigt, wie sich nicht zuletzt auch außerhalb Deutschlands „verfassungspatriotische Bindungen im Medium der Politik selbst bilden und erneuern können" (Habermas 2001, S. 24). Den alten Monumenten in Washington werden neue, zur Erinnerung an den Vietnamkrieg, an den Holocaust und am Ende der Amtszeit Barack Obamas auch an die Geschichte der afroamerikanischen Kultur in den USA an die Seite gesetzt. Das Ziel ist ein immer inklusiveres Verständnis der Vergangenheit, ohne die alten Wunden in der Unsichtbarkeit verschwinden lassen zu wollen.

Ralph Giordano sieht die zweite Schuld vieler Deutscher darin, dass sie nach 1945 die selbstkritische Aufarbeitung der Vergangenheit verweigerten und zu hintertreiben suchten. Sobald deutsche Behörden die Entnazifizierungsaufgabe im Westen von den Besatzungsmächten übernommen hatten, fand eine Art von wenig spektakulärer Massenamnestie statt. Giordano gesteht durchaus zu, dass Kompromisse nötig sind, weil das Leben auch dann weitergehen muss, wenn sehr große Teile der Bevölkerung in die Taten eines verbrecherischen Regimes verstrickt sind. Er kommt sogar zu der Überlegung, dass demokratische Nachfolgesysteme in besonderem Maße dazu neigen, Täter und Nutznießer straffrei ausgehen zu lassen. Allerdings konstatiert er für Deutschland, dass hier im Vergleich zu Italien nach Mussolini, Japan nach dem imperialistischen Militarismus, Spanien nach Franco, Portugal nach Salazar und Griechenland nach den Obristen ein besonderer Höhepunkt der Nachsichtigkeit erreicht worden sei (Giordano 1987, S. 95 f.). Man habe im diplomatischen Korps, beim Wiederaufbau der Bundeswehr und in den älteren Jahrgängen der Beamtenschaft so etwas wie einen stillschweigenden Frieden mit den Tätern gemacht. Adenauers Staatssekretär Hans Globke, der einst Kommentator der Nürnberger Rassegesetze war, ist das prominenteste Beispiel dafür. Giordano spitzt sein Resümee zu: „In der Rückschau erscheinen die ‚Fünfziger' wie verspätete NS-Jahre. (...) Es war der totale Triumph der Verdrängung und Verleugnung, der Sieg der These von der Kollektivunschuld. Es ist nicht übertrieben, den großen Frieden nun auch mit den strafrechtlichen Tätern als eine Herzensangelegenheit der damaligen politischen Führung in der Bundesrepublik zu bezeichnen – eine wohlkalkulierte, völlig bewusste Gratwanderung zwischen dem Versuch, nach außen ein NS-feindliches Bild zu bieten, innenpolitisch aber auf Amnestiekurs zu gehen, mit vollen Segeln" (ebd., S. 122). In den großen KZ-Prozessen habe man monate- und jahrelang nach dem Exzesstäter gesucht, der sich durch besondere Bösartigkeit hervorgetan habe, nicht jedoch nach den Fließbandarbeitern der „Endlösung".

Zu einer Erinnerungskultur des Gedenkens und der Denkmäler muss nach dem heutigen Verständnis immer auch eine Gesprächskultur der Aufklärung treten, des Wissenwollens, wie es war. Die Vorstellung, Verdrängung und Verschweigen sei dem friedfertigen Zusammenleben förderlich, tritt im Zeitverlauf immer mehr in den Hintergrund, schon aus der Furcht heraus, den alten Eliten zu viel Macht zu belassen.

3 Kann politische Ethik gegen reale Interessen gewinnen?

Die politische Ethik, wie ich sie zu konzipieren versuche, hat den Anspruch, realistisch im Sinne einer politischen Wirklichkeitsangemessenheit zu sein. Ein rein postulierender Normativismus und Moralismus ist in praktisch-politischen Situationen oftmals hilflos und wirkt weltfern. Schon in der aufklärerischen Religionskritik ist beobachtet worden, wie reines und selbst halbkritisches Predigen zur besinnlichen Verzierung unhaltbarer Zustände dienen kann.

Wenn jeder empirische Bezug fehlt, kann der Versuch einer unmittelbaren Verwirklichung von rein moralisch begründeten Utopien zu den fürchterlichsten Katastrophen führen, denn Moralismus hat eine gewisse populistisch-durchdringende Überzeugungskraft. Die Umsetzung des praktisch nicht Umsetzbaren kann rasch zu Gewalt und Terror führen (vgl. Koenen 2000). Das gilt für Savonarolas aufrührerische Anti-Luxus-Predigten im Florenz über die Wiedertäufer von Münster bis zum Staatsterror Lenins und Stalins. In der Ethik selber kann etwas Böses und Boshaftes liegen, ein Moment des hämischen Zeigens auf andere. Das hat Adorno in seiner Vorlesung vom Sommer 1963 über Probleme der Moralphilosophie sehr deutlich herausgearbeitet (1996, S. 32). Die kollektiven Moralvorstellungen können eben auch etwas Gewalttätiges und Repressives sein. Das kann sehr verschiedene Gründe haben. Einer der wichtigsten ist, dass sie selber, ganz unkategorisch, zu einem Macht- und Schlaginstrument der politischen Auseinandersetzung werden können. Skandalisierung und Hysterisierung („Hype") sind in ihrer Wirksamkeit erwiesene Mittel dazu. Auch die strengste Moral verliert ihre Würde, wenn unter ihrem Banner die Gardisten Maos oder die Attentäter des Dschihad firmieren.

Diese historischen Erfahrungen zeigen allerdings auch, dass Ideen außerordentlich wirksam werden können. Ideen können wirken, zum Schlechten wie zum Guten. Im Folgenden will ich einen komplexen und wie sich meine, paradigmatischen praktischen Fall möglichst differenziert analysieren, nämlich jene schon im 18. Jahrhundert gegründete frühe NGO, die zunächst den Sklavenhandel, schließlich auch die Sklaverei selbst erfolgreich bekämpft hat. In den beiden darauf folgenden Abschnitten wird es um zwei weitere komplex verkoppelte Ideen gehen: die Idee der Mehrheitsentscheidung, zu der ihr Verhältnis zu den Minderheitenrechten gehört, sowie die Frage des Verstehens und der Verständigung in politischen Kontexten.

3.1 Die Antisklavereibewegung von 1787 und die Ideengeschichte der Menschenrechtsentwicklung

Ideengeschichtler setzen ihren Ehrgeiz gerne darein, die Quellen und Wurzeln einer Idee möglichst weit zurückzuverfolgen, im Falle der Menschenrechte also möglichst bis zur Philosophie der Stoa mit ihrem Naturrechtskonzept und zum frühen Christentum, in dem die Lehre von der Gottesebenbildlichkeit aller Menschen gerade Teile der Unterschicht und vor allem der damaligen Sklaven angesprochen und motiviert hat. Die Idee des Naturrechts als Oppositionsgrundlage gegen die zunehmend despotischer auftretenden und das römische Recht immer häufiger brechenden Imperatoren blieb im römischen Kaiserreich noch eine recht hilflose Idee, die erst im späten Mittelalter und der frühen Neuzeit als vorwiegend adliges Widerstandsrecht gegen königliche Vorherrschaft politisch-praktische Bedeutung gewann, ohne dass ich hierin wirklich eine Grundlage der Menschenrechtsidee würde erkennen können. Mit den christlichen Wurzeln ist es so eine Sache. Der politische Ideengeschichtler Hans Maier, einst unter Strauß bayerische Kultusminister und später Vorsitzender des Zentralrats der deutschen Katholiken, hat in einem an selbstkritischer Ehrlichkeit und Differenziertheit kaum zu überbietenden Band die gängigen Theorien hierüber gründlich widerlegt. Entscheidend ist, dass die Aufklärung das Konzept der Menschheit aus den christlichen Verankerungen löst und es sich wirklich um Rechte des Menschen, nicht mehr nur der Christen handelte. Lessings „Nathan der Weise" mit seiner Gleichanerkennung von Christen, Juden und Moslems ist hier das ideengeschichtlich weitestgehende Dokument. Hans Maier vermerkt, dass die christlichen Kirchen diesen Vorsprung der Aufklärung erst mühsam, in zahlreichen Anpassungen und Rezeptionen, nachholen mussten. Erst das zweite vatikanische Konzil (1962-65) hat die Menschenrechte anerkannt, und Maier merkt auch an, dass „Katholiken und Protestanten noch lange gemeinsam den Kampf gegen Ketzer und Sekten fortsetzten" (Maier 1997, S. 76). Es handelt sich um eine hochkonfliktuelle Geschichte, die nicht im beschönigenden Stil, wie sich doch alles so wunderbar gefügt habe, geschrieben werden sollte. Immerhin lässt der Verweis auf die naturrechtlichen und unterschichtmäßigen Wurzeln der Menschenrechte deren oppositionellen Charakter gegen etablierte Sozialstrukturen hervortreten.

Sinnvoller scheint es, mit Heinrich August Winkler die Entstehung der Menschenrechte anzusehen als ein Resultat transatlantischer Kooperation (2013). Nach dem Vorgang von John Lockes Trias *Leben, Freiheit, Eigentum* sind sie erstmals 1776 in den USA in der *Virginia Declation of Rights* formuliert und später dann auch in die ersten zehn Zusätze zur Verfassung der USA eingegangen. Die französische *Déclaration des Droits de l'Homme et du Citoyen* vom August 1789 wurde deutlich davon inspiriert, was sich personifizieren lässt im Einfluss des amerikanischen Botschafters in Paris, Benjamin Franklin, sowie des Marquis de Lafayette, den diese Ideen im amerikanischen Unabhängigkeitskrieg ergriffen hatten. Das französische Modell erscheint allerdings konsequenter und egalitärer als das amerikanische, was sich darin ausdrückt, dass 1794 auch die Sklaverei in den französischen Kolonien abgeschafft wurde (wenige Jahre später durch Napoleon Bonaparte wieder eingeführt). Das klassische britische Modell bestand in der langsamen Ausweitung von Privilegien auf immer größere Personenkreise. Der Sprung über den Atlantik und der Entkolonialisierungskampf hat jedoch erst die nachhaltige Etablierung gleichen Rechts für alle (in den USA noch mit Ausnahme der Sklaven) zur Folge gehabt. Dieser Punkt zeigt zugleich, wie simpel und reflexhaft der gängige Vorwurf des Eurozentrismus gegen die Menschenrechtsidee eigentlich ist: Sie bedeutete gerade keine europäische Kontinuität, sondern einen Bruch, der auf dem amerikanischen Kontinent durch den erfolgreichen Entkolonisierungskrieg gegen die Briten erst noch stabilisiert werden musste, und der in Frankreich durch die Revolution markiert wurde, die ebenfalls einer bewaffneten Verteidigung gegen die Interventionstruppen der Traditionsmächte bedurfte. Eine rein ideengeschichtliche Perspektive wäre zu konservativ, um diesem Phänomen des Bruchs, der kriegerischen Befreiung und der Menschenrechtsrevolution gerecht zu werden.

Von Anfang an lag es, zumindest außerhalb der USA, nahe, die Menschenrechtsidee auch auf die Sklaverei anzuwenden. Der Aufstand der „schwarzen Jakobiner" in Haiti von 1791, der mit der Unabhängigkeitserklärung 1804 erfolgreich endete, war die erste kosmopolitische Reaktion (Buck-Morss 2011). Aber nicht nur die Sklaven selbst, sondern auch die öffentliche Diskussion und öffentliche Meinung in Großbritannien übernahmen auf politisch folgenreiche Weise die Idee der Freiheit und Gleichheit aller Menschen, und damit gerade auch der Sklaven, da die Sklaverei für jeden sichtbar der empörendste Verstoß gegen diese neue Rechtskonzeption war – während in den üblichen, rein textorientierten politischen Ideengeschichten vor allem die menschenrechtsskeptischen Gegenargumente Edmund Burkes und Jeremy Benthams erwähnt werden. Die *Society for Effecting the Abolition of Slavery* wurde 1787 in London gegründet. 1807 erreichte sie die Abschaffung des Sklavenhandels auf britischen Schiffen, 1833 die Abschaffung der Sklaverei in den britischen Kolonien. Das Verbot des britischen Sklavenhandels zu fordern implizierte von vornherein einen globalen Ansatz, mit der Folge der Organisation und Unterstützung vergleichbarer Bemühungen in Frankreich und anderen Ländern, um zu verhindern, dass ausländische Schiffe den Sklaventransport übernahmen.

Diese gut dokumentierte Bewegung ist ein paradigmatischer Fall für eine international wirksame NGO, so dass sich an ihr über einen längeren Zeitverlauf wichtige Fragen eines globalen Menschenrechtshumanitarismus diskutieren lassen. Die Antisklavereibewegung von 1787 musste von Anfang an transnational agieren und war transnational motiviert. Sie ermöglichte und setzte auf das politische Engagement von Gruppen, die durch das Wahlrecht nicht oder nicht hinreichend repräsentiert waren und entwickelte charakteristische mediale Strategien zur Mobilisierung der Öffentlichkeit und zur Ausübung von Reformdruck auf das Parlament und das politische System insgesamt. Als sie ihre Abstimmungssiege errungen hatte, wurden die Instrumentarien der britischen Flotte zur weltweiten Kontrolle des Sklavenhandels eingesetzt, was interessante Fragen des Völkerrechts und der humanitären Begründung imperialer Herrschaftsansprüche aufwirft. Beinahe das gesamte Spektrum humanitärer und postkolonialer Fragestellungen lässt sich an dieser Bewegung, einer der berühmtesten sozialen Bewegungen überhaupt, diskutieren.

Die Ausstrahlung der Bewegung erfasste die ganze Welt, u.a. auch die Weimarer Kosmopoliten. Johann Gottfried Herder identifizierte sich in seinen *Briefen zur Beförderung der Humanität* mit dieser Bewegung und lobte die Quäker mit dem Satz: „Eine Geschichte des aufgehobenen Negerhandels und der abgestellten Sklaverei in allen Weltteilen wird einst ein schönes Denkmal im *Vorhofe* des Tempels allgemeiner Menschlichkeit sein, dessen Bau künftigen Zeiten bevorstehet; mehrere Quacker-Namen werden an den Pfeilern dieses Vorhofes mit stillem Ruhm glänzen" (Herder 1991, S. 696). Dies ist keine beiläufige Formulierung, sondern der größte Teil der zehnten Sammlung der Humanitätsbriefe ist der Frage der Unterdrückung von Schwarzen und der Ideengeschichte des kosmopolitischen Denkens und der Kritik an der Sklaverei von Las Casas über den Abbé St. Pierre bis Montesquieu gewidmet.

Herders Text aus den Jahren 1796/97 stellt diese Bemühungen ausdrücklich unter die Parole der allgemeinen Menschlichkeit, während Johann Wolfgang Goethe in den britischen Kritiken am Sklavenhandel eher britische Heuchelei und ökonomisches Eigeninteresse vermutete, damit die unter gegenwärtigen Intellektuellen und Sprechern des *Tiersmondismus* noch heute verbreitete Position vorwegnehmend. In einem seiner Gespräche mit Eckermann bemerkt Goethe am 1. September 1829: „Während aber die Deutschen sich mit [sic] Auflösung philosophischer Probleme quälen, lachen uns die Engländer mit ihrem großen praktischen Verstande aus und gewinnen die Welt. Jedermann kennt ihre Declamationen gegen den Sclavenhandel, und während sie uns weismachen wollen, was für humane Maximen solchem Verfahren zu Grunde liegen, entdeckt sich jetzt, dass das wahre Motiv ein reales Object sei, ohne welches es die Engländer bekanntlich nie thun, und welches man hätte wissen sollen. An der westlichen Küste von Afrika gebrauchen sie die Neger selbst in ihren großen Besitzungen, und es ist gegen ihr Interesse, dass man sie dort ausführe. In Amerika haben sie selbst große Negerkolonien angelegt, die sehr productiv sind und jährlich einen großen Ertrag an Schwarzen liefern. Mit diesen versehen sie die nordamerikanischen Bedürfnisse, und indem sie auf solche Weise einen höchst einträglichen Handel treiben, wäre die Einfuhr von außen ihrem mercantilischen Interesse sehr im Wege, und sie predigen daher nicht ohne Object gegen den inhumanen Handel" (Eckermann 1976, S. 371 f.). Ich nehme nicht an, dass es der junge Eckermann aus Winsen an der Luhe war, der dem Ex-Minister diese ideologiekritisch-materialistische Denkhaltung des Allesdurchschauthabens in der Mund gelegt hat. Herder hatte kosmopolitisch gedacht; Goethe operiert trotz seiner luftigen Idee von der Weltliteratur mit schlichten antibritischen Vorurteilen, denn die beiden von ihm behaupteten Tatsachen lassen sich nicht verifizieren. Die Sklaverei selbst hat ihn übrigens, anders als Herder und anderes als eine Vielzahl von Schriftstellern dieser Zeit, nie wirklich beschäftigt oder beunruhigt. Seine einzige Stellungnahme ist diese eine Stelle, die immerhin wenigstens vom inhumanen Handel spricht, aber doch wenig Mitgefühl mit den Schwarzen zeigt. Es geht Goethe allein darum, „die Engländer" zu kritisieren.

Die Antisklavereibewegung hatte mit dem entstehenden Nationalismus nichts zu tun. Sie war schon von ihrem Ansatz her eine kosmopolitische Bewegung. Sie hatte ihren Kern in England, aber sie identifizierte sich mit dem Leid von Sklaven an den anderen Ufern des Atlantik, die ja bekanntlich britischen Boden überhaupt nicht betreten haben. Sie wurden mit britischen Schiffen von der Westküste Afrikas, der sogenannten Elfenbein- oder Sklavenküste, nach Westindien und Nordamerika gebracht. In einem Dreieckshandel liefen die Schiffe von dort mit Zucker, Baumwolle, Tabak und anderen Ladungen britische Häfen, vor allem Liverpool, an. Von dort gingen sie, mit Tauschwaren und neuem Investitionskapital ausgestattet, wieder nach Afrika, um in diesem kapitalintensiven Spekulationsunternehmen neue Sklaven anzukaufen. Der britische Sklavenhandel erreichte im letzten Drittel des 18. Jahrhunderts einen Höhepunkt und umfasste etwa die Hälfte des transkontinentalen Sklavenhandels.

Der Sklavenhandel war für die britischen Reeder und Kapitäne offenbar kein selbstverständliches Geschäft. Dieser Handel hatte hauptsächlich in portugiesischen, später spanischen Händen gelegen, und noch um 1620 hat der Handelskapitän Richard Jobson ein Angebot zum Sklavenkauf am Gambia-Fluss mit der Begründung abgelehnt, die Engländer „seien ein Volk, das nicht mit solcher Ware handelt, wir würden weder einander kaufen und verkaufen noch irgendjemanden sonst unserer eigenen Gestalt" (Wirz 1984, S. 23). Die erheblichen Gewinne und der sagenhafte, bald protzige Reichtum der vor allem Liverpooler (mit zeitweise 70% englischem Geschäftsanteil), aber auch Londoner Sklavenhändler und Plantageninvestoren führten bald zur Überwindung dieser moralischen Schranken bei den Interessenten und Profiteuren, allerdings nicht unbedingt in der Öffentlichkeit, die all dies bis zum König hinauf mit Missfallen betrachtete. Hier, bei der moralischen Haltung der Öffentlichkeit, setzte die Antisklavereibewegung an.

Die Mehrzahl der Mitglieder des 1787 gegründeten Komitees waren Quäker, mittelständische Kaufleute, die schon einige Jahre vorher eine Petition an das britische Parlament gerichtet hatten, die aber erkannt hatten, dass sie als religiöse Dissenters nicht das passive Wahlrecht besaßen und so nach Verbündeten suchten, die für die britische Gesellschaft akzeptabler waren und nicht als Außenseiter galten. Es gehörten ebenso Evangelikale wie der unabhängige Parlamentsabgeordnete William Wilberforce aus Yorkshire (seit 1784) und Methodisten dazu.

Britischer Druck führte 1815 auf dem Wiener Kongress zu einer Deklaration gegen den Sklavenhandel. Von diesem Zeitpunkt an wurde immer massiver auf den Einsatz der britischen Flotte zur Unterbindung des Sklavenhandels gesetzt: ein früher Fall von humanitären Militäraktionen mit völkerrechtlichen Problemen, die das gesamte 19. Jahrhundert hindurch kontrovers diskutiert wurden. Zwischen 1808 und 1860 haben britische Schiffe schätzungsweise 1600 Sklavenschiffe beschlagnahmt und 150 000 Sklaven befreit. Das sollen etwa 15% der in diesem Zeitraum transportierten Sklaven gewesen sein (ebd., S. 185). Die befreiten Sklaven wurden durchweg nach Sierra Leone gebracht, unabhängig davon, welche Sprache sie sprachen und aus welcher Gegend Afrikas sie stammten, denn in ihren Herkunftsgebieten hätten sie leicht erneut versklavt werden können. Zeitweise war ein Drittel der britischen Flotte an solchen Patrouillen beteiligt. Die teure und nach der Niederlage des napoleonischen Frankreich nicht mehr ganz so leicht zu rechtfertigende Flottenrüstung konnte durch immer neue Presseartikel über die Durchsuchung und Beschlagnahme von Sklavenschiffen auf positive mediale Resonanz zählen.

Entscheidend war, dass der Sklavenhandel zur „Piraterie" erklärt wurde, was den Briten auch die Durchsuchung von Schiffen anderer Nationalitäten außerhalb der Vertragspartner ermöglichen sollte. Piraten galten als denationalisiert und verloren den Schutz ihrer Flagge, konnten also durch Kriegsschiffe jedes beliebigen Landes aufgebracht werden. Es gab bei der Überwachung ein Dauerproblem: die Nichtbeteiligung der USA. Jedes Sklavenschiff, das die amerikanische Flagge hisste, musste man weiterfahren lassen. Man half sich nach vielfachem Streit durch gemeinsame Flottenpatrouillen mit den USA. In der Völkerrechtslehre des 19. Jahrhunderts ist dies im Wesentlichen als humanitäre Angelegenheit betrachtet worden, Wilhelm Grewe resümiert aber, dass hier ein humanitäres und zivilisatorisches Missionsbewusstsein mit großem Rückhalt in der öffentlichen Meinung des eigenen Landes wie in der Weltöffentlichkeit benutzt wurde, „mit Hilfe einer an den Begriff der Piraterie anknüpfenden Rechtskonstruktion" den politischen Herrschaftsanspruch Englands über die Weltmeere zur völkerrechtlichen Anerkennung zu bringen. „So konnte diese Frage zu einem interessanten Beispiel der Verbindung einer nationalen Interessenpolitik mit einem internationalen Ordnungsanspruch, einer universell-humanitären Ideologie und einer diplomatisch geschickt gehandhabten formaljuristischen Begrifflichkeit werden" (Grewe 1984, S. 672). Wir wissen, dass sich die britische Position, was die Anwendung des Pirateriebegriffs auf den Sklavenhandel betrifft, schließlich nicht dauerhaft durchsetzen konnte.

Die Verbindung von Weltöffentlichkeit, humanitärer Mission, Seemacht und Völkerrecht zeigt erneut den kosmopolitischen Kern dieser Angelegenheit, wobei ich noch nicht zu entscheiden wage, ob einer dieser Faktoren der grundlegende ist. Im Grunde haben wir die Situation, dass eine breite Nichtregierungsorganisation nicht nur einen Parlamentsbeschluss erwirkt, sondern dessen Durchsetzung auf den Weltmeeren von nachhaltigem Regierungshandeln unter dem Einsatz kostenintensiver militärischer wie finanzieller Machtmittel (nämlich die geleisteten Kompensationszahlungen an andere Länder) abhängt. Hier wiederum ist der Erfolg der Maßnahmen von der öffentlichen Meinung und der ratifizierenden Zustimmung in den Parlamenten der anderen in Frage kommenden Länder abhängig. Die erfolgreiche NGO schafft sich einen weltweit wirksamen Arm, der nicht zuletzt auch auf eine Veränderung des Völkerrechts zielt. Dass hier nachhaltige Machtinteressen ins Spiel kommen, ist damals wie heute selbstverständlich erkannt worden, denn ein derartiger Aufwand muss immer auch realpolitisch gerechtfertigt werden.

Eines der Zentralprobleme in der Forschung und, wie wir am Fall Goethe/Herder gesehen haben, auch der intellektuellen Diskussion, ist das Verhältnis von Menschenrechtsargumenten und wirtschaftlichen Interessen. Vor allem aus antikolonialistisch-marxistischer Perspektive stammt die These, die Briten hätten den Sklavenhandel erst abgeschafft, als die Sklaverei ohnehin im Niedergang war, zumal sich freie Lohnarbeit effektiver ausbeuten lasse (Williams 1994). Die Antisklavereibewegung selbst hatte von Anfang an vergleichbare ökonomische Argumente verwendet, da die führenden Agitatoren der Meinung waren, man könne das britische Parlament nicht allein mit moralischen Argumenten überzeugen, sondern es bedürfe ebenso materieller und handfester Hinweise. So stützte man sich auf Adam Smiths These, dass freie Lohnarbeit effizienter sei als Zwangsarbeit (Smith 1990, S. 318f.). Eine Emanzipation der Sklaven würde deshalb nicht etwa den Zucker und die Baumwolle verteuern, sondern vielmehr insgesamt den Wohlstand mehren können. Diese Argumentation drang in der Öffentlichkeit auch weitgehend durch.

In der gegenwärtigen wirtschaftsgeschichtlichen Forschung hat sich die Niedergangsthese nicht halten lassen. Nach der Sammlung genauerer wirtschaftsgeschichtlicher Daten hat sich eher die Vorstellung durchgesetzt, dass hier ein blühender und erfolgreicher, wenn auch blutiger Geschäftszweig des internationalen Seehandels und der spekulativen Geldanlage in westindischen Plantagen vor allem aus moralischen Gründen ausgeschaltet wurde. Am wirkungsmächtigsten ist diese These von dem Wirtschaftshistoriker Seymour Drescher vorgetragen worden, der hierfür den m.E. unpassenden und übertriebenen Begriff des „Econocide" geprägt hat (2010). Er zielt auf die Widerlegung der These, die Sklaverei habe sich schon vor ihrem Verbot in einem rein ökonomisch erklärbaren Niedergang befunden. Die überwiegende Betonung humanitärer Argumente in der Selbstdarstellung der frühen Abolitionisten, so sehr der selbstgerechte Tonfall vieler Aktivisten dem nüchternen Forscher auch auf die Nerven gehen mag, ist damit partiell rehabilitiert.

In der modernen, kliometrisch (d.h. in der Anwendung quantitativer Meßmethoden auf Geschichtsereignisse) fundierten und theoretisch durchreflektierten Wirtschaftsgeschichtsschreibung gilt die Antisklavereibewegung geradezu als das Paradebeispiel einer tiefgreifenden institutionellen Veränderung, die nicht völlig durch einen Wandel der Produktivität oder ähnliche vorwiegend innerökonomische Faktoren zu erklären ist: „Wie wir aus der schier endlosen gelehrten Kontroverse über die Natur der Sklaverei in den Vereinigten Staaten erfuhren, war diese Institution zur Zeit des Bürgerkriegs offensichtlich noch einträglich" (North 1992, S. 100). Entscheidend war nach Douglass North, dem Protagonisten der *New Economic History* ein ganz anderer, aber auch ökonomisch-politischer Mechanismus, nämlich dass Leute ihre Ablehnung der Sklaverei mit relativ geringen Kosten für sich selbst zum Ausdruck bringen konnten und gleichzeitig von den Sklavenhaltern einen sehr hohen Preis fordern konnten. Mit dieser Überlegung ergibt sich zumindest die Chance, die Vorbehalte gegenüber der Rhetorik einer solchen sozialen Bewegung (die uns ja aus der selbstgerechten Rhetorik heutiger NGOs ebenso bekannt ist) mit einer auch material fundierten Akzeptanz ihrer außerökonomischen Motive zu verbinden.

Die Kritik an einem humanitär verbrämten Interesse an britischer See- und Weltherrschaft wird weiterhin aufrechterhalten. Und es bleibt der Einwand, „dass die Europäer die koloniale Eroberung und Durchdringung Afrikas zu Endes des 19. Jahrhunderts als Kreuzzug gegen die Sklaverei ausgeben konnten“ (Wirz 1984, S. 220). Denn nach der Abschaffung der Sklaverei auch in den USA blieb ein Restproblem des Sklavenhandels an der arabischen und persischen Küste sowie ein innerafrikanischer Sklavenhandel in Richtung Nordafrika. Auf der Berliner Kongokonferenz von 1885 wurde erneut eine Deklaration gegen den Sklavenhandel verabschiedet, die schließlich 1890 in Brüssel konkretisiert wurde: Sklavenjagd wurde für strafbar erklärt, ebenso Sklaventransporte. Hier kommen auch deutsche Initiativen ins Spiel, denn auch in Deutschland wurde mit unkonventionellen Mitteln der Partizipation und Propaganda Geld gesammelt, um ein Schiff auszurüsten, das auf den großen afrikanischen Seen den dortigen inneren Sklavenhandel bekämpfen sollte. Konkrete Erfolge wurden zwar nicht erzielt, aber die Öffentlichkeit wurde doch für diese Frage so sensibilisiert, dass der Reichstag 1895 ein Gesetz zur Bestrafung von Sklavenjagd und Sklavenhandel annahm. Bernhard Gondorf, der das deutsche Antisklaverei-Komitee in Koblenz erforscht hat, kommt zu dem Schluss, dass die Verwendung des Geldes zeigt, dass es im Wesentlichen um Kolonialinteressen unter einem humanitären Mantel gegangen sei (Gondorf 1991, S. 11). Immerhin, auch ein wirklicher deutscher Menschenfreund hat sich an der öffentlichen Kampagne beteiligt: In seinem Roman „Die Sklavenkarawane“, der in den Jahren 1889/90 als Fortsetzungsserie erschien, prangert Karl May den Sklavenhandel an.

Bemerkenswert an der britischen Antisklavereibewegung ist, dass sie radikal gegen starke wirtschaftliche Interessen vorging, aber in ihren Argumenten nicht auf eine neue Gesellschaftsordnung zielte, sondern mit Argumenten aus dem britischen Recht sowie aus der christlichen Tradition operierte. Ein wichtiger aktivistischer Flügel um den Hauptagitator Thomas Clarkson war gewiss von der französischen Revolution, von den Menschenrechten und ähnlichen Ideen beeinflusst, aber der parlamentarische Arm war durchaus religiös und konservativ: eine Doppelstrategie, die einen Grund für die schließliche Durchsetzungsfähigkeit darstellte. Sie war eine flügelübergreifende Bewegung. In ihrer abschließenden Phase, also in den 1840er Jahren, zog die Bewegung deutliche Kritik aus der neu entstehenden britischen Arbeiterbewegung auf sich. In der Arbeiterbewegung war man zwar grundsätzlich gegen Sklaverei eingestellt, hatte aber ein tiefes Misstrauen gegen den aristokratischen Paternalismus, den sie dieser Bewegung unterstellte, und warf ihr vor, ihre weichen Herzen würden zwar über das Elend der Schwarzen seufzen, sie würden aber die Lage der weißen Arbeitersklaven in den britischen Kohlengruben, insbesondere der Kinderarbeiter, die doch ihren Wohlstand sicherten, überhaupt nicht zur Kenntnis nehmen (vgl. Hochschild 2006). Insgesamt handelt es sich aber um die erste internationale Kampagne für Menschenrechte, die dann in ihrem Engagement und ihren Mobilisierungsformen eine wichtige Vorbildfunktion für die amerikanischen Anführer der dortigen Antisklavereibewegung hatte.

Die humanitäre Aktion war kostspielig und ökonomisch durchaus nicht unschädlich, was ein interessantes Licht auf heutige Diskussionen wirft, in denen z.B. bei Menschenrechtsfragen *a priori* von einem Primat der ökonomischen Interessen vor humanitären Erwägungen ausgegangen wird. Welche Motivbündel sind eigentlich erforderlich, damit eine öffentliche Diskussion auch bereit ist, ökonomische Einbußen zugunsten menschenrechtlicher Erwägungen in Kauf zu nehmen: reicht ein aufklärerisches Menschenrechtsdenken, oder ist eine starke Prägung durch religiöse Motivationen unverzichtbar? In der Ideengeschichte der Bewegung haben sich Aufklärungsdenken und Evangelikalismus vermischt. Und vor allem: Muss sich in der praktischen Umsetzung eine solche Bewegung notwendigerweise mit den Machtinteressen verbinden in einer Art gegenseitigen Instrumentalisierung?

Bemerkenswert ist nicht zuletzt auch, wie sehr und wie lange das Eigentumsrecht an den Sklaven als Gegenargument gegen die Befreiung tatsächlich ernst genommen worden ist, so dass hier ein innerer Gegensatz zwischen den klassischen drei Grundkomponenten der Menschenrechtsidee, nämlich Leben, Freiheit und Eigentum, unübersehbar geworden war – mit der letztendlichen Konsequenz, im weiteren Verlauf der Ideenentwicklung das Eigentumsrecht immer mehr in seiner fundamentalen Bedeutung zurückzudrängen.

Die Weiterentwickung der Menschenrechtsidee im 20. Jahrhundert bietet eine gute Möglichkeit, ein Verständnis für die Prozesshaftigkeit der Rechtskonstruktionen zu gewinnen, also von einem emphatischen Absolutismus der Rechte herunterzukommen (vgl. Renteln 1990). Die Reden von „den" Menschenrechten ist oberflächlich und im Kern falsch. Nicht nur die praktische Umsetzung und Verwirklichung von Menschenrechten ist ein geschichtlicher Prozess, sondern schon ihre inhaltliche Ausdehnung. Die *Allgemeine Erklärung der Menschenrechte* vom 10. Dezember 1948 basierte auf 18 Entwürfen, die alle aus westlichen demokratischen Ländern stammten und die alle bis auf zwei Ausnahmen ursprünglich in Englisch verfasst waren. Die westlichen Freiheitsrechte standen dementsprechend an erster Stelle und wurden durch einige soziale Rechte wie das Recht auf Arbeit, die Organisation von Gewerkschaften und das Recht auf Bildung erweitert. Diese Erklärung blieb letztlich unverbindlich. Die UNO hat deshalb 1966 am gleichen Tag, aber deutlich und bewusst voneinander getrennt, zwei Pakte geschlossen, die zusätzlich mit Berichts- und Durchsetzungsregeln versehen sind und damit die eigentliche, nicht bloß deklarative, sondern auf Umsetzung gerichtete Gestalt der

Menschenrechte darstellen sollen: Den internationalen Pakt über bürgerliche und politische Rechte vom 19. Dezember 1966 und den internationalen Pakt über wirtschaftliche, soziale und kulturelle Rechte vom 19. Dezember 1966.

Die Abweichungen dieser beiden Pakte von der Allgemeinen Erklärung sind signifikant. Der politische Pakt zum Beispiel hat es verboten, jemanden einzusperren bloß aus dem Grund, dass er eine vertragliche Verpflichtung nicht erfüllen kann. Die Freiheit der Religion wurde begrenzt. Das Recht, die Religion zu wechseln, wurde mit Rücksicht auf den Islam aus dem ursprünglichen Entwurf gestrichen. Die westlichen Diplomaten versichern seitdem, dass es auch ohne diese ausdrückliche Erwähnung zu den Menschenrechten gehöre. Die Assoziationsfreiheit wurde dem Interesse der nationalen Sicherheit oder öffentlichen Sicherheit nachgeordnet. Das Recht auf freie Meinungsäußerung kann nach Artikel 19 in entscheidender Weise eingeschränkt werden, nämlich falls dies „für den Schutz der nationalen Sicherheit, der öffentlichen Ordnung, der Volksgesundheit oder der öffentlichen Sittlichkeit erforderlich" ist, eine Einschränkung, die in den damaligen USA zu einigen Schwierigkeiten bei der Ratifizierung führte, während das in Deutschland niemanden aufgeregt hat. Ein weiterer unwestlicher Punkt kam hinzu: An den Anfang gesetzt wurde das Recht der Völker auf Selbstbestimmung, ein kollektives Recht, das an sich mit den individuellen Freiheiten der von Anfang an kosmopolitisch gedachten Menschenrechte nichts zu tun hat, sondern das nationalkollektivistische Element ins Spiel brachte.

Da die Vorstellung von Menschenwürde und Menschenrechten auf internationalen Konferenzen immer noch ein hohes Ansehen genießt, tritt die Argumentation meist in der Form auf, dass den individualistischen Menschenrechten, die als solche der westlichen Tradition qualifiziert werden, kulturalistische und kollektivistische Rechte gegenübergestellt werden. Dies ergab sich aus einer die fünfziger bis achtziger Jahre des 20. Jahrhunderts prägenden Tradition eines Bündnisses zwischen staatssozialistischen Ländern, die damals als Zweite Welt bezeichnet wurden, und solchen der heute immer noch so genannten Dritten Welt. Erfunden haben dieses Muster wohl die sozialistischen Länder. Die Argumentation lautete ungefähr so: Die bürgerlichen Menschenrechte seien in Wirklichkeit Klassenrechte der Eigentümer an Produktionsmitteln, also bloß universalistisch aufgeputzte Freiheitsrechte der Wohlhabenden. Die wirklichen Menschenrechte seien demgegenüber nicht die Informations- und Pressefreiheit der Konzerne, sondern vielmehr die planvolle gesellschaftliche Regulierung der Information. Sie bestünden im Recht auf Arbeit und Recht auf Wohnung und setzten die kollektive Macht der Arbeiterklasse voraus. Sie seien also keine individuellen Rechte gegen die Gesellschaft, sondern vielmehr gemeinsame Rechte der sozialen Kontrolle der Produktion, die nur gemeinsam ausgeübt werden könnte (vgl. Klenner 1977).

Man hat geradezu von einer westlichen und einer östlichen Menschenrechtskonzeption gesprochen, wobei viele Funktionäre der Länder der sogenannten Dritten Welt die östliche Konzeption favorisierten und dies auch heute noch tun. Entscheidender Bezugspunkt und höchstrangiges Recht in diesen Ansätzen ist immer das kollektive Selbstbestimmungsrecht der Völker, nicht das Recht des Individuums. Wenn es sich um Religionsvertreter handelt, dann geht es immer um das kollektive Recht der Religionszugehörigkeit, weil Religiosität sich angeblich nur gemeinsam ausüben lässt, während das individuelle Recht der einzelnen Gläubigen, dies auf die je eigene Weise zu tun oder gar aus der Gemeinschaft auszutreten, innerhalb dieses Denkstrangs nicht als Menschenrecht ernst genommen wird. Das Eigentumsrecht fehlt, wie oben erwähnt, in den Deklarationen auch der UNO seit den 60er Jahren. Zu den politischen werden die sozialen Menschenrechte hinzugenommen. Andernfalls wären die Menschenrechte lediglich, wie der DDR-Rechtstheoretiker Hermann Klenner einmal formulierte, „Trägerraketen für Konterrevolutionsexport“ (Klenner 1977a, S. 1036). Unter sozialen Rechten wurde ein unterschiedliches Bündel verstanden, immer aber das Recht auf Arbeit, weil Arbeit als erste Grundbedingung menschlichen Lebens gelten sollte.

Da es sich bei den Menschenrechten um ein Bündel von Werten handelt und weil ein vereinheitlichendes Entscheidungsprinzip, was dazugehören soll und was nicht, fehlt, können sie im Prinzip um jeden Wunsch und jegliche Wertvorstellung erweitert werden, von denen gemeint wird, sie seien für alle wünschenswert. So enthält die von einer im Westen lebenden islamischen Dissidentengruppe vorgenommene Proklamation von 23 Menschenrechten des Islam neben den schon bekannten wie Würde, Freiheit, Gleichheit, Schutz vor Folter, politische Partizipation, Eigentum (der Islam befürwortet das Eigentum), Arbeit und Familiengründung sowie das Recht auch der Frauen, eine Scheidung einzureichen, auch die Rechte der Reisefreiheit und der freien Wahl des Wohnortes, d.h. übersetzt die Einwanderungsfreiheit in prosperierende westliche Länder (Tibi 1996, S. 253 ff.). Dies hat zwar noch keinen Eingang in UNO-Deklarationen gefunden, ist aber im Grunde das naheliegende Pendant zu dem Recht, sein Land verlassen zu dürfen, das als traditionelles Menschenrecht gilt.

An diesen Punkten zeigt sich, wie stark allgemeine Rechte in den Rechtsraum anderer Länder und Bevölkerungen eingreifen können. Herkömmlich hatte man es jedem Land selbst überlassen, ob es, wie es in der Präambel der allgemeinen Erklärung der Menschenrechte vom 10. Dez. 1948 hieß, bereit war, die Menschenrechte durch die Herrschaft des Rechts zu schützen oder die Menschen als letztes Mittel zur Rebellion gegen Tyrannei und Unterdrückung zu zwingen. Die Möglichkeit des Aufstandes ist in dieser Deklaration an entscheidender Stelle ausdrücklich und bewusst vorgesehen, übrigens noch nicht, da es sich nur um eine

Deklaration und kein positiv geltendes Recht handeln sollte, die Möglichkeit der humanitären Intervention.

Die Wiener Erklärung der *World Conference on Human Rights* von 1993 schließlich geht diesen Weg der Gruppenorientierung konsequent weiter. Das Ende des Staatssozialismus in Europa hat keineswegs das Ende der Diskussion um den Vorrang der Sozialrechte vor den Freiheitsrechten gebracht. Der wirtschaftliche Aufschwung in einigen asiatischen Autokratien und der gleichzeitige reale Druck der Demokratisierungswelle in Lateinamerika und Europa wie in Südafrika hatte dazu geführt, dass die Autokratien sich umso intensiver Gedanken über ihre Legitimation und ihre Argumentation machten.

Entscheidend ist dabei wohl folgender Punkt: Die Zugehörigkeit oder der Anschluss an religiöse, ethnische, sprachliche oder sexuelle Gruppen impliziert einen statischen Begriff von Kollektivität. In einer festen Gruppengesellschaft können die Oberen solcher Gruppen eine ungeheure Macht über die Individuen ausüben. Wenn Rechte Gruppenrechte sind, dann gehen die aus der Gruppe Ausgeschlossenen dieser Rechte verlustig. In modernen Gesellschaften aber sind Gruppen wechselhafte Erscheinungen. Identitäten können sich wandeln, man muss von Fall zu Fall seine Gruppenzugehörigkeit bestätigen, kann die Gruppe verlassen oder mehreren angehören. Individuen benötigen Schutz gegen politische wie soziale Gruppen und deren Führungscliquen, die beanspruchen, sie und ihre Interessen monokratisch zu vertreten und die durch Ausschluss und nachbarschaftliche Gewalt ihren Zusammenhalt zu wahren versuchen. Kultur ist in der Perspektive der individualistisch verstandenen Menschenrechte eine Frage der freien Entscheidung. Das muss nicht bedeuten, dass Gemeinschaften kulturell wertlos sind. Sie müssen allerdings auf dem Prinzip der Freiwilligkeit basieren. Soziologisch gesehen sind freiwillige Assoziationen die einzigen Formen von Gruppenbildung, die dem Globalisierungsdruck angemessen sind. Alle anderen Formen mögen möglich sein und faktisch auch vorkommen, sie werden aber mit dem Wirtschafts- und Gesellschaftsprozess eher auf dem Kriegsfuß stehen und deshalb anomieerzeugend wirken (vgl. Howard 1995, S. 217 ff.). Individuelle Menschenrechte und Gruppenrechte sind im Kern inkompatibel, denn die Menschen müssen nicht nur gegen die Übergriffe staatlicher Autoritäten geschützt werden, sondern auch gegen jene Gruppen, die sie gewaltsam einschließen oder ausschließen möchten. Es muss ein grundlegendes Recht geben, Mitglied keiner Gruppe zu sein oder sein zu wollen und dennoch zum Beispiel bei der Vergabe von Stellen nicht benachteiligt zu werden. Dieser Aspekt der Menschenrechtsdiskussion ist bis heute nicht geklärt. Aber das ist ein Thema für die zukünftige politische Ideengeschichte.

3.2 Mehrheitsentscheidung und Minderheitenrechte

Der Historiker Egon Flaig hat, gestützt auf seine Forschungen zur Geschichte antiker Demokratien, einen neuen Blick auf Funktionsweisen von Mehrheitsentscheidungen und deren Auswirkungen auf kulturelle Dynamiken entwickelt (2014). Schon seit längerem gibt es in der Politikwissenschaft eine Debatte über einen anderen wichtigen Aspekt der athenischen Demokratie, nämlich die Präferenz für Losverfahren insbesondere in der Auswahl des Leitungspersonals. Den Athenern erschien das Losverfahren als demokratischer im Vergleich zu Wahlen mit ihrem aristokratisierenden Hang der „Besten"-Auslese, nämlich der Auswahl derjenigen, die sich durch irgendwelche Vorteile oder Vorzüge, und sei es durch Lautstärke oder äußere Merkmale, gegenüber den anderen hervortun (Buchstein 2009).

Flaig vertritt die These, dass heute Aushandlungsprozesse, wie sie in supranationalen Organisationen immer schon unvermeidlich waren, zunehmend auch in die Organe der Nationalstaaten eindringen und dort die Mehrheitsentscheidung zurückdrängen. Mit dem Mehrheitsprinzip verbindet er eine sehr starke politische These: Einzig die Mehrheitsregel ist mit politischer Gleichheit kompatibel, so dass es ohne Mehrheitsregel keine Demokratie geben kann. Diese Regel, die die Stimme der Dummen und der Intelligenten, der Sexuellen und der Asexuellen, der Reichen und Armen gleich macht, nimmt in Flaigs Denkmodell einen Extremplatz auf der Skala zwischen Autonomie und Heteronomie der politischen Sphäre ein, indem er ihr die Funktion zuweist, das Eindringen anderer Formen von Macht in den politischen Prozess zu verhindern und dadurch die möglichst weitgehende Autonomie und Selbstreferentialität der politischen Sphäre zu garantieren. Flaig führt eine Reihe überzeugender Argumente für das Mehrheitsprinzip an. Jedoch neigt er zu allzu holzschnittartigen Folgerungen und gefährdet dadurch das Differenzierungsniveau seiner Argumentation. Seine Polemik gegen die epidemische Verwarnung, Mehrheiten hätten kein Recht, Beschlüsse gegen den Willen von Minderheiten zu fassen (Flaig 2014, S. 32), impliziert einen Sprung aus seiner eigenen Argumentationslogik heraus. Wenn Minderheiten regelmäßig und systematisch in den für sie existentiellen Fragen überstimmt werden, z.B. sprachliche Minoritäten durch die Festlegung einer anderen als ihrer Muttersprache als Amts- und Gerichtssprache systematisch benachteiligt werden, oder religiöse Minderheiten in ihrer Religionsausübung eingeschränkt werden, dann ist der Basiskonsens gefährdet. Klassisch folgt in solchen Fällen Separatismus, Aufstand und Bürgerkrieg. An solchen politischen Grundsituationen wird klar, dass es neben dem Recht der Mehrheit mindestens immer auch das Freiheitsrecht des Individuums gibt, und möglicherweise auch gewisse Gruppenrechte bei nur gemeinsam ausübbaren Tätigkeiten, wie dem Benutzen einer Sprache (dazu gehören auch Schulen und viele vergleichbare Institutionen) sowie in bestimmten Grenzen oft auch dem Praktizieren einer Religion, sofern sie nicht nur privater Glaube ist.

Flaig selbst hält die Mehrheitsentscheidung ja gerade deshalb für den Ausdruck eines höher entwickelten politischen Prozesses, weil sie schon eine hohe politische Kohäsion voraussetzt, die im antiken Griechenland durchweg auf ethnischer, geschlechtlicher und sozialer Homogenität beruhte (Nichtbeteiligung der ortsansässigen Ausländer, Sklaven und Frauen). Heute sind demokratische Integrationsformen gerade auch in multiethnischen und multilingualen Gesellschaften wie der von Flaig gerne, wenn auch nur kantonal begrenzt genannten Schweiz möglich, wo selbstverständlich weiterreichende und weiterentwickelte Toleranzformen in den Voraussetzungskranz einbezogen werden müssen.

Eine kleine demokratiepraktische Korrektur sei mir erlaubt: Wenn Flaig schreibt, tiefer als 50%+1 könne die Schwelle der Zustimmung schlechterdings nicht sinken (ebenda, S. 9), dann scheint er zu übersehen, dass es, um nur einige Beispiele zu nennen, bei den Wahlkreisabgeordneten durchaus auch die Wahl mit der Mehrzahl der Stimmen, also die relative Mehrheit gibt (§5 Bundeswahlgesetz), und ebenso im dritten Wahlgang bei der Wahl des Bundespräsidenten (Art. 54 Abs.6). Bei der Bundestagswahl 2013 hat die SPD-Abgeordnete Eva Högl ihren Wahlkreis Berlin Mitte mit 28% der Stimmen direkt gewonnen, weil die übrigen Bewerber mit 24%, 19% und 16% knapp darunter lagen. Dort, wo es, anders als bei der „Kanzlermehrheit", nur auf die Wahl der relativ Besten ankommt, ist keine absolute Mehrheit nötig.

Ebenso sind Flaigs Argumente gegen moderne Formen der Parteiendemokratie zu unterkomplex geraten. Er ist der Überzeugung, dass nur Versammlungsdemokratien ohne organisierte Gruppen, seien es Parteien oder soziale Bewegungen, Präferenzänderungen im Deliberationsprozess und dadurch Mehrheitsbildungen ermöglichen, bei denen die Mehrheiten zugleich auch das Gemeinwohlinteresse vertreten. Fraktionszwang oder die ideologische Festlegung würden die nötigen Präferenzänderungen im Deliberationsprozess verhindern und deshalb eher zu aus dem Parlament ausgelagerten Prozessen des Aushandelns (gelegentlich fällt auch das Wort Kuhhandel) führen. Dies gilt nach dem heutigen Stand der Politikwissenschaft aber nicht für Parteien generell, sondern nur für Klientel- und Ideologieparteien, weniger dagegen für Volks- und Integrationsparteien, die ihrerseits eine massenintegrative Bündelung von Präferenzen vornehmen können und dadurch überhaupt erst den Raum für das deliberative Aufeinanderzugehen bereiten.

Wenn wir den aktuellen politischen Prozess beobachten, lässt sich erkennen, dass sich die Sozialdemokratie entgegen ihrem früheren Volksparteistatus stärker im Klammergriff gewerkschaftsorientierter Klientelpolitik befindet, so dass z.B. in der Rentenpolitik gewerkschaftliche Positionen, die dort eher auf oligarchischen

Prozessen der Sonderinteressenvertretung statt auf breiten Diskussionen beruhen, die Oberhand gewonnen haben und aufgrund ihrer Unverrückbarkeit dann auch zu Aushandlungsprozessen mit der CDU/CSU geführt haben, die zu Lasten Dritter, nämlich der aktuell in die Rentenversicherung Einzahlenden, gehen. Durch solche *Bargaining*-Prozesse (vgl. dazu den Abschnitt über Verstehen und Verständigung in diesem Band) konnte das verhältnismäßig geringe Stimmgewicht der SPD in der großen Koalition überdimensional verstärkt werden. Die CDU andererseits hat – sehr zum Leidwesen von Wirtschaftsverbänden und des organisierten Katholizismus – ihre klientelistischen Züge derzeit etwas zurückgefahren, auch wenn sie in der Diskussion um Sterbehilfe immer noch dem religiösen Leidensgebot den Vorrang gibt. Zugleich ergibt sich aus diesen Beispielen aber auch, dass der generalisierende Vorwurf gegen die Parteien, insbesondere wenn und solange sie die Form von Volksparteien angenommen haben, so nicht haltbar ist. Zur Bündelung und Meinungsbildung in modernen Massendemokratien sind sie weiterhin unverzichtbar, weil sonst unspezifische, undefinierbare und damit nicht mehr haftbar zu machende, weil nicht abwählbare Gruppen den politischen Meinungsbildungsprozess dominieren würden. Relativ kleine, effizient mobilisierende Gruppen können, wie sich bei der Hamburger Volksabstimmung zum Rückkauf der Energieversorgungsnetze 2013 gezeigt hat, teure Entscheidungen erzwingen, ohne dafür am Ende, anders als die politischen Parteien, die Verantwortung übernehmen zu müssen. Letztlich tendiert Flaig dazu, die funktionellen und demokratietheoretischen Vorteile des Parteiensystems zu unterschätzen und dafür die Alternative überzubewerten.

Wenn wir diesen Problemen genauer nachgehen, können wir erkennen, dass Egon Flaig das Kernproblem der großen Zahlen zwar für die Antike durchdiskutiert hat, insbesondere was die Größe der Versammlungsorte angeht, aber nicht in die Moderne mit ihren Millionenzahlen weitergedacht hat. Er kommt im Höchstfall auf bis zu 15000 Teilnehmer an einer Volksversammlung vor dem Mikrofonzeitalter. Mikrofone und Medien würden heute eine höhere Teilnehmerzahl ermöglichen, ohne dass es überzeugende direktdemokratische Erfahrungen damit gibt – die Kantonalversammlungen der Schweiz haben eben nicht die enormen Umfänge moderner Massendemokratien. Der Verzicht auf die praktische Erörterung dieses Problems für die modernen Millionen- und Mediendemokratien ist insbesondere deshalb ein Bruch der eigenen Argumentationslogik, weil er das Zahlen- und Präsenzproblem für die antike Situation sehr genau und kundig referiert. Heute scheinen relativ beständige (und nur dadurch vom Wählerwillen bestrafbare) Parteien weiterhin die erfolgreichste intermediäre Form zu sein. Wahlen wie im Iran, wo die Parteizugehörigkeit der Kandidaten nicht auf dem Wahlzettel vermerkt werden darf, können wir nur schwer als demokratisch ansehen und führen in den Wahllokalen zu lauten Diskussionen und gelegentlich auch zum gemeinschaftlichen Ausfüllen von Wahlzetteln, was mit dem Wahlgeheimnis nicht recht vereinbar ist.

Ein Verfall, eine Funktionsunfähigkeit von Parteiendemokratien führt regelmäßig nicht zu mehr Basisdemokratie, sondern zur Etablierung von charismatischen Führern oder zu Militärdiktaturen. Beides sind Verfahrensweisen zur Reduktion von Komplexität durch weniger demokratische Formen als es die, zugegeben, durchweg stark oligarchisch durchstrukturierten Parteien darstellen. Die innerparteiliche Demokratie (Art 21 Abs. 2 GG) ist nicht nur verfassungsideell gefordert, sondern scheint mir, wenn man nicht an alternative Verfahrensweisen glaubt, der einzige Weg, mit massendemokratischen Situationen umzugehen. Flaigs Bemerkungen zur *„contre-démocratie"* (Pierre Ronsavallon) zeigen, dass er ebenfalls hinreichende Skepsis gegenüber den ganzen Alternativströmen von angeblich basisorientierter politischer Willensbildung durch Aktivismus, Populismus und Lautstärke von Minoritäten aufbringt. Aber er verbleibt auf der Wertungsebene, während aus dieser Skepsis gegenüber einer partizipativen Demokratie, in der gerade die bestvernetzten, wohlhabendsten und ideologisch aktivsten Bürger entscheidende Vorteile haben, sich in Protesten und Volksentscheiden bemerkbar zu machen, eben auch praktische Konsequenzen zu ziehen wären.

Recht hat Flaig, wenn er feststellt, die Kreativzone des Politischen sei dort zu finden, wo die Deliberation brodelt (Flaig 2014, S. 19). Für ihn ist der mögliche Präferenzwandel der Beteiligten ein wesentliches Element von Deliberationsprozessen, weil von hier aus eine praktische Lösung des Problems möglich ist, dass simple Abstimmungsmechanismen des Typs Ja/Nein bei mehr als zwei Optionen mit großer Wahrscheinlichkeit zu suboptimalen Lösungen führen. Der Eintritt in derartige Deliberationsprozesse setzt die Bereitschaft voraus, vorgängig nicht zu sehr festgelegt zu sein und offen dafür zu sein, am Ende die Mehrheitsentscheidung um der Kohäsion willen zu akzeptieren. Das wird dann umso leichter sein, wenn Argumente und Interessen der Minderheiten in diesem Entscheidungsprozess wenigstens teilweise berücksichtigt werden konnten.

Die Mehrheitsentscheidung allein, also die direkte Durchsetzung und Exekution des Mehrheitswillens, genügt keinesfalls als Grundprinzip eines bürgergerechten, guten politischen Systems, denn es ist, politikwissenschaftlich gesprochen, unerheblich, ob Freiheitseinschränkungen für Minderheiten oder Individuen von demokratischen Mehrheiten oder von einer Oligarchie oder gar einer Diktatur vorgenommen werden. Es war John Stuart Mill, der kritisch darauf hingewiesen hat, dass der Begriff „Selbstregierung" oder *self-government* ja zunächst einmal bedeutet, dass alle anderen, oder jedenfalls eine Mehrheit, über jeden einzelnen herrschen (Mill 1974, S. 9 ff.). Demokratie ist noch nicht Freiheit. Freiheit beginnt erst dort, wo die Spielräume des einzelnen in dem Sinne absolut sind, als sie der Verfügung selbst auch einer Mehrheit entzogen sind, also in der liberalen Demokratie. Die individuellen Menschen- und Selbstbestimmungsrechte können jederzeit auch durch demokratische Entscheidungen gefährdet werden – die letzte Bundestagsentscheidung über die Sterbehilfe hat wieder ein anschauliches Beispiel hierfür geliefert. Freiheit besteht gerade darin, dass die Mehrheit ausdrücklich nicht in alle Lebenssphären des Individuums eingreifen darf und kann.

Komplexe Freiheit wird also nicht unmittelbar durch Demokratie realisiert, die ja immer auch die Tyrannei der Mehrheit sein kann, wie Alexis de Tocqueville und John Stuart Mill aufeinander aufbauend sehr nachdrücklich gezeigt haben (Tocqueville 1985, S. 383, 384 u. 403), sondern durch den Aufbau komplexer, hochgradig gewaltenteiliger Institutionen, zu denen nicht nur die Legislative und Judikative gehören, wie man es noch in der Schule gelehrt bekommt, sondern auch die freie Presse, die unabhängigen Universitäten, die freien Märkte und nicht zuletzt der entschlossene Machtentzug für freiheitseinschränkende Institutionen religiöser und sonstiger weltanschaulicher Art. Davon lehrt die Schule fast nichts, und leider auch kaum die Proseminare vieler Universitäten. Die Enragés der direkten Demokratie wie Bepe Grillo und viele Internetaktivisten müssen sich von politikwissenschaftlicher Seite vorhalten lassen, sie befürworteten eine Regression in vor-, sogar antipolitische Strukturen, weil sie die Filter des liberaldemokratischen Prozesses entfernen und uns wieder in die Welt Robespierres und der demagogischen Referenden des 19. Jahrhunderts zurückführen (Saint-Victor 2015, S. 69-92).

3.3 Verstehen und Verständigung in politischen Strukturen

Politik beruht auf Kommunikation. Das wissen Demagogen genauso gut wie die friedlichsten Vermittler. Der Kern demokratischer Politik besteht immer darin, Mehrheiten zu organisieren. Das kann nicht immer im öffentlichen Austausch von Argumenten geschehen: schon mancher Anfänger in der Politik hat sich darüber gewundert, dass offenbar lange, bevor die Diskussion auf der Parteiversammlung begonnen hatte, schon unter den Leitfiguren Einigkeit hergestellt worden war, welche Argumente vorgebracht und welche Punkte diskutiert werden sollten: die „Argumentationslinie" lag schon fest. Die Verständigung geschieht immer auf mehreren Ebenen: der öffentlichen, die jeder beobachten kann, und die deshalb mit einiger Theatralik, oft nach vorgefertigtem Drehbuch, aufgeführt wird, und den arkanen Prozessen hinter den Kulissen, in den einstmals rauchgefüllten Hinterzimmern, wo scheinbar offener geredet wird, wo man in Wirklichkeit jedoch nach anderen Gesetzen der Theatralik agiert, nämlich nach den knapperen, direkteren, weniger rhetorisch ausladenden und in gewisser Weise doch subtileren Gesetzmäßigkeiten der Kammerspielbühne.

Es könnte produktiv sein, das Thema des Verstehens und der Verständigung von der Gegenseite her anzugehen: Von der Unmöglichkeit des Einanderverstehens, vom Abbruch der Kommunikation. Ein denkwürdiges (und inkonsequentes) Dokument eines Unmöglichkeitsabbruchs ist der Brief, den Hannah Arendt am 10. Februar 1950 an Elfriede Heidegger schickte. Sie schreibt dort: „Sie haben doch aus Ihren Gesinnungen nie einen Hehl gemacht, tun es auch heute nicht, auch mir gegenüber nicht. Diese Gesinnung nun bringt es mit sich, dass ein Gespräch fast unmöglich ist, weil ja das, was der andere sagen könnte, bereits im Vorhinein charakterisiert und (entschuldigen Sie) katalogisiert ist – jüdisch, deutsch, chinesisch. Ich bin jederzeit bereit, habe das auch Martin angedeutet, über diese Dinge sachlich politisch zu reden; bilde mir ein, ich weiß einiges darüber, aber unter der Bedingung, dass das Persönlich-Menschliche draußen bleibt. Das argumentum ad hominem ist der Ruin jeder Verständigung, weil es etwas einbezieht, was außerhalb der Freiheit des Menschen steht" (Arendt und Heidegger 1998, S. 78; vgl. Arendt 1996). Hannah Arendt negiert hier die nationalsozialistische (und kommunistische) Ideologie, dass jedes Denken standortgebunden sei und beharrt gegen den auftrumpfenden Überlegenheitsgestus der Ideologin Elfriede Heidegger darauf, dass wirkliches Reden immer ein Reden über eine Sache sein muss. Der Verweis auf die Standortgebundenheit des Denkens kann noch in jeder eristischen Debatte Punkte für den intellektuell weniger Bemittelten erbringen. Eristik ist die Kunst, auch ohne schlüssige Argumente Recht zu behalten (Schopenhauer 1983). Die scheinbare kommunikative Überlegenheit des Hinter-die-Dinge-Blicken-Könnens, also der Hermeneutik des Verdachts, ist auch ein wesentlicher Grund für die Beliebtheit dieser Denkweise bei jugendlich aktivistischen Stoßtrupps.

Hannah Arendts Gegenkonzept bestand in einer Sachorientierung, gekoppelt mit einem grundsätzlichen Verstehenwollen. Ihr Konzept war das einer politischen Hermeneutik. Dieses Vorgehen setzt eine spezifische Art von methodischem Wohlwollen gegenüber dem Gegenstand voraus, selbst wenn es sich um das Jahrhundertthema des Totalitarismus oder des Antisemitismus handelt. In dem Werk über »Elemente und Ursprünge der totalen Herrschaft«, das sie berühmt gemacht hat, behandelt sie die Entstehungsgeschichte des imperialen Rassismus und die Vorgeschichte des Antisemitismus mit einer Detailtreue und Quellennähe, die den Leser beunruhigen kann (Arendt 1980). In ihrem Buch »Eichmann in Jerusalem« ist sie noch einen Schritt weiter gegangen und versucht, Adolf Eichmann zu entdämonisieren, indem sie seine Denkweise und Motivation verständlich macht. Das Böse an Eichmann bestand nach Arendts These in seiner Gedankenlosigkeit und

Oberflächlichkeit, in seiner Banalität, nicht aber in jener dämonischen Gefährlichkeit, die man dem Organisator von Massendeportationen gerne zugeschrieben hätte. Nach dem Erscheinen im Jahre 1963 stieß dieses Werk deshalb auf heftigste Kritik, denn die politische Philosophin hatte eine intellektuelle Verstehensübung an die Stelle empörter Verurteilung gerückt. Heute dagegen sind ihre Überlegungen zur Banalität des Bösen Gemeingut geworden (Arendt 1964; vgl. Conradi 2006). Das Verstehenwollen hat sich im Verlauf dieser Debatte dem unreflektierten Verurteilenwollen als überlegen erwiesen.

In der internationalen Politik stehen sich zwei Schulen gegenüber: das Verständigungsmodell des notfalls institutionell unterfütterten Idealismus und das Interessenmodell des außenpolitischen Realismus. Der Realismus betrachtet die Friedensreden und feierlichen Deklamationen von Diktatoren, aber auch von Demokraten mit Geringschätzung und empfiehlt, alle politischen Maßnahmen des eigenen Landes ausschließlich an der Einschätzung der tatsächlichen Interessenlage der anderen zu orientieren. Auch die Frage, ob Verträge, z.B. Friedensverträge wie der zwischen Israel und Ägypten eingehalten werden, darf nicht nach deren Wortlaut, sondern allein nach der mitunter sich verschiebenden Interessenlage der Vertragspartner bewertet werden. Auf einen solchen Wandel der Interessen des Nachbarn muss man permanent gefasst und entsprechend gerüstet sein. Der Idealismus setzt dagegen auf Kommunikation, auf politischen und wirtschaftlichen Austausch, auf Vernetzung und gegenseitiges Kennenlernen, von dem häufig geglaubt wird, das es sich mit Verstehen und Verständigung verbindet. Die europäische Integration zum Beispiel ist von Anfang an nicht nur mit wirtschaftlicher Interaktion, sondern auch mit einem umfassend organisierten Schüler- und Studentenaustausch verbunden worden. Dahinter steht die Hoffnung, dass Verständigung helfen kann, Gegensätze und Grenzen zu überwinden. Moderne Formen dieses Idealismus versuchen durch die Machtübertragung an internationale Institutionen dies auch machtmäßig zu unterfüttern, während der Realismus den Institutionen keine Eigenwirklichkeit zugesteht, sondern sie nur soweit und solange für funktionsfähig hält, wie sie die Realinteressen und die reale Macht der Mitglieder widerspiegeln (vgl. Menzel 2001).

Beide Denkschulen bedürfen des Verstehens, denn auch der Realist muss die Interessen und oftmals verdeckten Absichten der Gegenseite richtig einschätzen. Auch über den Ausgleich von Interessen kann man sich verständigen. Im idealistischen Institutionalismus werden diese Begriffe jedoch emphatisch aufgeladen: Verstehen und Verständigung werden zu Instrumenten der gegenseitigen Annäherung. Die politische Hermeneutik in diesem Sinne wird zum inhaltlichen Konzept, das mit dem wunderbar altmodischen Begriff der Völkerverständigung in seiner ganzen Ambivalenz umschrieben werden kann. Heute findet sich der Begriff nur noch in überholten Stiftungsrichtlinien, der Sache nach ist er aber erhalten geblieben und durch Kategorien wie interkulturelle Verständigung ersetzt worden. Es geht immer darum, das scheinbar Fremde und Irritierende in Sprachformen zu übersetzen, die eigenes Verstehen und darüber hinaus oftmals auch die Entwicklung von positivem Verständnis erlauben. Das fällt besonders dann schwer, wenn es um die scheindemokratischen Politikrituale von Diktaturen geht, in denen Zustimmung zum Machtapparat und zum Machthaber simuliert wird in Formen, die denen der Massendemokratie nachgebildet sind. Gerade viele progressive Politikpilger haben sich bei ihren Reisen in diktatorische Regime zeitweise oder auch dauerhaft täuschen lassen, anstatt sich stärker an realistischem Denken zu orientieren, auf die institutionelle Struktur, die reale Machtverteilung und die Realität in den Gefängnissen und Zensurapparaten zu achten. Viele solcher interkulturellen Annäherungsversuche bestehen darin, scheinbare Gemeinsamkeiten festzustellen: Gewisse Formen von politischen Restriktionen und von Zensur gibt es ja auch in Demokratien, selbst Wahlfälschungen kommen gelegentlich vor, und Korruption in unterschiedlichem Ausmaß und unterschiedlicher Definition lässt sich in jedem politischen System konstatieren. Gerade Kritiker des eigenen Gesellschaftssystems von André Gide (Sowjetunion) über Jean-Paul Sartre (Kuba) bis zu Luise Rinser (Nordkorea) haben aber in ihrem verständnisvollen Zugang zu derartigen als Alternative empfundenen Regimes oft die Grenze einer Huldigung an Diktatoren überschritten. Intellektuelle, die oftmals als Virtuosen des Textverständnisses trainiert sind, können mitunter rascher als andere in die Gefahr geraten, zu viel Verständnis für Diktatoren und andere Kriminelle aufzubringen (vgl. Hollander 1998). Die Stärke wie die Tücke der politischen Hermeneutik liegt in ihrem grenzenlosen Verständnispotential.

Die Grenze des Verstehens im politisch emphatischen Sinne muss deshalb dort gezogen werden, wo es zur Akzeptanz von Unterdrückung, zur Legitimation repressiver und krimineller Sozialstrukturen (z.B. Frauenunterdrückung und Klitorisbeschneidung in Ägypten und im Sudan) und diktatorischer Regimes dient (vgl. Abd El Samad 2010). Dies ist eine politisch-moralische Grenzziehung. Daneben aber müssen an die politische Hermeneutik auch methodische Fragen gestellt werden. Ist das Verstehenwollen als Kunstlehre, durch Sich-Hineinversetzen in andere, überhaupt verlässlich genug, um als Grundlage zum Teil schwerwiegender und weitreichender politischer Entscheidungen dienen zu können? Wenn ein Verstehensfehler Kriegsgefahr bedeuten kann?

Methodisch, also von dieser moralischen Wertebene einmal abgesehen, ist die politische Hermeneutik aufgrund ihrer Dehnbarkeit immer in Gefahr, in eine Art von unbegrenzter Auslegung auszuufern. In der Zeit des Kalten Kriegs gab es das Spottwort über die sogenannte Kreml-Astrologie, als man die offene wie verdeckte Sammlung spärlicher Informationen über opake Entscheidungsprozesse eines hermetisch abgeschlossenen Systems durch hermeneutische Methoden verständlich zu machen suchte und oft genug in ausufernste Spekulationen geriet, die den vielfältigen Auslegungsmöglichkeiten allegorischer Kunstwerke nicht nachstanden. Auch wenn das System noch so erstarrt war, suchte man doch dauernd nach Liberalisierungstendenzen und Tauwettererscheinungen. Fehlprognosen häuften sich, bis schließlich in den 80er Jahren durch eine radikale Außeninterpretation die entscheidende Schwäche des Systems in der Technologieentwicklung und Innovationsfähigkeit erkannt und genutzt wurde. Doch bei genauerer Betrachtung wurde dadurch nur eine bestimmte, auf Scheinwissen und Scheineinfühlung beruhende politische Hermeneutik diskreditiert. Auch die technologisch-ökonomische Analyse der Fragilität des sowjetischen Imperiums musste ja notgedrungen eine Ausdeutung sein, da in diesem System exakte Zahlen nicht zu erheben waren. Die 1980er Jahre setzten eine neue Hermeneutik an die Stelle der herkömmlichen, verständnisvollen Kreml-Deutung, und diese Innovation brachte dem Westen 1989 den Sieg im kalten Krieg (vgl. Reese-Schäfer 2006c).

Politische Hermeneutik ist, methodisch gesprochen, ein Instrument, das zu den verschiedensten Zwecken genutzt werden kann, keineswegs nur zu einer Art wohlwollenden, europaübergreifenden interkulturellen Ökumene, von der ein berühmter Hermeneutik-Professor wie Hans-Georg Gadamer im hohen Alter geträumt hat. Kommunikation impliziert eben nicht notwendigerweise Verständigung, schon gar nicht gelingende Verständigung, sondern kann genauso gut ein reiner expressiver Akt des Selbstausdrucks oder der Machtmanifestation sein.

In der Politikwissenschaft hat sich Jon Elsters Unterscheidung von arguing und bargaining weitgehend durchgesetzt, um Unterschiede zwischen öffentlichen und nichtöffentlichen oder halböffentlichen Diskursen zu bezeichnen (1989). Das arguing findet im Plenum der Parlamente statt, in den Ausschüssen, Fraktionen und Arbeitskreisen dagegen, besonders wenn die Sitzungen vertraulich sind, herrscht das auf die Durchsetzung partikularer Interessen gerichtete Verhandeln. Die Öffentlichkeit scheint sichtbares bargaining sehr gering zu schätzen, gleichwohl aber von den Politikern zu erwarten, dass sie in der Lage sind, sich hinter den Kulissen zu einigen (Reese-Schäfer 2008; Weiß 2011). Bargaining scheint machtbezogener, kampforientierter zu sein, ist aber im Grunde nur eine andere Form der Verständigung, eine andere Form der politischen Hermeneutik, die jedoch den Beifall von Habermas nicht finden würde, weil sie in seiner Diktion strategisches statt kommunikatives Handeln darstellt.

Wenn man die Unterschiede zwischen *Arguing* und *Bargaining* verstehen will, dann muss man sich klar machen, dass es in einem öffentlichen Diskurs, in dem man die Zustimmung anderer erlangen will, normalerweise wenig Sinn macht, die eigenen Interessen zu betonen. Andere haben eben andere Interessen und keinen Grund, Sonderinteressen einzelner oder kleiner Gruppen zu berücksichtigen. Gerade die unspezifische Universalität der Öffentlichkeit macht darüber hinaus das Offerieren konkreter Gegenleistungen schwierig, weil zu teuer. Das kindliche „ich will" hat in der Politik nichts zu suchen. Bargaining in der Politik ist ja häufig kein simpler Interessenausgleich zwischen zwei Partnern, sondern viel eher eine Vereinbarung zu Lasten dritter, und zwar meistens der unspezifischen, generellen und daher schwerer organisierbaren Interessen, die daher öffentlicher Verschleierung bedarf.

In einer sprachpragmatischen Betrachtungsweise wird deutlich, dass ganz ähnliche Spielzüge oder sogar identische Sätze in den unterschiedlichen Kontexten des *Arguing* und *Bargaining* unterschiedliche Färbungen annehmen. Was im Verhandeln eine Drohung mit einem Nachteil für das Gegenüber ist, kann im öffentlichen Argumentieren zu einer generalisierten Warnung vor den Folgen einer bestimmten Entscheidung werden.

Es ist vielleicht nützlich, die beiden Modelle einander gegenüberzustellen:

Arguing	**Bargaining**
Warnung	Drohung
Reden	Handeln
Überzeugen	Anbieten, Anreize schaffen
Argumente	Leistungen und Gegenleistungen
Ideell	Materiell
Kommunikativ	Strategisch oder taktisch
Neutralität, Allgemeininteresse	Eigeninteresse, Gruppeninteresse
Objektivitätsanspruch	Subjektivität
Wahrheitsorientierung	Interessenorientierung
Verständigung	Einigung
Gründe	Motive

Hier wird schon deutlich: das Modell des *Arguing* ist weniger konsistent. Ihm wird zwar eine Gemeinwohlorientierung nachgesagt, weil die öffentliche Kommunikation dafür spricht. Die Wahrheitsorientierung allerdings kann dem entgegenstehen: Wenn die Wahrheit eines Arguments oder einer Entscheidung besonders stark gemacht wird, kommt es nicht mehr darauf an, ob der Beschluss oder die Maßnahme der eigenen Gesellschaft, dem eigenen Land oder der eigenen Gruppe schadet. Man kann das in der öffentlichen Debatte über die Schuld am Kolonialismus oder bei der Klimaschutzdiskussion beobachten. Ich bezweifle jedenfalls die von vielen und wohl auch von Jon Elster für selbstverständlich gehaltene Annahme, dass das Arguing *per se* schon dem Gemeinwohl entspricht. Es wird den eigenen Gesetzen des Argumentierens folgen und in der Tendenz eine Art Universalwohl zugrunde legen, das in einem Spannungsverhältnis zum immer partikularen Gemeinwohl einer politischen Einheit steht. Wenn dies auseinanderfällt, können universalisierende Argumente gemeinwohlschädlich wirken.

Nun kann im *Bargaining* durchaus ein Argument Verwendung finden. Umgekehrt gilt das offenbar nicht. In einer Argumentationssituation würde ein Verhandlungsangebot als unpassend empfunden, wenn jemand z.B. sagt, er würde ja akzeptieren, dass Bert Brecht ein Stalinist war, wenn sein Gegenüber nur zugeben würde, Heidegger sei Nazi gewesen. Selbstverständlich gibt es strategische Gebrauchsformen von Argumenten – diese hat Elster ebenfalls in einem wichtigen Aufsatz aus dem Jahre 1995 analysiert. Alexander Weiß hat an Hand der Plenardebatten im Bundestag gezeigt, dass dort vorausgesetzt werden kann, dass die meisten Argumente strategisch eingesetzt werden, zugleich aber, dass das hier verwendete Sprachspiel durchgängig das *arguing* ist. Die Institution der öffentlichen Plenardebatte scheint genau dies zu erfordern. Hier spielt nicht nur die zivilisierende Kraft der Heuchelei eine Rolle, sondern die Kraft einer unter öffentlicher Beobachtung stehenden Institution (Elster 2007, S. 424 u. 435). Eine der wesentlichen parlamentarischen Funktionen ist ja die Herstellung von Legitimität. Der Doppelcharakter der Debatten kann dann durchaus dazu beitragen, eine Entscheidung gleichzeitig mit der pragmatischen Akzeptabilität des *bargaining* und der Legitimität des *arguing* auszustatten (Weiß 2011, S. 199).

In der Sprache der Politikwissenschaft handelt es sich also um ein Zwei-Ebenen-Spiel, weil im parlamentarischen Prozess sowohl die Arguing-Züge des Plenums, also der öffentlichen Rechtfertigung, zum Tragen kommen müssen, als auch die Aushandlungsprozesse in den Hinterzimmern, Gremien und Ausschüssen, die die Machbarkeit und Akzeptanz bei den relevanten betroffenen Gruppen einigermaßen sicherstellen. Was findet nun in einer Plenardebatte statt, die ja normalerweise fraktionsgesteuert ist? Es handelt sich offensichtlich nicht um verständigungsorientiertes kommunikatives Handeln im Sinne von Habermas. Aber auch die entlarvend gemeinte Beschreibung als strategisches Handeln, innerhalb dessen die Argumente im Grunde nur Scheinargumente sind, trifft diesen Prozess nicht. Am ehesten scheint die dritte Kategorie von Habermas, die expressive Kommunikation, hier einschlägig zu sein. Das Publikum soll glauben, einem Argumentationsprozess beizuwohnen, und diejenigen, die besonders gut darin sind, genießen im Parlament wie in der Öffentlichkeit einen Bonus. Haben die Argumente, auch wenn sie keine „echten" sind, weil sich die Gegenpartei – zumindest in dieser Debatte – nicht dadurch überzeugen lassen wird, also keine Bedeutung? Da sie sich an die Öffentlichkeit richten, sind sie selbstverständlich bedeutsam. Man könnte den Sachverhalt so beschreiben, dass das institutionelle Setting der parlamentarischen Debatte eine Selektion der Argumentationsformen vornimmt und nur solche durchlässt oder als erfolgversprechend erscheinen lässt, die dem Sprachspiel des *Arguing* einigermaßen entsprechen. Dies ist nicht lediglich ein Schein, sondern wirkt permanent zurück in die Vorbereitung von Entscheidungsprozessen, die immer schon – bei Strafe des Scheiterns, des Fallens in Umfragen oder der Abwahl – so angelegt sein müssen, dass sie im öffentlichen *Arguing* kommuniziert werden können. Demokratie ist in diesem Sinne nicht, wie viele Politologen der 1960er Jahre glaubten, eine Partizipationsveranstaltung, sondern ein Zuschauersport. Große Teile der damaligen Parlamentarismuskritik bestehen in dem Missverständnis, es sei wünschenswert, dass die Zuschauer aufs Spielfeld laufen und eingreifen, und sei es nur akklamierend. In Wirklichkeit kommt es darauf an, dass sie als Öffentlichkeit eine Kontrolle der Akzeptabilität von Gründen bewirken, und natürlich, dass sie Gefallen am Unterhaltungswert der Politik finden und sich nicht gelangweilt abwenden.

Dabei sollen und müssen die Abgeordneten, gerade auch wenn sie zum Fenster des Parlaments hinaus kommunizieren, durchaus den Eindruck erwecken, als seien sie an der direkten Kommunikation mit ihrem debattenmäßigen Gegenpart interessiert. Es ist wie im Theater: es wirkt am besten, wenn die Akteure beim Aufsagen ihrer Texte so tun, als spielten sie miteinander und würden das Publikum gar nicht beachten. Monologe ins Publikum hinein hat man längst aufgegeben, und flammende Aufrufe an die glotzenden Zuschauer hat man trotz Brecht wieder eingestellt. Es handelt sich um eine „als-ob"-Situation, allerdings nicht im Sinne der traditionellen Parlamentarismuskritik, sondern der Kontrolle von Gründen, die anders gar keine öffentliche Legitimation von Entscheidungen produzieren könnten. Es werden nicht, wie von der herkömmlichen Parlamentarismuskritik suggeriert, längst anderswo getroffene Entscheidungen nunmehr nachträglich mit Scheingründen scheindiskutiert, sondern es findet im Modus der Antizipation eine Rückwirkung auf die vorhergehenden Entscheidungsprozesse statt, die andernfalls gar nicht öffentlichkeitskompatibel geworden wären. Die Hinterzimmer müssen das Licht der Öffentlichkeit immer schon berücksichtigen, müssen zugleich aber auch im Interesse der Bürger die pragmatische Rückseite der Entscheidungen mit einkalkulieren, dürfen sich also nicht allein an der schönen moralischen Vorderseite orientieren. Eine politische Hermeneutik muss in der Lage sein, diesen Doppelcharakter von politischen Kommunikationsprozessen zu verstehen. Eine Idealisierung nur einer Seite führt zu nichts als politikverdrossenen, antiparlamentarischen Haltungen.

Probleme der Globalisierung und des Kapitalismus

4

Krisenhafte Wirtschaftszyklen und Konjunkturwellen sind seit 1800 regelmäßig beobachtet worden. Auch vorher schon waren sie nachweisbar, die Daten allerdings sind von der neueren kliometrischen Geschichtsschreibung noch nicht hinreichend ausgewertet und vor allen Dingen durchgerechnet worden, denn angesichts schwankender Währungskurse, unsicherer Frühstatistiken und nur partieller Überlieferung von Daten kann in diesem Feld nur mit sorgfältig abgestimmten Schätzungen gearbeitet werden. Auf der Ebene der Erklärung lassen sich zwei sehr unterschiedliche Ansätze ausmachen: die Theorie der Spekulationsblasen, die rein von den sich gegenseitig steigernden und schließlich bis zum Platzen der Blase übersteigernden Erwartungen ausgeht, und die Theorie der technologischen Basisinnovationen, die am prominentesten in der Lehre von den Kondratieff-Zyklen dargelegt wird. Sobald eine technologische Innovation sich erschöpft hat, z.B. die Dampfmaschine und die Baumwollproduktion, wird sie von der neuen Leittechnologie der Eisenbahn abgelöst, schließlich im dritten Kondratieff-Zyklus durch Elektrotechnik und Chemie, im vierten durch Öl und Automobile, im fünften durch die Informationstechnik. Beide Erklärungen schließen sich nicht gegenseitig aus, denn die ca. 40-60 Jahre dauernden langen Kondratieff-Wellen werden überlagert von den kurzfristigen Konjunkturzyklen, die unregelmäßig, aber insgesamt doch ungefähr in einer Art von 7-Jahres-Rhythmus auftreten (Bagehot 1999; Nefiodow 1997). Eine Geschichtsschreibung, die sich auf solche material begründeten Faktoren stützen kann, wirkt irgendwie solider als die eher psychologisch orientierte Interpretation der Spekulationsblasen. Das mag aber ein Schein der Materialität sein. Beide Deutungen müssen unter praktisch sozialwissenschaftlichen Aspekten als wenig abgesichert gelten, weil sie keine Vorhersagen erlauben außer der allgemeinen und unbestimmten, dass irgendwann die nächste Krise ganz bestimmt kommt. *Ex post* immerhin ermöglichen sie mehr oder weniger plausible Interpretationen (Wehler 2008, S. 91-99 u. 547-610).

Durchweg schlagen diese Krisen auf alle miteinander vernetzten Länder durch. Sie tun es allerdings mit zunehmender globaler Vernetzung umso rascher, spürbarer und durchgreifender. Es ist eben ein wesentlicher Unterschied, ob wie z.B. bei einigen Finanzmarktkrisen des 19. Jahrhunderts nur wenige Spekulanten oder wie seit 1929 breite Schichten gerade auch von mittelständischen Aktionären durch die Vermögensvernichtung einer geplatzten Blase betroffen sind.

4.1 Die Krise als Stunde der Politik

Aus demokratietheoretischer Sicht hat die Krise ein Gutes, denn sie ist die Stunde der Politik. Und man kann sagen: Die politische Klasse liebt die Krise mehr als die Militärs den Krieg. Sie kann durch entschlossenes Handeln die Leistungsfähigkeit des politischen Systems demonstrieren. Dieses verfügt über eine Ressource, welche dem Wirtschaftssystem ein entscheidendes Moment voraus hat: die Gewalt zu zwingen, insbesondere Steuern einzutreiben, während jedes Unternehmen, sehen wir einmal von monopolistischen Strom- und Gasversorgern oder dem öffentlich-rechtlichen Fernsehen ab, seine Waren am Markt verkaufen muss. Der Staat kann in der Krise helfen, nicht weil er in irgendeinem Sinne besser wäre als die Wirtschaft, sondern weil er nach anderen Systemgesetzen funktioniert. Er finanziert sich durch Steuern, also Zwangsabgaben, sowie durch Kredite. Aufgrund seiner Kreditwürdigkeit kann er diese auch antizyklisch aufnehmen. Macht er es verkehrt, kann er den Krisenzyklus durch Interferenzen sogar noch verstärken, macht er es aber richtig, kann er die Krise dämpfen und sogar Impulse zum Wiederaufschwung geben. Vor allem aber kann er wie bei der großen Finanzkrise 2008/2009 als „lender of the last resort", wie Walter Bagehot, der britische Politikwissenschaftler und Gründer des „Economist" das genannt hat, fungieren und auf diese Weise das Finanzsystem stabilisieren. Nicht zuletzt: die größeren Länder können höhere Ressourcen mobilisieren als selbst die größten Konzerne oder Banken. Und vor allem: die Zentralbanken, in unserem Fall die Europäische Zentralbank, verfügen nach wie vor über die Lizenz zum Gelddrucken.

Das antizyklische Krisenmanagement, das John Maynard Keynes nach der Weltwirtschaftskrise von 1929 entworfen hat, war durch überzogene und falsche Anwendung in Misskredit geraten. Keynes wollte, dass der Staat wirtschaftliche Impulse gibt, wobei es ihm nicht darauf ankam, dass die Ausgaben sinnvoll seien: Er hielt auch den Pyramidenbau oder das Ausheben und anschließende Zuschütten von Gräben für Maßnahmen, die den Zweck der Ankurbelung durchaus würden erfüllen können. Die keynesianischen Experimente der Helmut-Schmidt-Ära haben jedoch nur zu einer langgezogenen Depression, verbunden mit hohen Inflationsraten geführt, aber den Aufschwung nicht in Gang setzen können. Sie bewirkten also nur die sogenannte „Stagflation" der späten 70er und frühen 80er Jahre. Ganz ähnlich war dies in den USA, die am Ende der Ära Jimmy Carters zweistellige Inflationsraten aufwiesen. Eine Überreizung des Keynesianismus hatte zu massenhaften unproduktiven und vor allem wirkungslos versickernden Ausgaben geführt. Die Wahlsiege Ronald Reagans und die Reagan-Thatcher-Revolution machten Schluss mit diesen Experimenten, auch wenn Deutschland hier nur sehr zaghaft, spät und sozialdemokratisch gemäßigt mit einigen Änderungen im Sozialsystem, einer Senkung der Renten, später dann den Hartz-IV-Reformen und einer langsamen Anhebung des Rentenalters reagierte.

Heute aber heißt es: „We are all Keynesians now", wie der Chefredakteur der *Financial Times*, Martin Wolf provokant formulierte, dabei einen einst ironisch gemeinten Satz von Milton Friedman ins Positive und Affirmative wendend. Die Meinungen der Bürger hierzu sind durchaus differenziert. In Deutschland z.B. wollten die Bürger im Jahr nach der Finanzkrise von 2008 laut Allensbach-Umfrage zu 65%, dass der Staat in Krisenzeiten Unternehmen hilft, zu 55% sind sie für die öffentliche Festlegung von Managergehältern, und zu 29% dafür, Unternehmen durch Finanzhilfen vor dem Konkurs zu bewahren, ebenso sind 29% dagegen. Verstaatlichung in Not geratener Unternehmen würden 20% wollen, 28% sind dagegen (Kröcher 2009). Bei aller Differenziertheit ist hier immerhin ein recht hohes Staatsvertrauen bezeichnend.

Wie können die Fehler des Keynesianismus aus den 70er Jahren vermieden werden? Hier gibt es eine Regel: Keynesianismus muss unerwartet kommen, sonst laufen die staatlichen Zahlungen in Mitnahmeeffekte hinein und verpuffen dadurch. Der Überraschungseffekt ist diesmal weitgehend vorhanden gewesen, deshalb scheint es zunächst zu funktionieren. Man darf über diesen Anfangserfolgen aber nicht in eine Selbstüberschätzung des Staates verfallen. Er ist nicht besser, er hat auch keinen größeren Überblick, und es ist auch nicht davon auszugehen, dass die politische Klasse, weder in Teilen noch in ihrer Gesamtheit, stärker am Gemeinwohl interessiert ist als die Managerklasse. Das Interesse ist im Wesentlichen die Wiederwahl, allenfalls noch, wie einst, das Bild in der Geschichte. Vor allem aber müssen wir berücksichtigen, dass „der Staat" nicht als Einheit agiert. Auf der Regierungsebene ist er bis zur Bundestagswahl in die beiden Trägerparteien der großen Koalition gespalten. Der Bundestag ist gespalten in Regierung und Opposition, wobei jede der Parteien noch ihre eigene Agenda verfolgt.

Die Krise der Jahre 2008/2009 ist in einer Weise weltweit synchron abgelaufen, wie das zuletzt in der Großen Depression von 1929/1932 der Fall war. Obwohl es in Japan und Deutschland, ganz anders als den USA, keinen Immobilienboom gegeben hat (die Immobilienpreise sind in den Jahre vor der Krise in diesen Ländern eher leicht gefallen), sind über die Risikodispersion der Zertifikate die Auswirkungen auch hier angekommen. Harte Finanzierungsrisiken sollten als dünner Spray über die ganze Welt verteilt und dadurch harmlos werden. Dieses Dispersiv hat sich als Wirtschaftsvernichtungswaffe erwiesen. Dazu hat sicherlich beigetragen, dass weder viele Vorstände der Landesbanken noch vor allem die Politik die Funktionsweise der Zertifikate verstanden hatten. Die im Jahre 2009 in Hamburg und Frankfurt angelaufenen Prozesse, in denen Käufer von Zertifikaten der Lehmann-Bank durchweg vergeblich u.a. die Sparkassen auf Schadenersatz verklagt haben, zeigen vor allem eins: Diese Zertifikate sind sehr häufig gerade solchen Anlegern verkauft worden, die risikoscheu waren, weil sie als sichere Papiere mit einer siebenprozentigen Verzinsung und vor allem, anders als viele andere Bankpapiere, mit 100%iger Rückzahlung am Ende der Laufzeit galten. Wenn der Berater korrekterweise zusätzlich noch darauf hingewiesen hat, die Sache sei überaus sicher, außer natürlich, wenn die ausgebende Bank Konkurs gehen würde, dann waren sich Berater und Kunde normalerweise ohne zu zögern und mit einem verständnisinnigen Lächeln darin einig, dass dies nun wirklich das Allerunwahrscheinlichste wäre.

Wir würden uns ein falsches Bild der Krise machen, wenn wir sie nur den Spielern und Hedgefonds anlasten wollten: Gerade private Anleger, die Sicherheit suchten, sind hereingefallen. Der Verkauf solcher Zertifikate war in sehr vielen Ländern nicht zulässig, deshalb hat sich ein erheblicher Teil der Lehmann-Risiken auf Deutschland, das hier unreguliert war, verteilt. Für die US-Regierung war die Tatsache, dass ein so großer Teil dieser Papiere im Ausland verkauft war, möglicherweise ein Anreiz, den Konkurs der Lehmann-Bank in Kauf zu nehmen. Die Lehmann-Bank, wie auch Goldman-Sachs, war übrigens schon ein großer Name der Weltwirtschaftskrise von 1929, und man konnte meinen, ein Institut, welches ein derartiges Fegefeuer überstanden habe, würde auch diesmal durchhalten können (Galbraith 2008). In anderen Ländern durften allein institutionelle Anleger, also keine Privatleute, diese Zertifikate kaufen, weil ihnen größere Beurteilungskompetenz zugetraut wurde. Wie wir wissen, ist dabei jedoch auch in diesen Ländern sehr viel Geld aus Pensionsfonds, Lebensversicherungen etc. verlorengegangen, so dass auch dort letztlich die Rechnung von den Kleinen wie den Großen bezahlt wird. Die Tatsache, dass die Lehmann-Pleite in Deutschland direkt ganz unten, bei den sicherheitssuchenden Kleinanlegern angekommen ist, hat vielleicht auch ein Gutes: der Ruf nach einer verbesserten Finanzmarktregulierungspolitik dürfte hier nicht so leicht vom Tisch gewischt werden können.

Der Globalisierungsprozess lässt also nicht nur das Anlagekapital auf der Suche nach lukrativen Investitionen um dem Erdball rasen, sondern auch die Kreditabsicherung, die sich überall dort Schlupflöcher sucht, wo die Regulierung den neuen Zertifikatsideen noch nicht gefolgt ist. Gerade ein Land wie Deutschland, das auf seine Liberalität als Wirtschaftsstandort stolz ist und das im Bankensektor hinter New York und London zurückgefallen war, also ein Öffnungs- und Aufholbedürfnis hatte, ist hier gefährdet gewesen und weiterhin gefährdet. In Zukunft müssen hier neue Kontrollinstanzen geschaffen werden.

Die weltweite Synchronisation der Krise hat also zwei Effekte: Eine Leitökonomie wie die US-amerikanische kann durch einen sozialpolitisch geförderten und beabsichtigten Immobilienboom einen zyklischen Schock in der ganzen Welt auslösen. Auch bei immobiliensoliden Ökonomien wie Japan und Deutschland. Zugleich zeigen sich aber Vorteile einer globalen Krisenwahrnehmung: Die Regierungen besonders so wichtiger Länder wie China, Südkorea, USA, Frankreich, Großbritannien und Deutschland handeln weitgehend gleichgerichtet durch Konjunkturprogramme. Zwar ist es zu einigen nationalistischen Untertönen gekommen, vor allem in Frankreich, wo es darum ging, möglichst nur die eigene Industrie, nicht aber Industrien in Tschechien oder anderen Ländern zu fördern. Da dies nicht mit dem EU-Vertrag kompatibel ist, und vor allem klar war, dass nationalstaatlicher Protektionismus als Krisenreaktion die Weltwirtschaftskrise von 1929 umso schlimmer und langwieriger gemacht hat, verschwand diese Haltung sehr schnell aus der öffentlichen Diskussion und kann nur noch hinter vorgehaltener Hand geäußert werden. Es hat sich gezeigt, dass umfassende Kriseninterventionen auch international gegenseitig unterstützend wirken und dass jegliches Anspringen einer Weltkonjunktur insbesondere den Ländern hilft, die hohe Exportquoten haben.

Wenn nur ein unerwarteter Keynesianismus wirksam sein kann, dann muss einkalkuliert werden, wie schnell sich die Akteure auf das Unerwartete einstellen können. Für die Konjunkturmaßnahmen muss deshalb vermutlich gelten: so viel wie möglich und so schnell wie möglich. Aber die Maßnahmen müssen befristet sein, um den Druck zur sofortigen Investition, zum sofortigen Ausgeben zu erhöhen. Zugleich muss bei Investitionen der öffentlichen Hand darauf geachtet werden, dass nicht zu genau geprüft wird, ob diese auch sinnvoll sind. Das heißt, die klassischen Kriterien der Rechnungshöfe sind hier nicht sehr hilfreich. Es gilt eher Schumpeters Prinzip der schöpferischen Zerstörung. Die Abwrackprämie, die ökologisch gewiss wahnsinnig war, da funktionierende Autos, die noch einen Restwert hatten, der Schrottpresse überantwortet wurden, hat genau in diesem Sinn gewirkt. Das Wegwerfen von etwas noch Brauchbarem ist die Voraussetzung der Neuanschaffung. Ökologische Scheingründe lassen sich zur Gewissensberuhigung hinzufügen: Neuere Autos können auch dann, wenn sie nicht wirklich weniger verbrauchen, in irgendeiner Hinsicht als sparsamer oder schonender dargestellt werden. Auch wenn die ökologische Bilanz insgesamt negativ ist, weil Werte zerstört werden, wird das Gewissen sich schon mit symbolischen Vorteilen zufriedengeben, denn gerade das ökologische Gewissen ist Scheinargumenten besonders zugeneigt (vgl. Zierhofer 1998; Lomborg 2006).

Wichtig ist es, die Fehler der alten keynesianischen Interventionen zu berücksichtigen: Einmal bewilligte Zahlungen werden, wenn längst schon der Aufschwung gekommen ist, häufig weitergezahlt, und wirken von nun an in erster Linie inflationär. Und mehr noch: Krisen im Kapitalismus haben immer auch eine marktbereinigende Funktion. Nicht mehr profitable Geschäftsmodelle werden vom Markt gefegt. Wenn man diesen Effekt durch Einzelsubventionen zu verhindern sucht, wird man sehr viele Steuergelder nicht nur nutzlos, sondern direkt wirtschaftsschädlich verwenden, weil auf diese Weise eine produktivitätshemmende Fehlallokation von Ressourcen bewirkt wird. Nicht die gewinnbringenden Investitionen werden bevorzugt, sondern die am höchsten subventionierten. Dies unterliegt dem politischen Urteil, also der Einschätzung der politischen Klasse, welche Stimmungen am meisten Stimmen erbringen werden. Damit dominieren wirtschaftsferne Kriterien. Denn der Staat ist ja nicht der bessere Ökonom, sondern funktioniert nach politischen Regeln. Ein nach politischen Präferenzen organisierter Wirtschaftsprozess wird aber fundamental unprofitabel sein und wirtschaftliche Ressourcen verschwenden, von denen aus beliebigen Gründen nur geglaubt wird, dass sie sinnvoll seien. In der Politik lässt sich mit etwas Charisma, einigem Mobilisierungspotential und dem so aufgebauten öffentlichen Druck so ziemlich jede beliebige Geldausgabe als sinnvoll darstellen, weil hier nicht die Prüfung am Markt stattfindet. Gründe lassen sich immer finden, dass bestimmte Produkte als sinnvoll erscheinen, Gewinne aber lassen sich nur erzielen, wenn jemand diese Produkte auch tatsächlich kauft. Windkraft und Biospritbeimischung zum Benzin zeigen, dass die Politik in bestimmten Fällen eine solche Nachfrage auch einfach anordnen kann. Welcher Unternehmer würde nicht von einer solchen Option träumen!

4.2 Globalisierung als Außensteuerung: Postdemokratie

Der Globalisierungsprozess macht den Einfluss äußerer Faktoren auf die Politik von Nationalstaaten wesentlich stärker fühlbar. In den kleinen Ländern war dies immer präsent, in mittelgroßen Nationen allerdings, insbesondere in einer in der Weltspitze agierenden Wirtschaftsnation wie der Bundesrepublik Deutschland, konnte man sich noch länger in der Illusion wiegen, allein über ein starkes ökonomisches Kraftpotential zu verfügen. Dies war allerdings von Anfang an, sobald nach 1945 die Weltmärkte sich öffneten, auf den Welthandel ausgerichtet. Die Bundesrepublik als Wirtschaftsnation hat sich weltweit an der Spitze hinter den USA, später Japan halten können, weil sie sich in eine auf den globalen Wirtschaftsprozess ausgerichtete Exportnation verwandelt hat. Das Ende der deutschen Wirtschaft als autarkes Kraftpaket war mit dem Scheitern der Kriegswirtschaft im ersten und zweiten Weltkrieg unübersehbar geworden. Die Zukunft für die Bundesrepublik lag in der Perspektive einer auf den Export, auf die weltwirtschaftliche Verflechtung ausgerichteten Handelsnation. In dem begrenzten Wirtschaftsgebiet Deutschlands oder Mitteleuropas wären die nach 1948 erreichten Dimensionen des Wohlstands dagegen nicht möglich gewesen.

Die bemühte Abwägung von Chancen und Nachteilen der Globalisierung erübrigt sich mittlerweile für Deutschland, weil es inzwischen zu klein ist, um noch die Wahl zu haben. Dieses Land ist in globaler Perspektive eine kleine Handelsnation geworden wie es einst die Niederlande waren, die bei geringer politischer Macht einen Großteil des Welthandels zur See ausübten. Da es den niederländischen Händlern an begleitender politisch-militärischer Machtentfaltung fehlte, mussten sie sich gegenüber Großbritannien geschlagen geben. Heute sind die Potentiale einer Wirtschaftsmacht sehr viel größer. Allerdings ist sie weiterhin auf weltweite militärische Absicherung ausgerichtet. Die Bundesmarine war anfangs eher nur für den Küstenschutz konzipiert und ist auch heute nur sehr begrenzt international aktionsfähig. Wirkliche militärische Machtprojektion ist nur in einem engen Verbund mit den USA möglich, weil Deutschland über keine Flugzeugträgergruppen verfügt und diese auch nicht finanzieren könnte. Hier wird in Zukunft möglicherweise ein weiterer Schritt der Kooperation auch mit den kommenden Großmächten wie China und Indien liegen müssen. Die deutschen Geschäftsleute radebrechen ihr Englisch immer noch schlechter als die Niederländer, agieren inzwischen aber im Grunde auf der gleichen Ebene und machen mindestens ebenso gute Geschäfte.

Die internationalen Abstimmungsprozesse für finanzpolitische wie für militärische Interventionen unterliegen weiterhin den üblichen Regeln internationaler Politik. Diese ist Exekutivpolitik, d.h. die demokratische Kontrolle durch die Parlamente und durch den Volkswillen ist nur sehr begrenzt möglich. Vielfach wird die Koordination auch mit solchen Ländern durchgeführt werden müssen, die autoritär regiert werden: das gilt für das heutige Russland, vor allem aber für China. Aber auch bei anderen Weltmächten ist Außenpolitik immer noch traditionell ein Privileg der Exekutive, in das die lokalen Parlamente nur sehr begrenzt hineinwirken können. Die alten Prärogative der Exekutive wirken selbst noch in den USA, trotz der Begrenzungen der präsidentiellen Befugnisse in der Folge des Vietnamkriegs durch den Kongress. Das exekutive Privileg oder die „imperial presidency" ist immer noch eine prägende Realität und wird von einer hochkompetenten, international hochgradig vernetzten Elite getragen, die sich vom Volk nur ungern in die Karten schauen lässt. Die EU ist handelspolitisch ebenfalls ein Musterbeispiel solcher exekutiven Privilegien, und allein die Koordinierungsschwäche ihrer in der internationalen Politik wirksamen Institutionen deckt weiterhin ein gnädiges Tuch über diese im Kern vordemokratischen Strukturen.

Colin Crouch hat diesen Prozess zu Recht als „Postdemokratie" gekennzeichnet (Crouch 2009). Die Eliten sind dabei keineswegs allein bösen Willens, sondern sie können die allerbesten Absichten immer größerer Integration *(ever closer union)* für sich reklamieren. Wirtschaftlich ist dies sinnvoll, denn Wohlstandssteigerungen sind nur durch wachsende internationale Arbeitsteilung möglich. Dabei kann es durchaus sein, dass man in einem Land auf eine eigenständige Autoindustrie verzichten muss. Die USA befinden sich seit Jahren in diesem Prozess und werden ihn auch nur durch die erfolgreiche Entwicklung eines Elektroautos oder selbstfahrender Fahrzeuge abwenden können. Österreich hat ihn längst hinter sich. Die Wagen der Firma Steyr, noch erinnerlich aus Bertolt Brechts Gedicht „singende Steyrwägen", gibt es schon lange nicht mehr. Die Firma ist allerdings ein wichtiger Zulieferbetrieb vor allem der deutschen, aber auch der italienischen Autoindustrie. Wirtschaftlich gesehen wäre es gewiss auch kein Schaden, wenn der deutsche Kohlebergbau endgültig zugunsten des polnischen oder russischen aufgegeben würde. Das Überbringen solcher Nachrichten kann allerdings mit Nachteilen und Sanktionen verbunden sein. Die Politik tut sich traditionell schwer damit.

Dennoch scheint eine reine Elitenintegration wie in der Frühphase der europäischen Einigung kaum mehr möglich. Die Eliten bedürfen der ständigen Rückbestätigung durch die immer noch nationalen Wähler. Dort, wo es Volksabstimmungen gegeben hat, sind diese mit großer Regelmäßigkeit gegen die EU, gegen eine immer engere Integration ausgegangen: in Dänemark (1992, 2000), in Frankreich (2005, von der Nationalversammlung überstimmt), in den Niederlanden (2005, erneut gegen das Assoziierungsabkommen mit der Ukraine 2016). In Irland, dem Land, das wohl am meisten von der europäischen Integration profitiert hat, bedurfte es einer zweiten Volksabstimmung im Jahre 2009 nach der Ablehnung im Jahr zuvor, um ein Ja zum Vertrag von Lissabon zu ermöglichen. Das britische Votum des Jahres 2016 für den Austritt war eben doch kein Einzelfall, sondern folgt dieser Regel. So überwältigend die ökonomischen Vorteile auch sein mögen: Die politische Selbstbestimmung ist tangiert. Die Nationen können innerhalb der EU nicht mehr souverän agieren, sondern übertragen einen Teil ihrer Souveränität auf die gemeinsamen Institutionen. Es ist schwer einzuschätzen, ob die Währungsintegration des Euro-Raumes aus deutscher Perspektive einen Vorteil oder einen

Nachteil bedeutet. Die D-Mark wäre heute bestimmt wesentlich höher bewertet als der Euro, für den Export wäre dies ein erheblicher Nachteil. Beziffern lässt sich das auf dem gegenwärtigen Erkenntnisstand nicht. Die Schwelle von der Demokratie zur Postdemokratie der Elitenherrschaft ist weiterhin blockiert und wird hoffentlich auch nicht überwunden.

Unter dem einzelstaatlichen Aspekt kann in Deutschland weiterhin von einer Demokratiekrise keine Rede sein. Die Verlagerung von immer wesentlicheren Entscheidungskompetenzen auf die europäische Ebene allerdings wirft zunehmend die Frage auf, wie hier noch demokratische Kontrolle möglich ist. Könnte man sich nicht trotz der europäischen Vielsprachigkeit eine Direktwahl für die europäische Präsidentschaft vorstellen? Vermutlich würde einen solchen Wahlkampf eher ein Kandidat aus einem kleinen Land gewinnen, der mehrere Sprachen spricht und den Wählern weniger bedrohlich als die Großen erscheint. Vor allem müssten die Kandidaten in einem solchen Wahlkampf herumreisen und den Wählern in allen Ländern die europäische Politik erklären, die dadurch erstmals vom Elitenkonsens, welcher sie bisher getragen hat, rückgekoppelt würde zu einem wesentlich direkteren Bürgerkontakt. Volksabstimmungen können immer nur punktuell einsetzen. Für die Zukunft kommt es darauf an, in den politischen Institutionenbildungsprozess selber Elemente direkter Wahl einzubringen, nicht nur für das in seiner Macht immer noch sehr begrenzte EU-Parlament, sondern auch und vor allem durch die Direktwahl des EU-Präsidenten.

4.3 Die Diktatur des Kunden und der Gelegenheit

Die Globalisierung des Marktes unterwirft jeden Marktteilnehmer dem Diktat des häufig sehr eigenwilligen Kunden. Es ist ein grundlegendes Missverständnis, die sogenannte freie Marktwirtschaft als Freiheitsgewinn auch für den Produzenten zu deuten. Er kann nur insofern erfolgreich sein, als er Kundenwünsche erfüllt, notfalls (wie die suchtproduzierende Zigarettenindustrie) diese erzeugt und fördert. Eine Produzentendiktatur an den Kundenwünschen vorbei ließe sich nur in einer nichtmarktwirtschaftlichen Wirtschaftsform verwirklichen. Deshalb sind alle Modelle einer Wirtschaftsdemokratie, die allein die Produzentenseite demokratisiert, die Kundenseite aber ausklammert, im Kern demokratiefern. Solche Modelle sind in den 20er und 30er Jahren in Teilen der deutschen Sozialdemokratie, später dann, vermittelt durch den nach Tel Aviv emigrierten Gewerkschaftstheoretiker Fritz Naphtali, in Palästina und Israel diskutiert worden. Vor allem wurden sie im Jugoslawien Titos auf breiter Basis ausprobiert: mit niederschmetternden Resultaten, weil eine angebliche Arbeiterselbstverwaltung in erster Linie die Belange der Arbeitenden in den Herstellerbetrieben, nicht aber aller übrigen Arbeiter der anderen Betriebe berücksichtigt, für die die Produkte hergestellt werden. Die Marktwirtschaft dagegen ähnelt eher einer Konsumentendiktatur, der sich die Produktionsseite bedingungslos zu unterwerfen hat. Allein die Vermittlungsinstanz, das Marketing, hat die Chance, auf die Konsumenten einzuwirken und deren Präferenzen zu beeinflussen.

Das altmarxistische Verständnis des Kapitalismus als Diktatur einiger weniger Großkonzerne war nur dort und dann zutreffend, wo diese, z.B. wegen kriegswichtiger Produktion, mit wesentlichen staatlichen Privilegien ausgestattet wurden, also die politische Gewalt zu zwingen gegenüber den Konsumenten an ihrer Seite hatten. Eine solche Wirtschaftsform musste dann sehr schnell eine Wirtschaft der Bezugsscheine und der Rationierung von Leistungen werden. Auch wenn viele die Aktionen von *Microsoft* als Diktatur einer übergroßen Monopolfirma empfinden: Dies hat nur Erfolg, wenn und solange sie die Nachfrage befriedigen kann. Auch wenn dies lange Zeit mehr schlecht als recht funktionierte, zählte doch die Anschlussfähigkeit an möglichst viele andere Geräte, denn der Vorteil der schieren Größe und Standardisierung stellt ein wesentliches Kaufargument dar. Jeder Fehler reduziert den Marktanteil, weil andere Plattformen trotz des scheinbaren Monopols eben doch im Spiel bleiben und jedes zusätzliche kostengünstige Programm, das auf den Plattformen der Konkurrenz einigermaßen kompatibel läuft, deren Chancen erhöht. Größenvorteile können sehr schnell wieder verlorengehen, wenn ein Monopol nicht wirklich politisch und gewaltmäßig abgesichert ist, solange also die Option einer wirksamen Konkurrenz bestehen bleibt. Auch ein Marktanteil von 95% ist, anders als Altmarxisten behaupten würden, kein Ruhekissen, weil sich aus einer kleinen Garagenfirma schnell ein alles hinwegfegendes Erfolgsmodell entwickeln kann, weil eine geniale Innovation in ganz unerwarteter Richtung ein neues Gut anbietet, welches das ehemalige Monopol gegenstandslos oder uninteressant macht.

Der Globalisierungsprozess ist wirtschaftlich gesehen vor allem ein Prozess zunehmender internationaler Arbeitsteilung. Wer sich nicht rasch genug auf neue Entwicklungen einstellt, wird zu den Verlierern gehören. Ein Land, das den Wandel durch politische Interventionen verlangsamt, wird möglicherweise eine entspanntere Lebensqualität schaffen, aber zugleich Einbußen beim erreichbaren Wohlstandsniveau in Kauf nehmen. Es klingt zunächst einmal idyllisch, sich Langsamkeitsvorteile durch geringeres Einkommen erkaufen zu können. Was aber bedeutet es, wenn dadurch unattraktive, gesundheitlich belastende, ja geradezu gesundheitsschädliche Arbeitsplätze etwa im Bergbau und in der Landwirtschaft erhalten werden? Das bedeutet, dass Rationalisierungsvorteile nicht genutzt werden, und vor allem: dass der Wechsel in höher bezahlte, attraktivere und natürlich auch höhere Anforderungen an das Ausbildungsniveau stellende Arbeitsplätze aufgehalten wird. Ein Land, welches dies auf breiter Front und mit Milliardensubventionen auf Dauer praktiziert, opfert dadurch nicht nur Wachstumsprozente auf. Es wird nicht nur im Wohlstands-, sondern auch im Ausbildungs- und im Flexibilitätsniveau zurückfallen.

Die Anforderung der Flexibilität allerdings macht Angst, ebenso wie die immer wieder an die Arbeitskräfte gerichtete Botschaft, doch selber mehr persönliche Verantwortung zu übernehmen. Persönliche Verantwortung heißt eben auch, nicht mehr abgesichert zu sein und nicht nur für die beabsichtigten, sondern gerade auch für die ungewollten und unbeabsichtigten Folgen des eigenen Tuns verantwortlich sein zu müssen. Es verlangt nicht nur die eindimensionale Kenntnis der eigenen Fähigkeiten, Intentionen und Wünsche, sondern darüber hinaus das vorausahnende mehrdimensionale Kalkül der gesellschaftlichen Situationen, Chancen sowie der Absichten und Handlungsweisen der anderen. Im Grunde muss jede noch so biedere Arbeitskraft ein waches Vermarktungsbewusstsein wie ein erfolgreicher Händler oder Börsenspekulant entwickeln. Und nicht nur das: Jede Fehlentscheidung, auch wenn man selbst in keiner Weise daran Schuld trägt, sondern allein Zufall, Unglück und unpassende äußere Faktoren, hat unmittelbar belastende persönliche Folgen. Es ist deshalb kein Zufall gewesen, dass trotz positiverer Vorhersagen das Wahlergebnis einer mit solchen neoliberalen Parolen auftretenden CDU im Jahre 2005 so relativ niedrig war, dass sie nur knapp vor der Sozialdemokratie lag und eine große Koalition gebildet werden musste. So schön sich dieser Begriff in den Sonntagspredigten auch macht: als praktisch-politische Parole kann die Forderung nach Selbstverantwortung viele Wähler in die Flucht treiben.

4.4 Macht Kapitalismus krank?

Globalisierungsdruck und empfundene Verantwortungslast sind die beiden Seiten der gleichen Medaille (hierzu Reese-Schäfer 2007b). In der öffentlichen Rhetorik erscheint die Übernahme von Verantwortung als etwas Gutes. In jeder feierlichen Rede kann man allein durch die Verwendung des Verantwortungsbegriffs ein innerliches, oft auch äußerlich sichtbares Nicken der Zuhörer auslösen. Für die meisten Menschen allerdings bedeutet die moderne, gern von Unternehmensberatern, aber auch vielen Politikern propagierte geradezu inflationäre Verwendung des Verantwortungsbegriffs vor allem eine Last und eine Zumutung. Sie basiert keineswegs mehr auf dem aufklärerisch-emanzipatorischen Wunsch nach einem selbstbestimmten Leben, sondern wird dem Individuum von einem ökonomisch-politischen System aufgezwungen, damit dieses sich seinerseits von allen systemischen Verantwortlichkeiten entlasten kann. Die Verantwortung für Misserfolge und Scheitern wird individualisiert, wird dem Individuum als allein dessen eigenes Risiko zugeordnet. Die Individuen versuchen sich zu wehren, indem sie ihrerseits die Verantwortung zurückdelegieren. Das geschieht inzwischen selbst bei Naturkatastrophen, für die der Staat (als die im Zweifel zahlungskräftigste Instanz) durch mehr oder weniger plausible, auf jeden Fall aber auf langen und komplexen Argumentationsketten beruhende Konstruktionen herangezogen wird, weil er zu spät oder gar nicht vorgesorgt oder gewarnt hätte. Auch bei wirtschaftlichen Misserfolgen kommt regelmäßig und erwartbar der Ruf nach Regulierung, nach Zähmung von Konkurrenzprozessen, wenn die Konkurrenz erfolgreicher war, oder aber die Forderung nach Ausgleichszahlungen, den berüchtigten Subventionen. Der politischen Klasse geschieht dadurch keineswegs Unrecht, weil sie selbst sich doch so gern mit dem Verantwortungsbegriff dekoriert.

Die Flucht vor der Verantwortung hat sich im 20. Jahrhundert als massenhafte Strategie erwiesen. Erich Fromm hat sie in seiner wichtigen Studie *Die Furcht vor der Freiheit* (1998) als einen der entscheidenden Faktoren zur Erzeugung totalitärer und autoritärer Mentalitäten analysiert. Die erzwungene Auflastung der Verantwortung auf überladene Schultern führt zu Fluchtreaktionen in die selbstgewählte Unfreiheit. Verantwortung hat immer noch einen guten Klang. In Wirklichkeit ist sie aber nicht viel mehr als eine Technik der Zuschreibung, deren Legitimation schon im Augenblick der kritischen Analyse fragwürdig wird. Einer der größten Verfechter der Verkoppelung von Freiheit und Verantwortung, nämlich Friedrich August von Hayek, hat zugleich auch die Schattenseiten und Schwächen dieser Legitimationstechnik schonungslos offengelegt. Ganz ähnlich wie Michel Foucault hat er erkannt, dass der ökonomische Sinn von Verantwortungsauferlegung die Disziplinierung ist: „Die Notwendigkeit, selbst einen Bereich nützlicher Arbeit, eine geeigneten Beruf zu finden, ist die härteste Disziplin, die uns eine freie Gesellschaft auferlegt" (Hayek 1991, S. 99; vgl. Foucault 1969, 1973, 2008 u. 2010). Vor allen Dingen räumt Hayek mit der naiven Vorstellung einer Leistungsgesellschaft auf: Es kommt nicht wirklich auf Fähigkeiten und Leistungen an, sondern vielmehr auf eine Kombination von Glück, dem richtigen Augenblick und dem Indienststellen der eigenen Fertigkeiten für Aufgaben, die gerade gewünscht sind. Es ist immer die Ausnützung einer bestimmten Situation oder Gelegenheit, welche die Nützlichkeit bestimmt. Hayek folgert: „Wir müssen die Erziehung und unser Ethos entsprechend berichtigen" (1991, S. 101). Damit kann er nur meinen: Eine Erziehung zum *Als-Ob*, also dazu, sich zu engagieren, seine Leistung einzusetzen und den richtigen Moment vorauszuahnen, wohl wissend, dass nur derjenige überhaupt eine Chance hat, der zur rechten Zeit am rechten Ort ist. Gefragt ist die Mentalität eines enttäuschungsresistenten Aktivismus. Es geht um die Erzeugung einer Verantwortungsillusion. Wer etwas erreicht hat, soll schließlich überzeugt sein, dies nur den eigenen Anstrengungen, dem eigenen Können und der eigenen Intelligenz zu verdanken, denn selbst wenn dies weitgehend falsch ist, wird es doch eine förderliche Wirkung auf die eigene Energieentfaltung haben (ebd.). Man sieht: es handelt sich hier um eine pragmatisch restringierte Vorstellung von Verantwortung und Freiheit.

Eine vielfältig diagnostizierte wesentliche Folge des Globalisierungsprozesses ist die Überforderung der Individuen durch den beschleunigten sozialen Wandel. Die enormen Wohlstandssteigerungen sind keineswegs immer auch mit einem besseren Lebensgefühl verbunden, weil die Beschleunigung und Hektik des ständigen Suchens nach Chancen und Gelegenheiten, um im Konkurrenzkampf nicht zurückzufallen, auch eine permanente Beunruhigung bedeuten. Lebensgenuss ist dann auch nur noch in hektisch gebuchten Wellnessoasen für gerade mal das Wochenende möglich, weil ab Montag wieder die volle Dynamik und Leistung erbracht werden muss. Selbst der Genuss wird standardisiert, modularisiert und hektisiert.

Die europäischen Gesellschaften befinden sich derzeit in einem fundamentalen Transformationsprozess, der in Westeuropa in vielen Sektoren mindestens ebenso rasant verläuft wie in Mittel- und Osteuropa, wo dies ja schon durch den Systemwechsel erfordert wurde. Intendiert sind Wohlstandssteigerungen durch Erhöhung des Tempos und des Konkurrenzdrucks. Dabei findet eine Verlagerung der Vorteile von bestimmten sozialen Rollen und Berufstypen auf andere statt. Angetrieben von der technischen Entwicklung und von größeren Freiräumen für das unternehmerische Handeln auch über Landesgrenzen hinweg sowie von neuen Möglichkeiten, Kapital schneller umzuschichten und zu mobilisieren, wird es für die *Käufer* immer leichter, auf bessere oder billigere Produkte umzusteigen. Stark vorangetrieben wurde dieser Prozess durch die Abschaffung der fünfzigprozentigen Gewinnsteuer auf Veräußerungen von Kapitalbeteiligungen in Deutschland, mittels derer die Deutschland AG einst stabilisiert, aber zugleich auch immobilisiert worden war. Die Ökonomie hat sich in eine Käuferökonomie verwandelt. Für die *Verkäufer* dagegen ist der Kampf um jeden einzelnen Kunden härter geworden: die Konkurrenz kommt leichter ins Geschäft, die Öffnungszeiten verlängern sich, man kann Kunden nicht einfach mehr warten lassen, vertrösten oder mit Waren abspeisen, die sie eigentlich anders wollten, weil die Markttransparenz sich nicht zuletzt durch das Internet stark erhöht hat.

Damit wird aber das Leben für jeden einzelnen unkalkulierbarer, weniger vorhersagbar und im Grunde unsicherer. Zugleich erhöhen sich dadurch die Chancen und Optionen für diejenigen, die Glück haben oder mit dieser Situation umzugehen in der Lage sind. Die rapiden Wandlungsprozesse, die für viele Menschen in ihren Rollen als Kunden oder Investoren oftmals außerordentlich vorteilhaft sind, machen es für die gleichen Menschen als Produzenten von Gütern und Dienstleistungen, also als *Verkäufer* immer schwieriger. Darüber hinaus wird die Nachfrage nach solchen Leuten immer mehr wachsen, die neue Ideen, neue Einsichten und Einfälle für bessere Produkte und Dienstleistungen haben und diese auch durchsetzen können. Deren Einkommen wird sich immer weiter erhöhen, während im Wettbewerb zugleich die Einkünfte derjenigen absinken werden, die Routinearbeiten verrichten, welche durch neue Hardware, neue Software oder Arbeitskräfte an anderen Orten billiger, schneller und oft sogar zuverlässiger verrichtet werden können. Es entsteht also eine Auseinanderentwicklung von Einkommen.

Daraus ergibt sich ein Problem, denn „die Menschen lassen sich nicht einfach auf Anleger und Verbraucher reduzieren. Sie sind auch Familienmitglieder, sie pflegen Freundschaften, und sie nehmen am Gemeinschaftsleben teil. Sollen diese Beziehungen für den Menschen weiterhin große Bedeutung haben, müssen sie stabil und dauerhaft sein. Für ein geordnetes Leben brauchen die Menschen außerdem ein gewisses Maß an Ruhe und Sicherheit. Der Kapitalismus amerikanischen Zuschnitts bietet nun aber fast keine Stabilität oder Kontinuität und nur wenig Ruhe oder Sicherheit. Im Gegenteil: sollen Anleger wie Verbraucher zufriedengestellt werden, sind ständige Unruhe und Veränderung erforderlich“ (Reich 2002, S. 11 f.).

Unsere Gesellschaften werden damit zunehmend durch Stressfaktoren geprägt. Was wir an Wohlstand gewinnen, schlägt sich nieder in Verlusten der alltäglichen Lebensqualität, in Verlängerung der Arbeitszeiten, Verkürzung des Urlaubs, Arbeitsplatzverlust in der Mitte des Lebens, welcher oft irreparabel ist. Diese Wandlungsprozesse betrachte ich als den soziokulturellen Hintergrund der gegenwärtigen Diskussionen um die Stärkung von Selbstverantwortung und Eigenverantwortlichkeit. Wir können, auch wenn wir noch so philosophisch diskutieren möchten, nicht ignorieren, dass wir uns hier in einem hochkomplexen Feld aktueller politischer und gesellschaftlicher Grundsatzdebatten bewegen, welches derzeit in einem mindestens ebenso schnellen Wandlungsprozess begriffen ist wie die soziokulturelle Struktur unserer Gesellschaften selbst.

Unter zeitdiagnostischen Gesichtspunkten ist dieser Wandlungsprozess wohl am ehesten mit der Wende vom 19. zum 20. Jahrhundert zu vergleichen, als die großen Analysen von Max Weber, Georg Simmel, Emile Durkheim und Vilfredo Pareto vorgelegt wurden. Auch wenn die Stärkung der Eigenverantwortlichkeit philosophisch schlüssig zu begründen sein sollte, so scheint sie doch auch mindestens ebenso sehr eine reine praktische Notwendigkeit der grundsätzlichen Transformation des Bildungs-, Ausbildungs- und Sozialisationsprozesses zu sein, in klassischer Terminologie also der *Paideia*, um in einer sich so beschleunigenden

Gesellschaft erfolgreich überleben zu können. Globalisierungsgegner werden hier nur die dünne Rechtfertigung neoliberaler Umtriebe erkennen wollen. Liberale Anhänger der Globalisierung werden darin, je nach intellektueller Eindringtiefe, den Preis des Wohlstandes sehen oder aber, wie einst Max Weber, einen geradezu tragischen Grundkonflikt des Modernisierungs- und Rationalisierungsprozesses.

Richard Sennett hat unter dem Oberbegriff des *flexiblen Menschen* die ganze Last der gegenwärtig sich radikal umkrempelnden Arbeitsorganisation in eindrucksvoller, wenn auch etwas traditonsorientierter Rhetorik geschildert: Die persönliche Erfahrung zerfällt. Dauerhafte Formen des Arbeitszusammenhangs verschwinden. Auf die gewohnten sozialen Kooperationskontakte kann man nicht mehr bauen. Das Vertrauen geht verloren. Auf Routinebildung kann man sich nicht mehr verlassen. Man nimmt nachhaltige Risiken der Lebensweggestaltung auf sich, die nur schwer einzuschätzen und zu überschauen sind. Das Arbeitsethos des langfristigen Aufbaus und der aufgeschobenen Belohnung verfällt, wenn man nur kurzfristige Projekte zu bearbeiten hat. Die überall verlangte Teamarbeit schafft bloß oberflächliche Gruppenerfahrungen und verhindert die Entwicklung persönlichen Verantwortungsgefühls. Es handelt sich bei den Projektgruppenerfahrungen um bloß vorgetäuschte Gemeinschaftsformen. Das Scheitern wird tabuisiert, aber schon im mittleren Alter breitet sich ein massives Gefühl der Resignation, eine tiefsitzende Müdigkeit aus, so dass die flexiblen Projekte möglichst auf Mitarbeiter über 35 verzichten. Es empfiehlt sich daher, im Grunde schon in dem Alter, in dem Leistungssportler aufhören müssen, für die Zukunft vorgesorgt haben. Andernfalls hat man mit Altersarmut zu rechnen. Familienstrukturen werden durch den erzwungenen Ortswechsel bei der Annahme neuer Arbeiten gefährdet und teilweise zerstört (Sennett 2010).

Die modernen Sozialwissenschaften zeichnen sich durch eine strukturfunktionalistische Perspektive auf individuelle Prozesse aus. Hier ist im psychologisch-psychiatrischen Kontext ein *Caveat* zu beachten: Die beschriebenen Phänomene mögen mit Stress und Druck zu tun haben, beides aber wirkt nur bei einer Teilmenge der Individuen krankheitserzeugend. Es gibt durchaus andere, die unter Entscheidungs- und Verantwortungsdruck geradezu aufblühen und ihr genuines Betätigungsfeld finden. Die sozialwissenschaftliche Perspektive geht also auch dort, wo sie Wirkungen auf Individuen beobachtet, generalisierend vor, während die Psychiatrie ja eher fallbezogen und individualisierend ausgerichtet sein muss. Es wäre ein Fehlschluss, wenn meine kritischen Überlegungen so verstanden würden, dass aus den von mir beschriebenen Belastungen direkt alle möglichen pathologischen Konsequenzen abgeleitet werden könnten. Es handelt sich vielmehr um ein methodologisches *non sequitur*. Individuen reagieren verschieden auf die im Prinzip gleichartigen Bedingungen, einige adaptieren besser als andere. Dort, wo die eher populärwissenschaftlich ausgerichtete qualitative Sozialdiagnose von Richard Sennett vor allem Leiden und Probleme aufzeigt, analysiert die wissenschaftlich differenziertere eher Veränderungsprozesse, ohne dass sich daraus notwendigerweise depressive Leidensformen ergeben würden. Vor allem Martin Dornes hat drei Dinge aufgezeigt: Erstens besagt der Anstieg psychischer Krankheitsdiagnosen nicht, dass diese Erkrankungen tatsächlich zugenommen hätten. Was sich verändert hat, ist die öffentliche Aufmerksamkeit und die Häufigkeit von gefühlten Störungen (Dornes 2016, S. 32). Hier ist ein früher vorhandenes Dunkel aufgehellt worden. Zweitens ist die breite öffentliche Zustimmung zu der sogenannten Überanstregungstheorie, die kapitalistische Leistungsgesellschaft erzeuge Depressionen, unterkomplex und oberflächlich. Der häufigste Auslöser von Depressionen ist nach dem aktuellen Diskussionsstand eher der Verlust der Unterstützung von Partnerseite (Dornes 2016, S. 62). Es handelt sich um einen Attributionsfehler, dies einer Arbeitsüberlastung zuzuschreiben. Drittens scheint es trotz breitflächig besserem Gesundheitszustand und der gegenüber den Wirtschaftswunderjahren im vorigen Jahrhundert deutlich gestiegenen Lebenserwartung eine Art Nostalgie nach jenen zwar hektischen und gefährlichen (Smog, üble Wohnverhältnisse, politische Spannungen am Rande des Atomkriegs, Prügel und Ohrfeigen in der Erziehung, kaum Aufstiegsmöglichkeiten für Arbeiterkinder und junge Mädchen) Jahren als eine Art goldene Zeit zu geben (Dornes 2016, S. 88). Die selektive Vergangenheitswahrnehmung selbst bei angesehenen Soziologen (z.B. Streeck 2013, S. 87) hat zu einer solchen Fehlsichtigkeit wohl entscheidend beigetragen.

Viele nutzen längst die neuen Optionen, um durch flexiblere Formen der Arbeitsorganisation Zeit für die eigenen Interessen zu gewinnen. Dadurch entstehen natürlich neue Risiken, für deren Bewältigung trainiert werden muss (Dornes 2016. S. 107f.). Das steigende Interesse auch von Männern an der temporären Freistellung für mehr Zeit mit den Kindern zeigt die Potentiale dieser Entwicklung, die aber in der Tat permanent durch höhere Unsicherheit bezahlt wird. Bis in die 60er Jahre des 20. Jahrhunderts gab es in den Geisteswissenschaften nur Lehramtsstudiengänge sowie die wissenschaftliche Orientierung auf eine Hochschullaufbahn. Mit der damaligen Einführung der Magisterstudiengänge und der gleichzeitigen massiven Ausweitung der Studierendenzahlen wurden vielfältige Befürchtungen zukünftiger Arbeitslosigkeit und verlorener Generationen verbunden. Jede Geisteswissenschaftlerin wusste nach dem Studium: den Beruf muss man sich sich selbstständig suchen, aber fast alle haben seit den inzwischen verstrichenen über 40 Jahren eine der eigenen Qualifikation angemessene Tätigkeit gefunden. Das war in der sogenannten Baby-Boom-Generation der Nachkriegszeit auch gar nicht anders möglich. Es hat sich gezeigt, dass eine Ausweitung der Konkurrenz innerhalb einer Generation auch eine Ausweitung der wirtschaftlichen Gesamttätigkeit bewirkt und dadurch den Raum für neue Ideen und Optionen öffnet, während bei der Einführung dieser Studiengänge die Diskussion sich an den damals vorhandenen Arbeitsplätzen orientierte, von denen man glaube, dass sie irgendwie unter der wachsenden Zahl von Bewerberinnen aufgeteilt oder verteilt werden müssten.

Gerade die ideengeschichtliche Betrachtung dieser Öffnung des akademischen Studiums in die Breite und ins Ungewisse zeigt, dass die wachsenden Optionen auch neue, robustere Mentalitäten des Umgangs mit ihnen schaffen. Die Soziologie hat die Massenarbeitskräfte der 50er und 60er Jahre des vorigen Jahrhunderts als Organisationsmenschen beschrieben, die in starren und vorgegebenen Strukturen agieren und sich an diese gewöhnt haben. Sie waren es gewöhnt, ihre Angelegenheiten nicht selber in die Hand zu nehmen, sondern sich durch Großorganisationen wie Gewerkschaften und Parteien „von der Wiege bis zur Bahre", wie es damals hieß, vertreten zu lassen. Die menschlichen Fähigkeiten vieler schienen dadurch unterfordert zu sein. Die neuen Optionen der von Ulrich Beck so genannten Risikogesellschaft haben die bei vielen verkümmerten Fähigkeiten zur Eigeninitiative und Selbstorganisation herausgefordert und reaktiviert, auch wenn der Umstellungsprozess viele Jahre gedauert hat und viele gewohnte Bequemlichkeiten erschüttern musste. Viele Bergarbeiter und Stahlwerker im Ruhrgebiet und Saarland haben nach den dortigen Betriebsschließungen ein beschauliches Leben als Taubenzüchter bei auskömmlichen Übergangsgeldern einer beruflichen Neuorientierung vorgezogen, wenn diese mit einem Ortswechsel und der Arbeit in anderen Industrien verbunden gewesen wäre. Der österreichische Bundeskanzler Christian Kern hat noch 2016 darauf hingewiesen, dass dies der implizite Sozialvertrag des Globalisierungsprozesses gewesen sei: die Globalisierungsverlierer werden großzügig aus Geldern der Allgemeinheit, sei es aus Steuern oder aus den Sozialversicherungen abgefunden, weil andernfalls gewalttätige Massendemonstrationen befürchtet wurden.

Die seit zehn Jahren eingeführten wieder stärker direkt berufsorientierten Bachelor- und Masterstudiengänge scheinen eine Antwort auf das stärkere Sekuritätsbedürfnis von Sozialaufsteigern zu sein, die die einmal erreichten Positionen und Standards gerne auch für ihre Kinder und Enkel behaupten möchten. Als diese Studiengänge bis 2006 flächendeckend eingeführt wurden, waren die Hochschulministerien stark sozialdemokratisch geprägt, von einer Partei also, die sich den sozialen Aufstieg als wesentliches Ziel vorgenommen hatte. Die studierenden Kinder und Enkel sozialdemokratischer Babyboomer sind inzwischen kaum mehr Mitglieder dieser Partei, die Mitgliederzahl insgesamt ist von fast einer Million in den siebziger Jahren des 20. Jahrhunderts auf um die vierhunderttausend zurückgegangen. Viele Studierende, besonders die Aktivisten in den Fachschaftsräten, setzen sich inzwischen wieder für das freie, nicht berufsorientierende Studium zu Bildungszwecken ein und wenden sich gegen derartige Formen paternalistischer Bevormundung. Die Ideengeschichte der Überforderungsdiagnostik beginnt mit Erich Fromms „Die Furcht vor der Freiheit" (1941/1998) über Arnold Gehlen, Luhmann und Habermas bis zu Alain Ehrenberg (1998) und zeigt, dass hier ein hoher wissenschaftlicher Aufklärungs- und Überprüfungsbedarf besteht.

4.5 Eine Zukunft der Globalisierung?

Der Globalisierungsprozess hält immer wieder inne, legt protektionistische Pausen ein. Heute allerdings ist ein großer Krieg der führenden Wirtschaftsnationen untereinander nicht mehr zu erwarten. Selbst ihr Protektionismus ist durch Einsicht und Konsens unter einen Begrenzungsdruck geraten. Die erfolgreiche Krisenbewältigung wird davon abhängen, ob ein durch den spontanen Nationalismus vieler Politiker ständig möglicher protektionistischer Rückfall wie in den dreißiger Jahren des 20. Jahrhunderts auch weiterhin vermieden werden kann. Unter dieser Voraussetzung wird die Entwicklung zu immer offeneren Märkten weitergehen. Dann wird vor allem der Aufstieg Chinas und in Ansätzen auch Indiens zu führenden Wirtschaftsnationen sich fortsetzen, die wie vor ihnen Deutschland, Japan, Hongkong, Taiwan oder Singapur auf dem Weg über den Weltmarkt und den Export den Aufstieg in einem Prozess der nachholenden Entwicklung geschafft haben. Zurückbleiben werden innerhalb unserer Gesellschaften diejenigen, die nicht die notwendige hayekianische Als-Ob-Mentalität zu entwickeln in der Lage sind, die dem Handelsgeist sich verschließen und das gute Leben eher in der Muße und schicksalsergebenen Gelassenheit sehen wie einst die Untertanen der diktatorischen Großreiche, über deren Wirtschaftssysteme sich ein Leichentuch der Untätigkeit und Ineffizienz gelegt hatte.

Die neukantianische Einsicht in die Unvermeidlichkeit und zugleich Sinnlosigkeit dieses Als-Ob ist eine paradoxale Haltungsleistung, die den heutigen Wirtschaftsbürgern abverlangt wird: Wider bessere Einsicht, in sich widersprüchlich und doch unvermeidlich. Max Weber hat diesen Typus einer pessimistisch-tragischen Weltsicht an der Jahrhundertwende vom 19. zum 20. Jahrhundert vorausgedacht. Er hatte den damaligen Globalisierungsprozess vor Augen, der uns bürgerlicherseits als *Belle Epoque* mit dem Bauboom der heute Jugendstilhäuser genannten Bürgerhäuser in den großen Städten zwischen dem Nordkap und Kairo, zwischen Sankt Petersburg und Dublin wenigstens in Teilen erhalten geblieben ist, und der auf der Seite der Arbeitenden die Slums und Massenquartiere an den Stadträndern hervorgebracht hat, wie sie heute in den Ländern der nachholenden Entwicklung weiterhin charakteristisch sind. Das späte 19. Jahrhundert stand unter dem Zeichen einer Philosophie des Fortschritts, was die technische Vervollkommnung und die wirtschaftlichen Perspektiven anging, und zugleich des Pessimismus, was die Entwicklung der menschlichen Möglichkeiten betraf. Diese Mischung aus Fortschrittsdenken, Weiterentwicklung und pessimistischem Grundgefühl ist wohl auch in Zukunft die einzig angemessene Weise des Umgangs mit den Entwicklungsprozessen. Dafür spricht schon ein fundamentaler philosophischer Grund. *Technisch-praktische Weiterentwicklungen* sind immer denk- und vorstellbar und auch realisierbar. Ein *menschlicher Fortschritt* aber im Sinne einer moralischen Höherentwicklung oder Vervollkommnung war immer nur ein Traum von Utopisten oder Fanatikern, die beim Versuch der Realisierung ihre Unmenschlichkeit umso deutlicher gezeigt haben: denn es setzt eine grundlegende Inhumanität voraus, von jeder Einsicht in reale Verhaltensweisen zu abstrahieren und ein rein pädagogisches Konzept der zwangsweisen Veränderung durchsetzen zu wollen. Der Verbesserungswille gegenüber den wirklichen Menschen ohne Einsicht in die *conditio humana* ist der Hauptfehler der großen Erziehungsdiktaturen des 20. Jahrhunderts gewesen. Auch die Umerziehung zum Hayekschen Wirtschaftsbürger trägt Züge eines solchen Projekts. Es wird immer Mitglieder unserer Gesellschaft geben, welche diese Mentalität, sei es aus einem elementaren Ruhebedürfnis, sei es aus philosophischen Erwägungen oder auch psychischer Einsicht in das eigene Wesen und das Wesen der Mitmenschen, für sich selbst oder für andere ablehnen werden. Die Gesellschaft wird, wenn sie demokratisch und liberal bleiben will, gerade auch diesen Einzelnen und Gruppen ein angemessenes Leben ermöglichen müssen: nicht nur eine ausgegrenzte Randexistenz. Denn alle Stimmen sind in einer Demokratie gleich, und auch eine breite Schicht ohne den Drang nach permanenter ökonomischer Selbstverwirklichung wird von den Vorzügen einer demokratischen Gesellschaft nicht ausgeschlossen werden dürfen und können.

Ein sozialphilosophischer Pessimismus vom Typus des Denkens der vorigen Jahrhundertwende kann durchaus als eine menschenfreundlichere Herangehensweise gelten als der alles niedertrampelnde Fortschrittsoptimismus des wilhelminischen „Ich führe euch herrlichen Zeiten entgegen", das ja nicht erst aus dem Rückblick dumm und abstoßend wirkt. Die menschlichere Zukunft jedenfalls gehörte nicht dem kalten Optimismus, der über Leichen ging, sondern einer pessimistischen Weltsicht, wie sie sich von Arthur Schopenhauer bis Max Horkheimer als eine kritisch-humane Minderheitsströmung erhalten hat. Es gehört zu den wesentlichen Einsichten des amerikanischen Theologen Reinhold Niebuhr, dass es eher die anthropologischen Pessimisten waren, welche die Humanität respektiert haben, während die großen Veränderungsversuche der menschlichen Natur mit Zwang, Despotismus und den Katastrophen des Scheiterns verbunden waren (vgl. Niebuhr 2002). Allein ein zivilisierter Umgang und zivile Umgangsformen werden es ermöglichen, in einer hektischer gewordenen Welt hypertrophierter Renditeerwartungen noch Haltung zu bewahren. Und es gehört zu den Einsichten des Göttinger Theoretikers Helmut Plessner, dass die *Conditio Humana* auf solche Haltungen angewiesen bleibt, weil sonst die Barbarei freie Bahn hätte (vgl. Plessner 1981).

4.6 Lassen sich Rawls' Prinzipien global anwenden?

Einige Schüler von Rawls haben den Versuch unternommen, seinen auf den Nationalstaat zugeschnittenen Ansatz radikal universalistisch zu fassen, also internationale Gerechtigkeit auf der Basis einer universalistischen Moralität zu entwickeln. Am Beispiel einiger Überlegungen von Thomas Pogge, der in diesem Feld eine prominente Rolle spielt, will ich mich kritisch mit solchen Ansätzen auseinandersetzen (vgl. Pogge 2001).

Das Kernargument, welches Pogge zur Begründung von weltweiten Umverteilungsforderungen vorträgt, beruft sich auf die bittere Armut und das Elend, in dem ein erheblicher Teil der Weltbevölkerung lebt. Direkt aus dieser Armut leitet Pogge die Verpflichtung zur Hilfe ab. Auf der *Begründungsseite* verzichtet Pogge auf jeden Zwischenschritt.

Auf der *Verteilungsseite* allerdings geht er jedoch vollkommen entgegengesetzt vor. Die umzuverteilenden Mittel werden keineswegs an die Bedürftigsten und am meisten Notleidenden ausgeteilt, sondern vielmehr nach politischen Kriterien: Das Rohstoff- und Kreditprivileg soll allein demokratischen Regierungen zustehen, weil demokratischer politischer Wettbewerb eher die Aussicht bietet und den Politikern einen Anreiz gibt, auch die Interessen der Armen zu berücksichtigen. Hier entsteht ein Problem, denn gerade die ärmsten Länder sind nicht demokratisch. Fördergelder würden also nicht ihnen, sondern den etwas reicheren, den etwas besser gestellten zufließen. Dafür mag es einleuchtende politische wie wirtschaftliche Gründe geben. Aber diese sind pragmatischer Natur und tendieren dazu, innerhalb einer als moralisch auftretenden Argumentation das unmittelbare Gerechtigkeitsempfinden zu verletzen. Mit einem appellativen *moralischen* Argument wird eine Hilfe gefordert, zugleich aber mit – keineswegs unberechtigten – *politischen* Überlegungen den Ärmsten der Armen die Hilfe gerade vorenthalten. Das politische Ausführungsargument zieht damit dem Begründungsargument den Boden unter den Füßen weg.

Mir scheint zwischen diesen beiden Argumenten eine Lücke zu klaffen. Als Aufforderung zur Umverteilung wird die unmittelbare Evidenz des Elends benutzt. Ein Empathieargument soll eine beinahe realpolitisch gedachte Klugheitsstrategie tragen. Die Verteilung selbst aber wird nach einem deutlich abstrakteren Kriterium vorgenommen. Selbstverständlich ist zuzugestehen, dass hier eine zweistufige Argumentation vorliegt, die zwischen einer prinzipiellen Begründung und der pragmatischen Ausführungsebene differenziert. Aber diese Differenzierung darf nicht so weit gehen, dass die Ausführung so weit von der Begründung entfernt liegt.

Ich denke, dass der Begründungstyp, auf das unmittelbare Elend zu verweisen, allein ein Argument tragen kann, welches die unmittelbare Nothilfe erfordert. Unter unmittelbarem Elend soll solches verstanden werden, das in der Perzeption der internationalen Öffentlichkeit auf plötzlich, nämlich katastrophisch eingetretene Ursachen zurückgeführt wird. Dauerhaftes Elend, das strukturelle und langfristig abzusehende Ursachen hat, kann dagegen normalerweise nur durch strukturell ansetzende Maßnahmen in hilfreicher Weise bekämpft werden. Die unmittelbare Nothilfe, wie sie in der Tat weltweit bei Hunger-, Flut- und ähnlichen Katastrophen geleistet wird, halten wir, und das ist ein wesentliches Unterscheidungsmerkmal zu strukturellen Fragen, sogar dann für geboten, wenn die Regierung des betroffenen Landes ihrerseits wenig zur Unterstützung der eigenen Landsleute unternimmt, sondern stattdessen ihre Mittel vorrangig für Rüstungsgüter verwendet und von den Hilfsorganisationen oftmals noch Wegzölle verlangt. Die Evidenz der unmittelbaren Verursachung überlagert alle diese kritischen Fragen und darf dies aus moralischen Gründen auch tun.

Die Perzeption der internationalen Öffentlichkeit, die im Wesentlichen eine der Medien ist, mag moralisch fragwürdig erscheinen, muss an dieser Stelle aber erwähnt werden, weil man andernfalls argumentieren könnte, auch die Folgen einer Katastrophe, z.B. eines Erdbebens oder einer Flutwelle, hätten von vornherein geringer sein können, wenn die Verwaltung bei den Baugenehmigungen sorgfältiger gewesen wäre. Genau dieser Typ von oftmals durchaus berechtigten kritischen Erwägungen verstummt aber im Augenblick der unmittelbaren Katastrophe, weil die Nothilfe derartige Fragen nicht stellt und auch nicht stellen sollte. Für die auf Dauer gerichtete Strukturhilfe dagegen ist die Etablierung nicht nur eines demokratischen Systems, sondern darüber hinaus auch einer funktionierenden Verwaltung unabdingbar, d.h. dann werden jene häufig peinigenden und unangenehmen Erwägungen für die Vorgehensweise sogar entscheidend.

Eine Nothilfe dagegen wird immer nur *kurzfristig* möglich sein und kann auch nur für akute Fälle gerechtfertigt werden, weil sie, auf Dauer gestellt, dazu beitragen kann, unhaltbare Zustände zu perpetuieren. Wenn *mittelfristig* geholfen werden soll, müssen andere Begründungen herangezogen werden. Hier geht es dann um *Projekte* der Entwicklungspolitik, um den Einsatz für die Rechte der Frauen, für transparente Gerichtsverfahren und ähnliches.

Der Bereich jedoch, um den es einem postrawlsianischen Globalisierungsethiker wie Thomas Pogge geht, ist nicht der kurz- und mittelfristige, sondern der *langfristig* gedachte. Sein Ansatz besteht darin, institutionelle Grundregeln zu definieren, die die Eigentumsrechte, die Kooperation, den Austausch und insofern die Bedingungen der Produktion und Verteilung regeln (Pogge 1992, S. 56). Es geht also um die ökonomischen Grundregeln, die der Produktion und Verteilung noch vorausliegen. Anders ausgedrückt: Weder ein angenommenes fertiges Produkt noch vorher schon besessene Ressourcen sollen umverteilt werden. Vielmehr geht es um die gerechte Gestaltung des Institutionengefüges, das die Grundlage zukünftiger Produktion und Distribution darstellt. Die Ungerechtigkeit bestünde dann weniger darin, dass die einen reich und die anderen arm sind, sondern nur darin, dass Institutionen falsch gestaltet sind, so dass Menschen unter Verhältnissen leben müssen, die weder sie sich selber noch andere ihnen wünschen können. Die Institutionen des globalen Austausches sind ungerecht, wenn sie den Ärmeren die wirtschaftliche Entfaltung aus eigener Kraft nicht oder nicht hinreichend ermöglichen.

Der Kern meiner kritischen Anfrage an diese Art von Überlegungen besteht in der These, dass die Forderung nach einer Änderung des Institutionengefüges einer politiktheoretischen und wirtschaftstheoretischen Begründung bedarf, weil sie auf langfristige und nachhaltige Wirkungen zielt (Thiel 1999). Ein moralisches Evidenzargument dagegen ist angemessen nur für die Begründung und Motivation von Nothilfe und karitativen Hilfeleistungen, weil hier die Tatsache der unmittelbaren Hilfe, die möglichst direkt zu den Betroffenen gebracht wird, zählt. Soll aber langfristig geholfen werden, Notsituationen möglichst schon vorgebeugt werden etc., ist die Zwischenschaltung einer stichhaltigen politischen und Wirtschaftstheorie nötig, die gerade auch nichtevidente Faktoren der Verursachung einbeziehen müsste. Die allererste moralische Verpflichtung bestünde hier, so seltsam das auch klingen mag, in der Verpflichtung zu einer richtigen und permanent in ihren Details korrigierbaren Wirtschafts- und Politiktheorie. Moralische Unmittelbarkeit dürfte in diesem komplexen Feld dagegen eher zu Fehlverhalten führen.

Wenn die Weltbank recht hat mit ihrer These, die globale Armut sei im Wesentlichen auf schlechtes Regieren in den betroffenen Ländern zurückzuführen (zuerst im Weltentwicklungsbericht 1997 prominent vertreten), dann ergibt sich daraus die klassische politische Frage nach der richtigen Ordnung. Und das ist in erster Linie keine moralische, sondern eine theoretische Frage. Werden Hunger und Armut durch Kapitalismus und Marktwirtschaft verursacht oder herrscht Hunger nicht umgekehrt gerade dort, wo diese beiden sich noch nicht hinreichend entfaltet haben? Der *tiermondistische* Diskurs setzt die erste Antwort, der freihandelsliberale Diskurs die zweite Antwort voraus. Beide haben gegensätzliche moralische Implikationen und auch praktische Folgerungen. Ohne dass man eine überzeugende Antwort auf diese Frage gefunden hätte, sind moralische Verpflichtungsdiskurse nicht besonders sinnvoll. Jedenfalls solange es um aktivistische Optionen geht. Der freihandelsliberale Diskurs allerdings enthält noch eine nichtaktivistische Handlungsoption: nichts zu tun, keine Verpflichtung zu konstatieren, also dem Konzept der negativen Freiheit zu folgen. Ein Liberaler könnte also ebenso gut sagen: besser keine Verpflichtung annehmen als eine falsche. Die Etablierung eines Institutionenkorsetts, das nicht entwicklungsfördernde, sondern gegenteilige Wirkungen hätte, würde die Situation sogar noch verschlimmern. Entsprechende Versuche sind immer wieder unternommen worden, zuletzt mit dem UNESCO-Projekt einer Weltinformationsordnung im Geist der siebziger Jahre. Eine entsprechende freihandelsliberale Konzeption wird z.B. von Robert Nozick vertreten. Aus individualistischer Perspektive bestreitet er, dass es eine sinnvolle zentrale Verteilung und eine Gruppe geben könnte, die berechtigterweise in Anspruch nehmen könnte, Umverteilungen vorzunehmen. Ein Gegenkonzept zu diesem radikalen Individualismus wäre ein kommunitarisches Denken, das eine Rangfolge abnehmender Verpflichtung zwischen der eigenen engeren Umgebung und Menschen in weiter entfernten Ländern annehmen würde.

Ein dritter Weg der Argumentation wäre rawlsianisch-vertragstheoretisch. Jedes vertragstheoretische Argument setzt einen Kooperationszusammenhang voraus, in den Leistungen eingegangen sind, die dann nach gerechten Maßstäben verteilt werden müssen. Man könnte diesen Kooperationszusammenhang im Vorliegen einer weltweiten Weltwirtschaftsordnung sehen, die mindestens zwei Merkmale aufweise, von denen man behaupten könne, sie trügen zur globalen Armut bei: das Kreditprivileg und das Rohstoffprivileg. Beide werden von Thomas Pogge definiert als die Verfügungsgewalt der jeweils Regierenden, also auch diktatorischer, unfähiger oder verbrecherischer Eliten über die Ausbeutung von Rohstoffquellen oder den Erhalt von Krediten aus westlichen Ländern. An dieser effektiven Verfügungsgewalt muss sich nicht notwendig etwas ändern, wenn solche Diktatoren Eigentumsrechte an westliche Firmen übertragen. Dies kann vielmehr sogar als charakteristische Gebrauchsform dieses Privilegs angesehen werden. Thomas Pogge bestreitet keineswegs die internen Faktoren, knüpft aber an diese Grundelemente des Weltwirtschaftssystems das Verpflichtungsargument für westliche Länder an.

Die Frage ist jedoch, wie intensiv dieser Kooperationszusammenhang ist, denn die Intensität der Verpflichtung müsste mit der Intensität der Kooperation in einem Zusammenhang stehen. Von vielen afrikanischen Ländern wird gerade der Rückgang der Kooperation, d.h. des Handelsaustauschs zwischen westlichen Ländern und den Ländern Afrikas beklagt. Bestünde ein wirkliches Kooperationsverhältnis, könnte man über Ungerechtigkeiten im Austausch Klage führen und hier ansetzen – wie es einst die alte Arbeiterbewegung und im internationalen Bereich das OPEC-Kartell getan haben. Aber von Austausch und ungerechtem Tausch kann nur dann glaubhaft die Rede sein, wenn überhaupt ein Austausch stattfindet. In den sechziger und siebziger Jahren hatte die sogenannte *dependencia*-Theorie diese Vermittlung geleistet: das geschlossene kapitalistische Welthandelssystem macht durch die Verschiebung der Austauschrelationen zuungunsten von Rohstoffproduzenten die Reichen immer reicher, die Armen immer ärmer, so dass nur derjenige eine autonome Entwicklungschance hat, der sich von der Abhängigkeit abkoppelt und anstelle von Importen lieber selbst Industriewaren produziert. Diese Theorie hat sich als so nachhaltig falsch erwiesen, dass jene Jahrzehnte, in denen sie die Wirtschaftspolitik führender lateinamerikanischer Länder dominiert hatte, als die verlorenen Jahrzehnte betrachtet werden. Später wurde einer ihrer früheren Hauptvertreter, nämlich Fernando Henrique Cardoso, brasilianischer Staatspräsident und vertrat in dieser Funktion das genaue Gegenteil, nämlich einen strikt wirtschaftsliberalen Kurs im Stile von New Labour bzw. der sogenannten „Neuen Mitte“. Selbst die anklagenden Texte von Autoren wie denen des *Third World Project* beklagen nicht mehr die Ausbeutung durch das globale Wirtschaftssystem, sondern im Gegenteil die Tatsache, dass es einige Länder einfach ausschließt, also nicht bereit ist, diese auszubeuten und sie so schutzlos dem Schicksal der Marginalisierung überlässt (vgl. Tetzlaff 2000, S. 34; Menzel 1992; Senghaas 1999).

Das Grundproblem einer globalen Theorie der Gerechtigkeit scheint mir zu sein, *dass sie ihren Universalismus zu pauschal ansetzt*. Verpflichtungen unterliegen aber in der politischen Wirklichkeit immer Abstufungen: von der absoluten Verpflichtung, nicht zu morden, bis zur sehr relativen und datenschutzrechtlich geschützten Auskunftspflicht über die privaten Lebensumstände. Ebenso gibt es Stufen der Hilfe: von der Nothilfe in Katastrophensituationen, bei der Unmittelbarkeit und Schnelligkeit ohne langes Fragen nach Ursachen und genaueren Umständen zählen, über die karitative und projektförmige Aufbauhilfe bis zur grundsätzlichen und langfristigen wirtschaftlichen Umstrukturierung eines Landes, die nicht nur in der Überweisung von Geldmitteln und Gewährung von Krediten bestehen kann, sondern auch und gerade in der Veränderung der politischen und wirtschaftlichen Ordnung sowie der mentalen Modellierung des wirtschaftlichen Handelns, um den Bürgern dieser Länder eine wirkliche Chancengerechtigkeit zu ermöglichen.

Diese Abstufung von direkten bis hin zu sehr mittelbaren und voraussetzungsreichen Verpflichtungsformen lässt sich m.E. wesentlich besser mit einer Theorie des reiterativen Universalismus erfassen, wie sie seit längerem Michael Walzer vorträgt (1990, 1992a; vgl. Reese-Schäfer 2013, S. 338-388). Reiterativer Universalismus heißt Ausprobieren von Regelungen in begrenzten Bereichen, die dann im Erfolgsfalle nach und nach Vorbildcharakter bekommen, von anderen nachgeahmt oder notfalls auch, wie z.B. demokratische Regierungsformen, mit sanftem oder unsanftem Druck gegenüber traditionalen Herrschaftseliten im Interesse der unruhiger werdenden Bevölkerungen durchgesetzt werden müssen. Also keine Gesamtlösungen, sondern gradualistische Verallgemeinerung von patchworkartigen Teilkonzeptionen, die nicht jederzeit gleich den weltweiten Verbindlichkeitsanspruch nach der Art der klassischen Erlösungsdoktrinen erheben. Michael Walzers kommunitarische Vision eines reiterativen Universalismus ist im Übrigen mit einer gradualistischen und nicht a priori weltweit gedachten Strategie vereinbar. Eine universelle Weltordnung, die ein einheitliches Institutionengefüge als richtig und als Entwicklungsvoraussetzung annehmen würde, könnte ja und wird aller Erfahrung nach auch wahrscheinlich auf Irrtümern beruhen oder doch zumindest Irrtümer enthalten. Besser ist es, sich auf Entwicklungsprozesse und Gradualismen zu verlassen sowie regionale Bewährungen und Ausprobieren zuzulassen. Ein regionalistischer Ansatz ist so gesehen immer einem universalistischen Modell überlegen. Selbst wenn man den eigenen Überlegungen eine universalistische Wirtschaftstheorie zugrunde legen würde, müsste man deren wahrscheinliche Fehlerhaftigkeit einkalkulieren, denn eine fehlerfreie Theorie existiert nicht und ist auch in absehbarer Zeit unwahrscheinlich. Deshalb ist man bei ihrer praktischen Umsetzung auch moralisch verpflichtet, dies zu berücksichtigen und Schlupflöcher aus der Universalität offenzulassen. Das entscheidende Argument für den reiterativen Universalismus liegt darin, dass bei widerstreitenden theoretischen Grundmodellen, die radikal gegensätzliche Folgen hätten, einfache moralische Formeln nicht ausreichend sind, sondern offenbar immer alternative Lösungspfade auch gegangen oder zumindest offengelassen werden müssen.

Walzers Regionalismus der konzentrischen Gerechtigkeitssphären mit nach außen hin immer geringer werdendem Verpflichtungsgrad kann als durchaus fair auch und gerade gegenüber den Außenstehenden angesehen werden, solange diese eine eigene Chance erhalten, sich einem erfolgreichen Institutionensystem anzuschließen oder Alternativen auszuprobieren. Ein solcher Anschluss z.B. in Form von Meistbegünstigungsabkommen und Assoziierungen muss möglich sein, und es könnte überlegt werden, ob es eine – moralisch-politische – Verpflichtung zu einer Gewährung der entsprechenden Konditionen gibt. Anders ausgedrückt und an einem kontrovers diskutierten Fall illustriert: Darf man also Drittweltbananen zugunsten von EU-Kolonialbananen den Marktzugang erschweren und ihn sogar teilweise verhindern? Verhindert der Agrarprotektionismus der EU nicht gerade Entwicklungschancen in der Dritten Welt? Die Frage der Gerechtigkeit einer Weltwirtschaftsordnung müsste m.E. sehr viel mehr bei diesen und ähnlichen Formen eines Protektionismus der Reichen gegenüber Entwicklungsländern ansetzen. Gerade der Agrarprotektionismus trifft im Kern die Entwicklungschancen der Landwirtschaft in Drittweltländern. Eine nachhaltige Produktivitätssteigerung der Landwirtschaft ist aber immer der erste und entscheidende Schritt zur eigenständigen ökonomischen Entwicklung – das zeigen die erfolgreichen Modelle.

Eine darüber hinausgehende Verpflichtung z.B. direkter Subventionszahlungen dagegen, wie sie zur Zeit innerhalb der EU zum regionalen Ausgleich geleistet werden, erfordert in der Sprache Walzers die Mitgliedschaft in diesem Club, und es gibt keine Verpflichtung von Seiten des Klubs, sich nach anderen als seinen eigenen Kriterien und Interessen nach außen zu öffnen.

Ich komme nach diesen Überlegungen zu dem Ergebnis, dass der institutionelle moralische Universalismus keineswegs dem reiterativen Universalismus Michael Walzers überlegen ist. Seltsamerweise scheint er aber auch gegenüber Nozicks Position des moralischen Individualismus und der fehlenden universellen Umverteilungsverpflichtung keine wirklich durchschlagenden Argumente zu haben. Der dritte Weg des globalen Rawlsianismus verläuft möglicherweise gar nicht zwischen dem kommunitarischen Denken und dem Individualismus in der Mitte hindurch, sondern verzichtet auf Vorzüge beider zugunsten einer offenbar ja weltweit gedachten institutionellen Regelung. Könnte es vielleicht sein, dass ein kommunitarisches Denken im Stile Walzers und ein Individualismus des nozickschen Typus über mehr Gemeinsamkeiten verfügen als ein Universalismus der gesamtinstitutionellen Regelungen?

5 Schluss

Das Verlangen nach politischer Ethik impliziert immer auch den Wunsch nach Eindeutigkeit. Schon das Kapitel über die Lüge in der Politik hat gezeigt, dass es so einfach nicht ist. Der Realitätstest politischer Ethik relativiert viele scheinbar klare Begriffe. Damit verschwinden die Optionen des Normativen aber keineswegs aus der Wirklichkeit. Insbesondere der Abschnitt über die Menschenrechtsentwicklung und die Antisklavereibewegung hat gezeigt, dass beharrlich vorgetragene Ideen nachhaltige und umwälzende Effekte haben können. Ich meine sogar gezeigt zu haben, dass dies durchaus gegen starke ökonomische Interessen möglich ist. Es gibt aber auch andere Interpretationsversuche. Es zeigt sich auch, dass ein Radikaldemokratismus der reinen Mehrheitsentscheidung seine Tücken und Probleme hat, weil sich dadurch eine Spannung zu den Interessen von Individuen ergibt. Jedes einzelne Individuum ist immer in der Minderheit, wenn es auch nur ein wenig auf seiner Individualität beharrt und vom Hauptstrom abweicht. Das Kapitel über Verstehen und Verständigung zeigt darüber hinaus, in Fortsetzung der Diskursethik von Jürgen Habermas und Karl-Otto Apel, dass die sanfte Macht der Verständigung, Überredung und der politischen Hermeneutik eine wesentliche politische Rolle spielt. Reine Macht, die diese Faktoren und Elemente nicht berücksichtigt, steht ständig in der Gefahr, sich festzufressen und in Gewaltform überzugehen. Die anschließend diskutierten Globalisierungsfragen münden wieder in eine Betrachtung der Wirkungen auf das Individuum, präziser gesprochen, auf verschiedene Typen von Individuen mit unterschiedlichen Fähigkeiten und Bedürfnissen. Auch hier ergibt sich, dass es nicht eine, weder neoliberale noch linkskritische Lösungsstruktur geben kann. Auch ein Liberalismus z.B. hayekschen Typus arbeitet ganz bewusst mit einem massiv autoritären Druck auf die Individuen, sich Marktansprüchen zu unterwerfen und sich in ihrem Verhalten anzupassen. Diese Diskussion habe ich bis hin zu der Frage getrieben, ob Kapitalismus krank macht. An anderer Stelle habe ich diesen Punkt noch vertieft (Reese-Schäfer 2015). Das hier vorliegende Buch ist kein theoretisches Werk – für die abstrakten Grundlagenfragen verweise ich auf meine *Grenzgötter der Moral. Der neuere europäisch-amerikanische Diskurs zur politischen Ethik* (Reese-Schäfer 2013). Hier ging es um die reflektierte Diskussion von Ethikansprüchen und Moralforderungen innerhalb einer politischen Wirklichkeit, in welcher diese notwendigerweise auch immer Mittel und Werkzeuge des politischen Kampfes werden, ohne das immer bereitwillig zuzugeben. Ethik und Moral stehen weder über noch außerhalb des Politischen, sondern sind mit diesem unzertrennbar verwoben. Die Isolation des Ethischen macht nur Sinn in der Sondersituation eines Seminarzusammenhangs und wird dort leicht zum scholastischen Exerzitium. Aus diesem Grunde habe ich bei der Behandlung der von außen so wenig transparenten Gewissensfrage sehr viel Wert gerade auch auf die Details, die Farbigkeit der Situationsanalyse und Situationsbeschreibung gelegt, die durch die Fleißarbeit eines glänzenden Journalisten, nämlich Volker Zastrow, dem Analytiker so offen zugänglich war, wie dies sonst nur in sehr gründlichen Gerichtsverhandlungen möglich ist.

Mein erster Versuch aus dem Jahre 2013, parallel zum Theorieentwurf zugleich auch Studien zu einer praxisorientierten politischen Ethik vorzulegen, war noch nicht wirklich gelungen. Ich hoffe in diesem zweiten, im Umfang fast verdoppelten Entwurf in dieser Frage deutlich weitergekommen zu sein, auch wenn ich jederzeit und weiterhin vor der Illusion allzu einfacher und direkter Lösungen und Handlungsanweisungen nachdrücklich warnen muss.

Der Verzicht auf jeglichen Normativismus und die vollkommene Beschränkung auf reine Empirie wäre gewiss ein Traum vieler Politikwissenschaftler, und zwar in der ganzen Bandbreite kleinteiliger Projektemacher bis hin zu den linken Anhängern des ebenso antinormativistischen Michel Foucault. Politisch-philosophisch gesprochen würde das zu einer nietzscheanischen Regression führen, weil jenseits von Gut und Böse nur noch der Platz der Macht übrig bleibt, und weil die Welt der Kommunikation, der Verständigung (nach Hannah Arendt ein Kern des gemeinsamen politischen Handelns), der Verträge, des Rechts und insbesondere des Schutzes von Individuen vor der hemmungslosen Machtausübung der Mehrheiten oder anderer starker Kräfte in diesem angeblich wissenden und scheinaufgeklärten Denken keine Rolle spielt.

Eine politische Ethik ohne Normativismus wäre zum Scheitern verurteilt, auch wenn ich diesen Traum verstehen kann, denn der hemmungslose Normativismus und das bedenkenlose Postulieren der Ethiker kostet Nerven, weil das Fordern so billig ist und weil sachangemessene Argumentationen häufig wie ideologisch begründete Beschwichtigungen wirken und es deshalb in der Öffentlichkeit nicht leicht haben. Unsereinen schreckt das nicht mehr, haben wir doch mittlerweile sehr viele kontroverse Debatten erfolgreich bestanden und lassen uns durch moralisierende Aufgeregtheit nicht mehr beeindrucken. Was ausgehend von dieser Erfahrungsbasis möglich bleibt, ist *ein politisch-empirisch informierter, in diesem Sinne aufgeklärter Normativismus*. Politische Theorien ohne empirische Grundlage versickern im reinen Postulieren. In diesem Band ist ein radikal anderer Weg gewählt worden. Die Phänomene selbst werden ernst genommen und entschlossen als Ausgangspunkt jeglicher Argumentation gewählt. Das ist der in diesem Band gewählte Ansatz – oder heute würde man sagen, um auch international verstanden zu werden: *approach*.

Es wäre ein scheinhafter Weg, wenn man normative Forderungen, selbst solche aus der rawlsianisch-habermasianischen Welt, zu dem Nennwert nehmen würde, den diese sich selbst zumessen. Theorien, die dies nicht wissen, bestehen den einst von dem britischen Aufklärer Shaftesbury und seinem deutschen Anhänger Gotthold Ephraim Lessing verwendeten „Probierstein der Lächerlichkeit" *(Test by the ridicule)* nicht.

Auch der politische Realismus, wie ich ihn in der Tradition von Reinhold Niebuhr und Hans Morgenthau verstehe, ist eine normative Theorie. Es handelt sich nicht einfach um die klassische Realpolitik des 19. Jahrhunderts, sondern um eine sehr viel anspruchsvollere Konzeption. Die entscheidende Grundlage ist immer ein fundamentales Verständnis der Mechanismen und Gesetzmäßigkeiten des Politischen selbst, also das wache Bewusstsein, dass ein scheinbar rein moralisches Argument, sobald es die Sphäre des Politischen betritt, dann zum Kampfmittel und Spielball der Politik wird und seine moralische Unschuld und Eigengesetzlichkeit verliert. Dies ist der Punkt, den reine Philosophen noch nie verstanden haben und wohl auch nie verstehen werden. Deshalb werden sie mit dem Postulieren weitermachen und sich in ihrer unpolitischen Unschuld echauffieren über die Boshaftigkeit der Politiker. Diese Verachtung des Politischen wird ihnen heimgezahlt durch Spott und Missachtung, manchmal auch durch schlechtdotierte Einladungen zu Vorträgen, wenn man eine vorübergehende Instrumentalisierung bezahlter Philosophen für sinnvoll erachtet.

Gerade in den USA hat sich die akademische politische Philosophie weit entfernt von den Besonderheiten des Politischen und ergeht sich deshalb in sterilen Selbstbeschäftigungen. In Deutschland haben einige politische Theoretiker demgegenüber immer noch die Komplexität der normativen wie kausalen Beziehungen zwischen Moral und Politik im Blick und lehnen jeden politischen Moralismus, der politische Fragen reduziert auf Angelegenheiten persönlicher Moralität, radikal ab. Grundlegende politische Werte jenseits einer in der aktuellen politischen Ethik vordergründig postulierten Gerechtigkeit bleiben dauerhaft eben auch Fragen der Ordnung, der Stabilität, der individuellen Freiheit und der Toleranz gegenüber abweichen Meinungen. Gerechtigkeit oder Gleichheit im Sinne von John Rawls sind ja keineswegs die einzigen relevanten politischen Werte, und die Reduktion politischer Ethik auf diese Fragen läuft Gefahr, hier ein umverteilendes Dekretionsdenken an die Stelle politischen Verständigungsdenkens zu setzen.

Weiterhin bleiben selbstverständlich Grauzonen zwischen dem Ethischen und dem Politischen. Das kann auch gar nicht anders sein, weil eine reine Politiktheorie nicht einmal von Bertrand de Jouvenel erfolgreich erdacht werden konnte, und weil eine reine Theorie der politischen Gerechtigkeit, wie der junge Rawls sie entwickelte, mit zunehmender Erfahrung und Lebensspanne von Rawls selbst zu einer politisch-realistischen Konzeption der Bürden der Urteilskraft und damit zu einem grandiosen politisch-pluralistischen Entwurf wurde, welcher der Konzeption, wie ich sie in diesem Band vertrete, sehr nahe steht. Der aktuelle Diskussionsstand der postrawlsianischen politischen Ethik ist leider weiterhin gekennzeichnet durch eine gewisse postulative praxisenthobene Normativität, welcher ich in diesem Band ein hoffentlich stärker überzeugendes, weil realitätsnäheres, Modell entgegensetze.

Die Prämissen der verschiedenen Gerechtigkeitstheorien sind derart hoch angesetzt, dass immer wieder nach einer zweiten, praxisnäheren Ebene gesucht wird, die dann jedoch meist ihrerseits hochkomplex konstruiert wird. Selbst die sogenannten nichtidealen Teile der Theorie werden bislang den Strukturen und Funktionsweisen des Politischen nicht gerecht, auch wenn sie bemüht sind, den Weg zu einer politisch realistischen Ethik zu öffnen. Dieser – beinahe schon verzweifelt – die immer wieder neu auftretenden Löcher und Lücken im System stopfende theoretische Konstruktivismus gerät in letzter Zeit politisch-philosophisch unter immer stärkeren Druck. Die große Zeit der Vorherrschaft des postulativen Konstruktivismus scheint vorbei. In der Erkenntnistheorie äußert sich seit längerer Zeit ein neoklassischer Realismus – vertreten von einer breiten Phalanx von Philosophen, die so unterschiedliche Hintergründe haben wie Charles Taylor, Hubert Dreyfus, Hilary Putnam oder John Searle. In Deutschland vertritt Markus Gabriel diesen neuen Realismus. In der internationalen Politik haben Realisten wie Hans Morgenthau und Reinhold Niebuhr schon mit dem Beginn des Kalten Krieges die Forschung dominiert, als klassischer außenpolitischer Realismus noch auf der Basis anthropologischer Grundannahmen, im Paradigma der internationalen Beziehungen aber zunehmend auch mit systemischem oder strukturalistischem Blick. In seiner *Kritik der politischen Philosophie* hat zuletzt Raymond Geuss ein starkes Plädoyer für die Wiedergewinnung des Realismus in der politischen Philosophie vorgetragen (Geuss 2011).

Derartige systemische Perspektiven auf die Eigengesetzlichkeiten politischer Prozesse, in denen Moraldiskurse zum politischen Werkzeug und zum Spielball werden können, haben auch die Herangehensweise in diesem Band angeleitet. Ist erst einmal dieses moralrealistische Paradigma gewählt und der reine Normativismus der bislang hegemonialen politischen Ethik des im Grunde noch vorpolitischen Frührawlsianismus überwunden, öffnet sich damit auch ein komplexes Feld empirischer Forschungsmöglichkeiten auf der Basis operationalisierbarer Hypothesen. Bislang ist dieses Feld des politisch-moralischen Realismus noch nicht durchparadigmatisiert und deshalb ständig in der Gefahr einer repetitiven ideengeschichtlichen Machiavellismusdiskussion. Das hier vorliegende Buch hat den Sinn, aus dieser doppelten Stagnation von moralpostulativem Idealismus/Konstruktivismus und traditioneller machtpolitischer *Realpolitik* auszubrechen und neue Perspektiven zu öffnen, wenn nicht in Deutschland, wo innovationsfeindliche Gutachterstrukturen nichtdeontologische Ethikansätze gerne bekämpfen, dann in anderen Ländern.

Literatur

Abd El Samad, Hamed. 2010. *Mein Abschied vom Himmel*. München: Knaur.

Adorno, Theodor W. 1969. *Stichworte*. Frankfurt a. M.: Suhrkamp.

Adorno, Theodor W. 1996. *Probleme der Moralphilosophie*. Hrsg. Thomas Schröder. Frankfurt a. M.: Suhrkamp.

Adorno, Theodor W. 2003. Beitrag zur Ideologienlehre. In *Soziologische Schriften I*, ders., 457-477. Frankfurt a. M.: Suhrkamp.

Akerlof, George u. Robert Shiller. 2009. *Animal Spirits. Wie Wirtschaft wirklich funktioniert*. Frankfurt a. M./New York: Campus.

Alemann, Ulrich von u. Rolf Heinze. 1981. Kooperativer Staat und Korporatismus. Dimensionen der Neo-Korporatismusdiskussion. In *Neokorporatismus*, Hrsg. Ulrich von Alemann, 43-61. Frankfurt a. M./New York: Campus.

Anechiarico, Frank und James Jacobs. 1996. *The Pursuit of Absolute Integrity. How Corruption Control makes Government ineffective*, Chicago u. London: University of Chicago Press.

Arendt, Hannah und Martin Heidegger. 1998. *Briefe 1925-1975*. Frankfurt a. M.: Klostermann.

Arendt, Hannah. 1964. *Eichmann in Jerusalem: Ein Bericht von der Banalität des Bösen*. München: Piper.

Arendt, Hannah. 1971. *Wahrheit und Lüge in der Politik*. München u. Zürich: Piper.

Arendt, Hannah. 1986. *Elemente und Ursprünge totaler Herrschaft*. München: Piper.

Arendt, Hannah. 1996. *Ich will verstehen*. München: Piper.

Arens, Edmund, Hrsg. 1989. *Habermas und die Theologie. Beiträge zur theologischen Rezeption, Diskussion und Kritik der Theorie kommunikativen Handelns*. Düsseldorf: Patmos.

Aristoteles. 1989. *Politik. Schriften zur Staatstheorie*. Hrsg. u. übers. von Franz F. Schwarz. Stuttgart: Reclam.

Aristoteles. 2001. *Nikomachische Ethik*. Hrsg. von Rainer Nickel. Düsseldorf u. Zürich: Artemis & Winkler.

Bagehot, Walter. 1999 [1873]. *Lombard Street. A Description of the Money Market*. New York: Wiley.
Barthes, Roland. 1964. *Mythen des Alltags*. Frankfurt a. M.: Suhrkamp.
Baurmann, Michael. 200. *Der Markt der Tugend. Recht und Moral in der liberalen Gesellschaft. Eine soziologische Untersuchung*. Tübingen: Mohr Siebeck.
Bayertz, Kurt. 2002. Warum „Selbstaufklärung der Bioethik"? In *Bioethik: Disziplin und Diskurs. Zur Selbstaufklärung angewandter Ethik*, Hrsg. Johann Ach u. Christa Runtenberg, 9-13. Frankfurt u. New York: Campus.
Beck-Bornhold, Hans-Peter. 2003. *Der Schein der Weisen. Irrtümer und Fehlurteile im täglichen Denken*. Reinbek: Rowohlt.
Bellah, Robert (et al.). 1986. *Habits of the Heart. Individualism and Commitment in American Life*. New York: Harper and Row.
Benedikt XVI. 2006. *Glaube und Vernunft. Die Regensburger Vorlesung*. Freiburg (u. a.): Herder.
Berger, Peter, Hrsg. 1999. *The Desecularization of the World. Resurgent Religion and World Politics*. Washington: Ethics and Public Policy Center.
Berman, Paul. 2006. *Idealisten an der Macht. Die Passion des Joschka Fischer*. München: Siedler.
Bloch, Ernst. 1969. *Das Prinzip Hoffnung*. 3 Bd., Frankfurt a. M.: Suhrkamp.
Bohley, Bärbel. 1992. Der fatale Opportunismus des Westens, Deutsche Lebenslügen: Eine Antwort auf Antje Vollmers offenen Brief. *Frankfurter Allgemeine Zeitung* 11 (06).
Bolz, Norbert. 2009. *Diskurs über die Ungleichheit*. München: Fink.
Broder, Henryk M. 2006. *Hurra, wir kapitulieren! Von der Lust am Einknicken*. Berlin: wjs.
Buchanan, Allen. 1989. Assessing the Communitarian Critique of Liberalism. In *Ethics*, 99(4), 852-882.
Buchstein, Hubertus. 2009. *Demokratie und Lotterie. Das Los als politisches Entscheidungsverfahren von der Antike bis zur EU*. Frankfurt a. M.: Campus.
Buck-Morss, Susan. 2011. *Hegel und Haiti. Für eine neue Universalgeschichte*. Berlin: Suhrkamp.
Bührmann, Andrea. 2015. Gender – a central dimension of diversity. In *The Routledge International Handbook of Diversity Studies*, Hrsg. Steven Vertovec, 23-32. London/New York: Routledge.
Butler, Judith. 1991. *Das Unbehagen der Geschlechter*. Frankfurt a. M.: Suhrkamp.
Butler, Judith. 2009. *Die Macht der Geschlechternormen und die Grenzen des Menschlichen*. Berlin: Suhrkamp.
Cassirer, Ernst. 1985. *Der Mythus des Staates. Philosophische Grundlagen politischen Verhaltens*. Frankfurt a. M.: Fischer.
Chamberlain, Huston Stewart. 1904. *Die Grundlagen des 19. Jahrhunderts*. 2. Bd., München: Bruckmann.
Clausewitz, Carl von. 1994. *Vom Kriege*. Frankfurt a. M. u. Berlin: Ullstein.
Claussen, Detlev. 1994. *Was heißt Rassismus?* Darmstadt: Wiss. Buchges.
Conradi, Elisabeth. 2006. Hannah Arendt als Intellektuelle und die Kontroverse um ‚Eichmann in Jerusalem'. In *Die Intellektuellen und der Weltlauf. Schöpfer und Missionare politischer Ideen in den USA, Asien und Europa nach 1945*, Hrsg. Harald Bluhm und Walter Reese-Schäfer, 75-96. Baden-Baden: Nomos.

Constant, Benjamin. 1972. Über politische Reaktion, In *Werke in vier Bänden*, Bd. 3, Hrsg. Axel Blaeschke u. Lothar Gall, 119-202, Berlin: Propyläen.
Cooper, Terry. 1994. *Handbook of Administrative Ethics*. New York: Dekker.
Crouch, Colin. 2009. *Postdemokratie*. Frankfurt a. M.: Suhrkamp.
Dahrendorf, Ralf. 1986. Über den Ursprung der Ungleichheit unter den Menschen. In *Pfade aus Utopia. Arbeiten zur Theorie und Methode der Soziologie*, Hrsg. ders., 352-380. München u. Zürich: Piper.
Denzau, Arthur u. Douglass North. 1994. Shared Mental Models: Ideologies and Institutions. In *Kyklos*, 47(1), 3-32.
Deutsch, Karl. 1954. Cracks in the Monolith. In *Totalitarianism*, Hrsg. Carl J. Friedrich, 313-314, Cambridge/Mass.: Harvard University Press.
Dietz, Simone. 1996. Die Bürgerlichkeit der Vernunft: Orientierung durch Zivilcourage. In *Sich im Denken orientieren. Für Herbert Schnädelbach*, Hrsg. dies. et al., 140-156, Frankfurt a. M.: Suhrkamp.
Dietz, Simone. 2003. *Die Kunst des Lügens. Eine sprachliche Fähigkeit und ihr moralischer Wert*. Reinbek: Rowohlt.
Dobel, Patrick. 1978. The Corruption of a State. In *The American Political Science Review*, 72(3), 958-973.
Dornes, Martin. 2016. Macht der Kapitalismus depressiv? Über seelische Gesundheit und Krankheit in modernen Gesellschaften. Fischer: Frankfurt.
Drescher, Seymour. 2010. *Econocide. British Slavery in the Era of Abolition*. Chapel Hill: University of North Carolina Press.
Eckermann, Johann Peter. 1976. *Gespräche mit Goethe in den letzten Jahren seines Lebens*. Hrsg. Ernst Beutler. München: Dt. Taschenbuch-Verl.
Ehrenberg, Alain. 1998. *Das erschöpfte Selbst. Depression und Gesellschaft in der Gegenwart*. Frankfurt a.M. und New York: Campus.
Ellwein, Thomas. 1983. *Politische Verhaltenslehre*. Stuttgart: Kohlhammer.
Elster, Jon. 1989. *The cement of society. A study of social order*. Cambridge: Cambridge University Press.
Elster, Jon. 2007. *Explaining Social Behavior. More Nuts and Bolts for the Social Sciences*. Cambridge: Cambridge University Press.
Enzensberger, Hans Magnus. 2006. *Schreckens Männer. Versuch über den radikalen Verlierer*. Frankfurt/M. : Suhrkamp.
Etzioni, Amitai. 1988. *Die faire Gesellschaft. Jenseits von Sozialismus und Kapitalismus*. Frankfurt: Fischer.
Etzioni, Amitai. 1995. *Capitol Corruption: The New Attack on American Democracy*. New Brunswick: Transaction Books.
Etzioni, Amitai. 1997. *Die Verantwortungsgesellschaft. Individualismus und Moral in der heutigen Demokratie*, Frankfurt u. New York: Campus.
Etzioni, Amitai. 2004. *From Empire to Community*. New York: Palgrave Macmillan.
Fanon, Frantz. 1969. *Die Verdammten dieser Erde*. Mit einem Vorwort von Jean-Paul Sartre. Reinbek: Rowohlt.
Flaig, Egon. 2014. Die Mehrheitsentscheidung – Ihre kulturelle Bedeutung. In *Erwägen – Wissen – Ethik*, 25(3), 369-381.
Forst, Rainer. 2000. *Toleranz*. Frankfurt a. M.: Campus.
Foucault, Michel. 1969. *Wahnsinn und Gesellschaft*. Frankfurt a. M.: Suhrkamp.

Foucault, Michel. 1973. *Die Geburt der Klinik*. München: Hanser.
Foucault, Michel. 2008. *Die Ordnung der Dinge*. Frankfurt a. M.: Suhrkamp.
Foucault, Michel. 2010. *Überwachen und Strafen*. Frankfurt a. M.: Suhrkamp.
Friedrich, Carl Joachim. 1973. *Pathologie der Politik. Die Funktion der Mißstände: Gewalt, Verrat, Korruption, Geheimhaltung, Propaganda*, Frankfurt u. New York: Herder & Herder.
Fromm, Erich. 1998 (zuerst 1941). *Die Furcht vor der Freiheit*. München: Dt. Taschenbuch-Verlag.
Fukuyama, Francis. 1995. *Konfuzius und Marktwirtschaft. Der Konflikt der Kulturen*. München: Dürer.
Galbraith, John Kenneth. 2008. *Der große Crash 1929. Ursachen, Verlauf und Folgen*. München: FinanzBuch-Verlag.
Gauck, Joachim. 1992. *Die Stasi-Akten. Das unheimliche Erbe der DDR*. Reinbek: Rowohlt.
Gehlen, Arnold. 1983. Über die Geburt der Freiheit aus der Entfremdung. In *Gesamtausgabe. Philosophische Anthropologie und Handlungslehre*, ders., Bd. 4. Frankfurt a. M.: Klostermann.
Geuss, Raymond. 2011. *Kritik der politischen Philosophie*. Hamburg: Hamburger Edition.
Gierke, Otto von. 1954 [1898]. Rechtsgeschichte der deutschen Genossenschaft. In Das deutsche Genossenschaftsrecht, Bd. 1, Hrsg. ders. Darmstadt: Wiss. Buchgesellschaft.
Gigerenzer, Gerd. 2009. *Das Einmaleins der Skepsis. Über den richtigen Umgang mit Zahlen und Risiken*. Berlin: Berliner Taschenbuch-Verl.
Giordano, Ralph. 1987. *Die zweite Schuld oder Von der Last Deutscher zu sein*. Hamburg und Zürich: Rasch u. Röhring.
Glendon, Mary Ann. 1991. *Rights Talk. The Impoverishment of Political Discourse*. New York: Free Press.
Gobineau, Arthur Graf. 1939. Versuch über die Ungleichheit der Menschenrassen. 4 Bde., Stuttgart: Frommann.
Gondorf, Bernard. 1991. *Das deutsche Antisklaverei-Komitee in Koblenz. Eine Episode in der deutschen Kolonialgeschichte*. Koblenz: Landesmuseum Koblenz.
Grewe, Wilhelm. 1984. *Epochen der Völkerrechtsgeschichte*. Baden-Baden: Nomos.
Habermas, Jürgen u. Josef Ratzinger. 2005. *Dialektik der Säkularisierung. Über Vernunft und Religion*, Freiburg: Herder.
Habermas, Jürgen. 1972. Bewusstmachende und rettende Kritik – die Aktualität Walter Benjamins. In *Zur Aktualität Walter Benjamins*, Hrsg. Siegfried Unseld, 173-224. Frankfurt a. M.: Suhrkamp.
Habermas, Jürgen. 1974. *Technik und Wissenschaft als ‚Ideologie'*. Frankfurt a. M.: Suhrkamp.
Habermas, Jürgen. 1981. *Philosophisch-politische Profile*. Frankfurt a. M.: Suhrkamp.
Habermas, Jürgen. 1983. *Moralbewusstsein und kommunikatives Handeln*. Frankfurt a. M.: Suhrkamp.
Habermas, Jürgen. 1988. Der Horizont der Moderne verschiebt sich. In *Nachmetaphysisches Denken. Philosophische Aufsätze*, ders., 11-34. Frankfurt: Suhrkamp.
Habermas, Jürgen. 1988. Die Einheit der Vernunft in der Vielfalt ihrer Stimmen. In *Nachmetaphysisches Denken. Philosophische Aufsätze*, ders., 153-186. Frankfurt a. M.: Suhrkamp.

Habermas, Jürgen. 1991. Exkurs: Transzendenz von innen, Transzendenz ins Diesseits. In *Texte und Kontexte*, Hrsg. ders., 127-156, Frankfurt a. M.: Suhrkamp.
Habermas, Jürgen. 1991a. *Erläuterungen zur Diskursethik*, Frankfurt a. M.: Suhrkamp.
Habermas, Jürgen. 1991a. *Erläuterungen zur Diskursethik*. Frankfurt a. M.: Suhrkamp.
Habermas, Jürgen. 1992. *Faktizität und Geltung. Beiträge zur Diskurstheorie des Rechts und des demokratischen Rechtsstaats*. Frankfurt a. M.: Suhrkamp.
Habermas, Jürgen. 2001. *Glauben und Wissen*. Frankfurt a. M.: Suhrkamp.
Habermas, Jürgen. 2005. Vorpolitische Grundlagen des demokratischen Rechtsstaates. In *Dialektik der Säkularisierung. Über Vernunft und Religion*, Hrsg. Jürgen Habermas u. Josef Ratzinger, 18-37. Freiburg: Herder.
Habermas, Jürgen. 2005a. *Zwischen Naturalismus und Religion: Philosophische Aufsätze*. Frankfurt a. M.: Suhrkamp.
Habermas, Jürgen. 2008. Ein Bewußtsein von dem, was fehlt. In *Ein Bewusstsein von dem, was fehlt. Eine Diskussion mit Jürgen Habermas*, Hrsg. Michael Reder u. Josef Schmidt, 26-36. Frankfurt a. M.: Suhrkamp.
Havel, Vaclav. 1980. *Versuch, in der Wahrheit zu leben*. Reinbek: Rowohlt.
Hayek, Friedrich August von. 1991. *Die Verfassung der Freiheit*. Tübingen: Mohr.
Heidbrink, Ludger. 2011. Verantwortung in Zeiten der Ratlosigkeit. Zur Rolle des Verantwortungsprinzips in Prozessen der gesellschaftlichen Beratung. In *Demokratie – Kultur – Moderne. Perspektiven der politischen Theorie*, Hrsg. Lino Klevesath u. Holger Zapf, 221-236. München: Oldenbourg.
Heidenheimer, Arnold et al. (Hrsg.). 2002. *Political Corruption. A Handbook*. New Brunswick: Transaction Books.
Heise, Arne u. Kathrin Deumelandt, Hrsg. 2015: *Ökonomie und Gesellschaft. Sozialökonomie – ein Zukunftsprojekt*. Marburg: Metropolis.
Heitkamp, Imke. 2007. *Die Entwicklung einer Moderationsmethode für Ethikkommissionen*. Dissertation an der Universität Hamburg.
Herder, Johann Gottfried. 1991. Briefe zur Beförderung der Humanität. In *Werke in zehn Bänden*, Bd. 7, Hrsg. Hans Dietrich Irmscher, Frankfurt a. M.: Dt. Klassiker.
Heuer, Wolfgang. 2002. *Couragiertes Handeln*. Lüneburg: zu Klampen.
Hirschman, Albert. 1987. *Leidenschaften und Interessen. Politische Begründungen des Kapitalismus vor seinem Sieg*, Frankfurt a. M.: Suhrkamp.
Hochschild, Adam. 2006. *Bury the Chains. The British Struggle to Abolish Slavery*. London: Pan Books.
Höffe, Otfried. 1985. *Strategien der Humanität. Zur Ethik öffentlicher Entscheidungsprozesse*. Frankfurt a. M.: Suhrkamp.
Höffe, Otfried. 1988. *Den Staat braucht selbst ein Volk von Teufeln*. Stuttgart: Reclam.
Hollander, Paul. 1998. *Political Pilgrims. Western Intellectuals in Search of the Good Society*. New York: Oxford University Press.
Holmes, Stephen. 1995. *Anatomie des Antiliberalismus*. Hamburg: Rotbuch.
Hondrich, Karl-Otto. 2002. *Enthüllung und Entrüstung. Eine Phänomenologie des politischen Skandals*. Frankfurt a. M.: Suhrkamp.
Horster, Detlef. 2006. *Jürgen Habermas und der Papst. Glauben und Vernunft, Gerechtigkeit und Nächstenliebe im säkularen Staat*. Bielefeld: Transcript.
Howard, Rhoda. 1995. *Human Rights and the Search for Community*. Boulder(COL): Westview Press.

Hume, David. 1988. Über die ursprünglichen Prinzipien der Regierung. In *Politische und ökonomische Essays*, Bd. 1, Hrsg. Udo Bermbach. Hamburg: Meiner.
Huntington, Samuel. 1968. *Political Order in Changing Societies*. New Haven: Yale University Press.
Ignatieff, Michael. 2005. *Das kleinere Übel. Politische Moral in einem Zeitalter des Terrors*. Hamburg u. Berlin: Philo.
Jaspers, Karl. 1983. *Von der Wahrheit*. München u. Zürich: Piper.
Joas, Hans u. Klaus Wiegandt, Hrsg. 2007. *Säkularisierung und die Weltreligionen*. Frankfurt a. M.: Fischer.
Joas, Hans. 1992. Gemeinschaft und Demokratie in den USA. Die vergessene Vorgeschichte der Kommunitarismus-Diskussion. In *Blätter für deutsche und internationale Politik*, 36(7), 859-869.
Jonas, Hans. 1987. ‚Freiheit der Forschung und öffentliches Wohl' – neuartiges Spannungsverhältnis unter hochtechnologischen, kapitalistischen Bedingungen. In *Leben, Wissenschaft, Verantwortung. Ausgewählte Texte*. Hrsg. Dietrich Böhler, 184-200, Stuttgart: Reclam.
Jonas, Hans. 1992. *Das Prinzip Verantwortung*. Frankfurt a. M.: Suhrkamp.
Kalpaka, Annita u. Nora Räthzel. 1990. *Die Schwierigkeit, nicht rassistisch zu sein*. Leer: Mundo.
Kant, Immanuel. 1973. *Kleinere Schriften zur Geschichtsphilosophie, Ethik und Politik*. Hrsg. Karl Vorländer. Hamburg: Meiner.
Kant, Immanuel. 1974. *Kritik der praktischen Vernunft*. Hrsg. Karl Vorländer. Hamburg: Meiner.
Kant, Immanuel. 2003 [1793]. Die Religion innerhalb der Grenzen der bloßen Vernunft, Hrsg. Bettina Stangneth, Hamburg: Meiner.
Kauermann, Göran u. Helmut Küchenhoff. 2011. Nach Fukushima stellt sich die Risikofrage neu. *Frankfurter Allgemeine Zeitung* 13 (3).
Kennedy, John. 1983. *Zivilcourage*. München: Heyne.
Klenner, Hermann. 1977. Menschenrechte im Klassenkampf. In *Einheit*, 6(2), 156-165.
Klenner, Hermann. 1977a. Menschenrechte – Heuchelei und Wahrheit. In *Einheit*, 6(9), 1036-1044.
Koenen, Gerd. 2000. *Utopie der Säuberung. Was war der Kommunismus?* Frankfurt a. M.: Fischer.
Krämer, Walter. 1992. *So lügt man mit Statistik*. Frankfurt a. M. u. New York: Campus.
Krämer, Walter. 1992a. *Statistik verstehen. Eine Gebrauchsanweisung*. Frankfurt a. M. u. New York: Campus.
Kröcher, Renate. 2009. Schwache Vorbehalte gegen Eingriffe *Frankfurter Allgemeine Zeitung* 9 (03).
Kühnlein, Michael u. Matthias Lutz-Bachmann, Hrsg. 2011. *Neue Perspektiven auf das Werk von Charles Taylor*. Berlin: Suhrkamp.
Kymlicka, Will. 1999. *Multikulturalismus und Demokratie. Über Minderheiten in Staaten und Nationen*. Hamburg: Rotbuch.
Kymlicka, Will. 2010. Testing the liberal multiculturalist hypothesis: Normative Theories and Social Science Evidence. In *Canadian Journal of Political Science*, 43(2), 257-271.
Langenthaler, Rudolf und Herta Nagl-Docekal. 2007. *Glauben und Wissen. Ein Symposium mit Jürgen Habermas*. Wien: Oldenbourg.

Leff, Nathaniel. 1964. Economic Development through Bureaucratic Corruption. In *American Behavioral Scientist*, 8(3), 8-14.
Lehmann, Hartmut. 2004. *Säkularisierung. Der europäische Sonderweg in Sachen Religion*. Göttingen: Wallstein.
Lévi-Strauss, Claude. 1980. *Mythos und Bedeutung – Vorträge*. Frankfurt a. M.: Suhrkamp.
Lippmann, Walter. 1945. *Die Gesellschaft freier Menschen*. Bern: Francke.
Loewenstein, Karl. 1937. Militant Democracy and Fundamental Rights, *The American Political Science Review*, Vol. XXXI, 1937, H. 3, S. 417 ff.; Vol. XXXI, 1937, H. 4, S. 638 ff.
Lomborg, Björn. 2006. *The skeptical Environmentalist. Measuring the real State of the World*. Cambridge: Cambridge Unviersity Press.
Luhmann, Niklas. 1980. Wahrheit und Ideologie. In *Soziologische Aufklärung* , Bd. 6, Hrsg. ders., 54-65, Opladen: VS.
Luhmann, Niklas. 1989. *Gesellschaftsstruktur und Semantik*. 4 Bd., Frankfurt a. M.: Suhrkamp.
Luhmann, Niklas. 1989a. Ethik als Reflexionstheorie der Moral. In *Gesellschaftsstruktur und Semantik*, Bd. 3, 358-449, Frankfurt a. M.: Suhrkamp.
Luhmann, Niklas. 1990. *Paradigm Lost: Über die ethische Reflexion der Moral*. Frankfurt a. M.: Suhrkamp.
Luhmann, Niklas. 1992. *Soziologie des Risikos*. Berlin u. New York: de Gruyter.
Luhmann, Niklas. 2008. *Die Moral der Gesellschaft*. Frankfurt a. M.: Suhrkamp.
Luxemburg, Rosa. 2000. Gesammelte Werke: Bd.4 – August 1914 bis Januar 1919. Hrsg. Günter Radczun (et al.). Berlin: Dietz.
Machiavelli, Niccolò. 2007. Discorsi. Gedanken über Politik und Staatsführung. Stuttgart: Kröner.
Maier, Hans. 1997. *Wie universal sind die Menschenrechte?* Freiburg (u. a.): Herder.
Mann, Thomas. 1983. Betrachtungen eines Unpolitischen. In *Gesammelte Werke in Einzelbänden*, Hrsg. Peter de Mendelssohn, Frankfurt a. M.: Fischer.
Margalit, Avishai. 1997. *Politik der Würde. Über Achtung und Verachtung*. Berlin: Fest.
Margalit, Avishai. 2000. *Ethik der Erinnerung. Max Horkheimer Vorlesungen*. Frankfurt a. M.: Fischer.
Marx, Karl. 1969. Das Kapital. Erster Band, in *MEW* Bd. 23, Hrsg. Institut für Marxismus-Leninismus, Berlin: Dietz.
Mauro, Paolo. 1995. Corruption and Growth. In *The Quarterly Journal of Economics*, 110(3), 681-712.
Menzel, Ulrich. 1992. *Das Ende der Dritten Welt und das Scheitern der großen Theorie*. Frankfurt a. M.: Suhrkamp.
Menzel, Ulrich. 2001. *Zwischen Idealismus und Realismus. Die Lehre von den Internationalen Beziehungen*. Frankfurt a. M.: Suhrkamp.
Mill, John Stuart. 1974. *Über die Freiheit*. Stuttgart: Reclam.
Montesquieu, Charles Louis de Secondat de. 1992. *Vom Geist der Gesetze*. 2 Bd. Hrsg. von Ernst Forsthoff. Tübingen: Mohr.
Moore, Stephen und Julian Simon. 2000. *It's getting better all the time*. Washington: Cato Institute.
Nassehi, Armin. 2005. Die listige Vernunft der Diskursethik. Keine Kritik – nur eine soziologische Lesart. In *Erwägen – Wissen – Ethik*, 16(1), 50-52.
Nefiodow, Leo. 1997. *Der sechste Kondratieff*. St. Augustin: Rhein-Sieg.

Netanjahu, Benjamin. 1995. *Der neue Terror. Wie die demokratischen Staaten den Terrorismus bekämpfen können*. München: Bertelsmann.

Newton, Huey. 2000. *War against the Panthers: A Study of Repression in America*. London: Writers & Readers.

Niclauß, Karlheinz. 1998. *Der Weg zum Grundgesetz*, Paderborn u.a.: UTB.

Niebuhr, Reinhold. 2002. *Moral Man and Immoral Society. A Study in Ethics and Politics*. London: SCM Press.

Nietzsche, Friedrich. 1980. Morgenröte. In *Sämtliche Werke. Kritische Studienausgabe*, Bd. 3. Hrsg. Giorgi Colli u. Mazzino Montinari. München: dtv.

Noack, Paul. 1998. Korruption und Demokratie – eine perverse Beziehung. In *Internationale Politik*, 53(4), 37-43.

Norris, Pippa u. Ronald Inglehart. 2004. *Sacred and Secular. Religion and Politics Worldwide*. Cambridge: Cambridge University Press.

North, Douglass. 1992. *Institutionen, institutioneller Wandel und Wirtschaftsordnung*. Tübingen: Mohr.

Nussbaum, Martha. 1993. Menschliches Tun und soziale Gerechtigkeit. Zur Verteidigung des aristotelischen Essentialismus. In *Gemeinschaft und Gerechtigkeit*, Hrsg. Micha Brumlik u. Hauke Brunkhorst, 323-363. Frankfurt a. M.: Fischer.

Orwell, George. 1968. Reflections on Gandhi. In *The Collected Essays, Journalism, and Letters of George Orwell*, Bd. 4. Hrsg. Sonia Orwell. London: Secker & Warburg.

Peirce, Charles Sanders. 1985. *Die Festigung der Überzeugung und andere Schriften*. Frankfurt a. M. (u. a.): Ullstein.

Pfordten, Dietmar von der. 2016. *Menschenwürde*. München: Beck.

Pies, Ingo. 2009. Gier und Größenwahn? Zur Wirtschaftsethik der Wirtschaftskrise. (Diskussionspapier Nr. 2009-18 des Lehrstuhls für Wirtschaftsethik an der Martin-Luther-Universität Halle-Wittenberg).

Pies, Ingo. 2009a. Methodologischer Hobbesianismus und das Theorieprogramm einer interessenbasierten Moralbegründung. In *Moral als Heuristik. Ordonomische Schriften zur Wirtschaftsethik*, Hrsg. ders., 229-235. Berlin: wvb.

Pies, Ingo. 2009b. Wirtschaftsethik als ökonomische Theorie der Moral – Zur fundamentalen Bedeutung der Anreizanalyse für ein modernes Ethikparadigma. In *Moral als Heuristik. Ordonomische Schriften zur Wirtschaftsethik*, Hrsg. ders., 72-95. Berlin: wvb.

Piketty, Thomas. 2014. *Das Kapital im 21. Jahrhundert*. München: Beck.

Plant, Jeremy. 1994. Codes of Ethics. In *Handbook of Administrative Ethics*, Hrsg. Terry Cooper, 221-241. New York: Dekker.

Plessner, Helmuth. 1981. Grenzen der Gemeinschaft. Eine Kritik des sozialen Radikalismus. In *Macht und menschliche Natur*, Hrsg. ders., 7-134. Frankfurt a. M.: Suhrkamp.

Plessner, Helmuth. 1981. Macht und menschliche Natur. In *Gesammelte Schriften V*, Hrsg. Günter Dux. Frankfurt a. M.: Suhrkamp.

Plummer, Deborah. 2003. *Handbook of Diversity Management. Beyond Awareness to Competency*. Lanham: University Press of America.

Pogge, Thomas. 1992. Cosmopolitanism and Sovereignty. In *Ethics*, 103(1), 48-75.

Pogge, Thomas. 2001. Internationale Gerechtigkeit. Ein universalistischer Ansatz. In Internationale Gerechtigkeit, Hrsg. Karl Graf Ballestrem, 31-54. Opladen: Leske u. Budrich.

Putnam, Robert. 1993. *Making Democracy Work. Civic Traditions in Modern Italy*. Princeton: Princeton University Press.

Putnam, Robert. 1996. Bowling Alone: America's Declining Social Capital. In *The Global Resurgence of Democracy*, Hrsg. Larry Diamond u. Marc Plattner, 290-306. Baltimore und London: John Hopkins University Press.

Putnam, Robert. 1996a. Symptome der Krise – Die USA, Europa und Japan im Vergleich. In *Demokratie am Wendepunkt. Die demokratische Frage als Projekt des 21. Jahrhunderts*, Hrsg. Werner Weidenfeld, 52-80. Berlin: Siedler.

Putnam, Robert. 2000. *Bowling Alone: The Collapse and Revival of American Community*. New York: Simon & Schuster.

Ratzinger, Joseph. 2003. *Glaube – Wahrheit – Toleranz. Das Christentum und die Weltreligionen*. Freiburg (u.a.): Herder.

Ratzinger, Joseph. 2005. Was die Welt zusammenhält. Vorpolitische moralische Grundlagen eines freiheitlichen Staates. In *Dialektik der Säkularisierung. Über Vernunft und Religion*, Hrsg. Jürgen Habermas u. Josef Ratzinger, 39-60. Freiburg: Herder.

Rawls, John. 1992. *Die Idee des politischen Liberalismus. Aufsätze 1978-1989*. Frankfurt a. M.: Suhrkamp.

Rawls, John. 1993. *Political Liberalism*. New York: Columbia University Press.

Rawls, John. 1997. Erwiderung auf Habermas. In *Zur Idee des politischen Liberalismus. John Rawls in der Diskussion*, Hrsg. Philosophische Gesellschaft Bad Homburg u. Wilfried Hinsch, 196-262. Frankfurt a. M.: Suhrkamp.

Rawls, John. 1998. *Politischer Liberalismus*. Frankfurt a. M.: Suhrkamp.

Rawls, John. 2003. *Gerechtigkeit als Fairneß. Ein Neuentwurf*. Frankfurt a. M.: Suhrkamp.

Reder, Michael u. Josef Schmidt, Hrsg. 2008. *Ein Bewusstsein von dem, was fehlt. Eine Diskussion mit Jürgen Habermas*, Frankfurt a. M.: Suhrkamp.

Reese-Schäfer, Walter. 2001. Das Begründungsprogramm der Diskursethik und sein Absturz. In *Jürgen Habermas*. Ders., 75-90. Frankfurt a. M. (u. a.): Campus.

Reese-Schäfer, Walter. 2001a. *Jürgen Habermas*. Frankfurt a. M. (u. a.): Campus.

Reese-Schäfer, Walter. 2001b. *Kommunitarismus*. Frankfurt a. M./New York: Campus.

Reese-Schäfer, Walter. 2001c. *Amitai Etzioni zur Einführung*. Hamburg: Junius.

Reese-Schäfer, Walter. 2005. *Luhmann zur Einführung*. Hamburg: Junius.

Reese-Schäfer, Walter. 2006. Können Kommunitarier die Weltgesellschaft denken? In *Dimensionen der Politik: Aufklärung – Utopie – Demokratie. Festschrift für Richard Saage zum 65. Geburtstag*, Hrsg. Axel Rüdiger u. Eva-Maria Seng. 487-500. Berlin: Duncker & Humblot.

Reese-Schäfer, Walter. 2006a. *Politische Theorie der Gegenwart in fünfzehn Modellen*. München u. Wien: Oldenbourg.

Reese-Schäfer, Walter. 2006b. *Richard Rorty zur Einführung*. Hamburg: Junius.

Reese-Schäfer, Walter. 2006c. Voraussicht und Fehlurteil. Die intellektuelle Basis von Entscheidungen. In *Kluges Entscheiden*, Hrsg. Arno Scherzberg (et al.), 275-290. Tübingen: Mohr Siebeck.

Reese-Schäfer, Walter. 2007. Theorien der Menschenrechte: Ein neuer Blick. In *Politisches Denken heute: Zivilgesellschaft, Globalisierung und Menschenrechte*, Ders., 233-250. München u. Wien: Oldenbourg.

Reese-Schäfer, Walter. 2007a. Sicherheit, Freiheit, Terrorismus. In *Zeitschrift für Menschenrechte/Journal for Human Rights*, 1(1), 37-51.

Reese-Schäfer, Walter. 2007b. *Das überforderte Selbst. Globalisierungsdruck und Verantwortungslast*. Hamburg: merus.

Reese-Schäfer, Walter. 2008. Argumentieren, Verhandeln und institutionelle Normen. In *Jon Elsters Theorie rationaler Bindungen*, Hrsg. Ingo Pies u. Martin Leschke, 99-107. Tübingen: Mohr Siebeck.

Reese-Schäfer, Walter. 2013. *Grenzgötter der Moral. Der neuere europäisch-amerikanische Diskurs zur politischen Ethik*. Wiesbaden: Springer VS (zuerst Frankfurt/M. 2007).

Reese-Schäfer, Walter. 2015. Das überforderte Selbst. Globalisierungsdruck und Verantwortungslast. In *Selbstbestimmung – zur Analyse eines modernen Projekts*, Hrsg. Klaus Brücher, 175-193. Berlin: Parodos.

Reich, Robert. 2002. *The Future of Success. Wie wir morgen arbeiten werden*. München: Piper.

Reinhart, Carmen u. Kenneth Rogoff. 2010. *Dieses Mal ist alles anders. Acht Jahrhunderte Finanzkrisen*. München: FinanzBuch-Verlag.

Rendtorff, Trutz. 1990. *Ethik: Grundelemente, Methodologie und Konkretionen einer ethischen Theologie*. Stuttgart: Kohlhammer.

Renteln, Alison. 1990. *International Human Rights. Universalism versus Relativism*. Newbury Park (u. a.): Sage.

Ricken, Friedo. 2005. Beraten oder Entscheiden? In *Erwägen – Wissen – Ethik*, 16(1), 54-56.

Ricken, Friedo. 2008. Nachmetaphysische Vernunft und Religion. In *Ein Bewusstsein von dem, was fehlt. Eine Diskussion mit Jürgen Habermas*, Hrsg. Michael Reder u. Josef Schmidt, 69-78. Frankfurt a. M.: Suhrkamp.

Riesebrodt, Martin. 2000. *Die Rückkehr der Religionen. Fundamentalismus und der ‚Kampf der Kulturen'*. München: Beck.

Rose-Ackerman, Susan. 1999. *Corruption and Government. Causes, Consequences, and Reform*. Cambridge: Cambridge University Press.

Rousseau, Jean-Jacques. 2003. *Träumereien eines einsamen Spaziergängers*. Stuttgart: Reclam.

Rousseau, Jean-Jaques. 1983 [1755]. Über den Ursprung der Ungleichheit unter den Menschen. In *Schriften zur Kulturkritik*, Hrsg. Kurt Weigand, Hamburg: Meiner.

Saint-Victor, Jacques de. 2015. *Die Antipolitischen*. Hamburg: Hamburger Edition.

Sartre, Jean-Paul. 1993. *Das Sein und das Nichts*. Reinbek: Rowohlt.

Sartre, Jean Paul. 1943. *L'Être et le Néant*. Paris: Gallimard.

Schmitt, Carl. 1985. *Politische Theologie I: Vier Kapitel zur Lehre von der Souveränität*. Berlin: Duncker & Humblot.

Schmitt, Carl. 2010. *Politische Theologie II: Die Legende von der Erledigung jeder politischen Theologie*. Berlin: Duncker & Humblot.

Schopenhauer, Arthur. 1983. Eristische Dialektik oder Die Kunst, Recht zu behalten in 38 Kunstgriffen dargestellt, Zürich: Haffmanns.

Schopenhauer, Arthur. 1991. Preisschrift über die Grundlage der Moral. In *Werke*, Bd. 3. Hrsg. Ludger Lütkehaus, Zürich: Haffmanns.

Schulze, Hagen. 1995. *Staat und Nation in der europäischen Geschichte*. München: Beck.

Schwan, Gesine. 1987. Grundwerte in der Politik. In *Politik und Moral. Entmoralisierung des Politischen?* Hrsg. Werner Becker u. Willi Oelmüller, 66-74. München und Paderborn: Fink.

Schwerk, Anja u. Daniel Smuda. 2012. Stadtrendite – Der Wert von Wohnungsunternehmen für die Stadt. In *Verantwortung für die Stadt. Beiträge für ein neues Miteinander*, Hrsg. Frank Bielka und Christoph Beck, 147-159. Berlin: B&S Siebenhaar.

Sen, Amartya. 1982. *Choice, Welfare and Measurement*. Oxford: Basil Blackwell.
Sen, Amartya. 1988. *On Ethics and Economics*. Oxford: Blackwell.
Sen, Amartya. 1993. Capability and Well-Being. In *The Quality of Life*, Hrsg. Martha Nussbaum u. Amartya Sen, 30-53. Oxford: Clarendon Press.
Sen, Amartya. 1998. Rational Fools: A Critique of the Behavioural Foundations of Economic Theory. In *Choice, Welfare and Measurement*, ders., 84-108. Oxford: Basil Blackwell.
Senghaas, Dieter. 1999. Wider den entwicklungstheoretischen Gedächtnisschwund. Die Auswege aus der Armut sind bekannt. In *Neue Ansätze zur Entwicklungstheorie*, Hrsg. Reinold Thiel, 350-354. Bonn: Deutsche Stiftung für internationale Entwicklung.
Sennett, Richard. 2004. *Respekt im Zeitalter der Ungleichheit*. Berlin: Berliner Taschenbuch Verlag.
Sennett, Richard. 2010. *Der flexible Mensch. Die Kultur des neuen Kapitalismus*. Berlin: Berliner Taschenbuch-Verlag.
Sharp, Gene. 1990. *Civilian-Based Defense: A Post-Military Weapons System*. Princeton: Princeton University Press.
Sharp, Gene. 2011. *Von der Diktatur zur Demokratie. Ein Leitfaden für die Befreiung*. München: Beck.
Simmel, Georg. 1989. *Gesammelte Schriften zur Religionssoziologie*. Berlin: Duncker & Humblot.
Sloterdijk, Peter. 2011. *Stress und Freiheit*. Berlin: Suhrkamp.
Smith, Adam. 1985 [1759]. *Theorie der ethischen Gefühle*. Hamburg: Meiner.
Smith, Adam. 1990. *Wohlstand der Nationen*. Hrsg. Horst Claus Recktenwald. München: Dt. Taschenbuch-Verlag.
Sorel, Georges. 1981. *Über die Gewalt*. Frankfurt a. M.: Suhrkamp.
Strauß, Botho. 2000. *Paare, Passanten*. München: Hanser.
T., Anne. 2010. *Die Gier war grenzenlos. Eine deutsche Börsenhändlerin packt aus*. München: Econ.
Taylor, Charles (et al.). 1993. *Multikulturalismus und die Politik der Anerkennung*. Frankfurt a. M.: Suhrkamp.
Taylor, Charles. 2007. *A Secular Age*. Cambridge/Mass.: Belknap Press.
Tetzlaff, Rainer. 2000. Globalisierung – ‚Dritte Welt' – Kulturen zwischen Zukunftsängsten und Aufholhoffnungen. In *Weltkulturen unter Globalisierungsdruck. Erfahrungen und Antworten aus den Kontinenten*, Hrsg. ders., 18-66, Bonn: Dietz.
Thiel, Reinold E. (Hg.) 1999. Neue Ansätze zur Entwicklungstheorie, Bonn: Deutsche Stiftung für internationale Entwicklung.
Thurow, Lester. 1993. *Kopf an Kopf. Wer siegt im Wirtschaftskrieg zwischen Japan, Europa und den USA?* Düsseldorf:
Tibi, Bassam. 1996. *Im Schatten Allahs. Der Islam und die Menschenrechte*. München: Piper.
Tibi, Bassam. 2004. *Der neue Totalitarismus. „Heiliger Krieg" und westliche Sicherheit*. Darmstadt: Wissenschaftliche Buchgesellschaft.
Tocqueville, Alexis de. 1985 [1835]. *Über die Demokratie in Amerika*. 2 Bd. Stuttgart:
Tönnies, Ferdinand. 1988. *Gemeinschaft und Gesellschaft. Grundbegriffe der reinen Soziologie*. Darmstadt: ECON.

Trilling, Lionel. 2008. *The Moral Obligation to be Intelligent*, Hrsg. Leon Wieseltier. Evanston/Ill.: Northwestern University Press.

Vieth, Andreas. 2006. *Einführung in die Angewandte Ethik*. Darmstadt: Wiss. Buchgesellschaft.

Vonnegut, Kurt. 1974. *Geh zurück zu deiner lieben Frau und deinem Sohn. Erzählungen*. Reinbek: Rowohlt.

Waarden, Frans van. 1993. Über die Beständigkeit nationaler Politikstile und Politiknetzwerke. Eine Studie über die Genese ihrer institutionellen Verankerung. In *Verhandlungsdemokratie, Interessenvermittlung, Regierbarkeit. Festschrift für Gerhard Lehmbruch*, Hrsg. Roland Czada u. Manfred G. Schmidt, 191-212. Opladen: Westdt. Verlag.

Wagner, Richard. 1975. *Die Kunst und die Revolution; Das Judentum in der Musik; Was ist deutsch?* Hrsg. Tibor Kneif, München: Rogner & Bernhard.

Walzer, Michael. 1990. Zwei Arten des Universalismus. In *Babylon. Beiträge zur jüdischen Gegenwart*, 3(7), 7-25.

Walzer, Michael. 1992. *Zivile Gesellschaft und amerikanische Demokratie*. Berlin: Rotbuch.

Walzer, Michael. 1992a. *Sphären der Gerechtigkeit. Ein Plädoyer für Pluralität und Gleichheit*. Frankfurt a. M./New York: Campus.

Weber, Max. 1988. *Gesammelte politische Schriften*, Hrsg. Johannes Winckelmann. Tübingen: Mohr.

Wehler, Hans-Ulrich. 2008. *Deutsche Gesellschaftsgeschichte Bd. 3. 1849-1914*. München: Beck.

Weiß, Alexander. 2011. *Theorie der Parlamentsöffentlichkeit. Elemente einer Diskursgeschichte und deliberatives Modell*, Baden-Baden: Nomos.

Weltentwicklungsbericht 1997: Der Staat in einer sich ändernden Welt, Washington.

Williams, Eric. 1994. *Capitalism and Slavery*. London: Deutsch.

Winkler, Heinrich August. 2013. Macht, Moral und Menschenrechte. Über Werte und Interessen in der deutschen Außenpolitik. In *Internationale Politik*, 68(4), 116-127.

Wirz, Albert. 1984. *Sklaverei und kapitalistisches Weltsystem*. Frankfurt a. M.: Suhrkamp.

Wittgenstein, Ludwig. 1967. Wittgenstein und der Wiener Kreis von Friedrich Waismann. In *Schriften*, Bd. 3, Hrsg. B. F. McGuinness. Frankfurt a. M.: Suhrkamp.

Zastrow, Volker. 2009. *Die Vier. Eine Intrige*. Berlin: Rowohlt.

Zierhofer, Wolfgang. 1998. *Umweltforschung und Öffentlichkeit*. Opladen: Westdt. Verlag.

Online-Quellen

Deutscher Bundestag. 2002. *Bericht der Enquete-Kommission „Zukunft des Bürgerschaftlichen Engagements"*. Drucksache 14/8900. http://dip21.bundestag.de/dip21/btd/14/089/1408900.pdf. Zugriff: 18.08.2016.

Grill, Bartholomäus und Artur Vogel. 2001. Mugabes wahres Gesicht. www.zeit.de/2001/37/200137_simbabwe.xml. Zugriff: 17.08.2016.

Le Ker, Heike. 2009. Deutsche überschätzen den Nutzen der Vorsorgeuntersuchung. http://www.spiegel.de/wissenschaft/medizin/umstrittene-krebsvorsorge-deutsche-ueberschaetzen-nutzen-von-frueherkennung-a-641771.html.

Schilder, Peter. 2008. Assimilierung ist ein Verbrechen gegen die Menschlichkeit. http://www.faz.net/aktuell/politik/europaeische-union/erdogan-warnt-vor-zu-viel-anpassung-assimilierung-ist-ein-verbrechen-gegen-die-menschlichkeit-1514626.html. Zugriff 20.8.2016.

Spiegel Online Wissenschaft. 2009. US-Gesundheitsbehörden ändern Mammographie-Empfehlungen. http://www.spiegel.de/wissenschaft/medizin/brustkrebsvorsorge-us-gesundheitsbehoerden-aendern-mammografie-empfehlungen-a-661740.html. Zugriff: 16.08.2016.

Transparency International. 2015. Corruption Perceptions Index. https://www.transparency.de/Corruption-Perceptions-Index-2.2749.0.html. Zugriff: 20.08.2016.

Textnachweise von Vorabdrucken

Minderheiten im Deliberationsprozeß, in: Erwägen – Wissen – Ethik, 25. Jg. 2014, H. 3, S. 466-468.

Verstehen und Verständigung in politikwissenschaftlicher Sicht, in: Hamid Reza Yousefi und Klaus Fischer (Hg.), Verstehen und Verständigung in einer veränderten Welt. Theorie – Probleme – Perspektiven, Wiesbaden 2013, S. 105-116.

Zur Ideengeschichte der Menschenrechtsentwicklung, in: perspektiven ds 2/2013, S. 31-41.

Finanzkrise! Wirtschaftskrise! Demokratiekrise? in: Hamid Reza Yousefi, Klaus Fischer und Walter Reese-Schäfer (Hgg.), Wege zur Globalisierung. Theorien – Chancen – Aporien – Praktische Dimensionen, Nordhausen 2010, S. 189-210.

Sicherheit, Freiheit, Terrorismus. Zeitschrift für Menschenrechte, 1. Jg. 2007, H. 1, S. 37-51.

Das überforderte Selbst. Globalisierungsdruck und Verantwortungslast, in: Klaus Brücher (Hg.), Selbstbestimmung – zur Analyse eines modernen Projekts, Berlin: Parodos 2015, S. 175-193.

Liberale Moraldebatten in modernen Marktgesellschaften: John Rawls und sein intellektuelles Umfeld, in: Michael Hochgeschwender und Bernhard Löffler (Hgg.), Religion, Moral und liberaler Markt. Politische Ökonomie und Ethikdebatten vom 18. Jahrhundert bis zur Gegenwart, Bielefeld 2011, S. 107-118.

Printed by Printforce, the Netherlands